"十三五"国家重点出版物出版规划项目

中国经济治略丛书

国家自然科学基金面上项目（71472059）资助

温和改善的诠释

——基于"中华老字号"的界面张力观

Interpretation of Moderate Improvement

-The View of Interfacial Tension Based on "China Time-honored Brand"

郭会斌 著

中国财经出版传媒集团

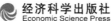

经济科学出版社
Economic Science Press

图书在版编目（CIP）数据

温和改善的诠释：基于"中华老字号"的界面张力观/
郭会斌著．—北京：经济科学出版社，2018.12
（中国经济治略丛书）
ISBN 978 - 7 - 5141 - 9982 - 6

Ⅰ．①温…　Ⅱ．①郭…　Ⅲ．①老字号 - 企业管理 -
研究 - 中国　Ⅳ．①F279.24

中国版本图书馆 CIP 数据核字（2018）第 280649 号

责任编辑：申先菊　赵　悦
责任校对：靳玉环
责任印制：王世伟

温和改善的诠释

——基于"中华老字号"的界面张力观

郭会斌　著

经济科学出版社出版、发行　新华书店经销

社址：北京市海淀区阜成路甲 28 号　邮编：100142

总编部电话：010 - 88191217　发行部电话：010 - 88191522

网址：www.esp.com.cn

电子邮件：esp@esp.com.cn

天猫网店：经济科学出版社旗舰店

网址：http://jjkxcbs.tmall.com

北京季蜂印刷有限公司印装

710×1000　16 开　14.75 印张　240000 字

2018 年 12 月第 1 版　2018 年 12 月第 1 次印刷

ISBN 978 - 7 - 5141 - 9982 - 6　定价：68.00 元

（图书出现印装问题，本社负责调换。电话：010 - 88191510）

（版权所有　侵权必究　打击盗版　举报热线：010 - 88191661

QQ：2242791300　营销中心电话：010 - 88191537

电子邮箱：dbts@esp.com.cn）

本书被遴选为"'十三五'国家重点出版物出版规划项目"
本书得到国家自然科学基金资助
本书得到河北省企业管理重点学科建设项目资助

编委会成员：

郭会斌

Peter G. Klein

郑展

Ricky Leung（梁子扬）

杨隽萍

安奉钧

高立方

陈芳丽

焦静儒

马娜超

后进入的课题组成员：

单秋朵

王俊秋

序

本书是国家自然科学基金面上项目"面向'中华老字号'耦合人力资源管理的内创业驱动机制研究（71472059）"的结项成果之一。

它由项目申报书、已发表的第一作者的学术论文（摘录）和硕士生单秋朵的毕业论文（摘录），以及未公开发表的手稿构成。在本书的起草过程中，对这些文档进行了系统梳理和重新编撰，从研究范式角度使得它们逻辑一致、脉络清晰、自成体系。也与申报书中拟完成的研究任务相一致。

本书沿着"驱动效应—驱动机理—保障基模"的思路，设计骨干章节内容，在诠释温和改善的同时，建立了"界面张力观"。第三章，从"中华老字号"的商业现象出发，从内创业的驱动效应和人力资源管理的溢出效应两个视角，分析价值图示的变迁，探求温和改善这一哲理的事理和学理基础。随后，采用传统的定性研究方法，分析内创业战略和人力资源策略的生产性意蕴，揭示耦合人力资源管理的内创业驱动效应，并分别建立了成熟期更新的概念框架，揭示了传统企业成熟期更新的机理。第四章，遵循自然主义方法论，运用质性研究范式中的扎根理论研究方法，从传统商业伦理嵌入的服务整合图示、温和改善的实现、互联网赋能下的组织惯例重构、基于界面耦合的组织再生等几个视角，进行多案例比较研究，探求内创业驱动的卓越绩效获取机理，以诠释温和改善，最后开发了界面干预的使能工具。第五章，进一步以所建立的"界面张力观"为基础和引导，建立了耦合人力资源管理内创业驱动效应的要素主导逻辑模型，运用结构方程模型研究方法，对内驱力、约束力与界面张力之间的相互关系、公司绩效的卓越化机理，进行了定量实证检验。第六章，继续秉持实证主义传统，运用系统动力学研究方法，研究保障内创业驱动卓越绩效持续化的机制，建立了心智模式共享和绩效风险预警与排警两个基模，并选择典型企业进行了仿真。

在项目申报前和完成过程中，团队成员调研了20个省份的120余家"中华老字号"、百年老店和各级"非物质文化遗产"等，部分企业名单以附录的形式出现。如果个别字号所在的行业不明显，就采取"字号＋行业"的方式（遵从工商局系统的注册制度，也与国家商务部所公示的名单相一致），进而呈现在附录中，其目的在于：突出字号和核心产品（或服务）。它们覆盖了我国经济发展不同水平和层次的省份、地区。此外，调研中所发现的一些"中华老字号"，或因规模太小，或者处于产权变革中，或者已经消失，或者研究价值不充分，没有出现在该名单中。

在本书的撰写过程和项目完成过程中，团队成员做出了不同程度的贡献，或搜集与整理资料文献，或参与调研，其中安奉钧老师的努力值得肯定。在校硕士研究生王俊秋进行了《调研报告》的整理，并和研究生单秋朵（已毕业）进行了问卷登统；MBA学员周亚亚对参考文献进行了逐条的校对与修改。邀请王书玲、李宏贵、张斌、李朋波、崔利宏、高文军、刘冰、朱瑾等近10位专家对个别问题进行了深入而有针对性的探讨，对部分文稿进行了审阅。邀请李魁、陈丹青、徐龙、王振辉、沈伟桦、赵玉成、徐煜茗、杨涛等近20人，对所在区域的消费者进行了调研、资料搜集与数据预处理。因此，本书是集体努力的成果。作者对他们致以深深的谢意。

郭会斌

2018 年夏于梅荷轩

前　言

　　当大量的"老字号"销声匿迹时，"中华老字号"已经实现了浴火重生，其中温和改善的道理富有启发价值。战略性内创业和职能性人力资源管理之间存在着能动性地相互嵌入与促进的关系，这种关系始终左右着"中华老字号"卓越绩效的获取，也在解释和丰富着温和改善的哲理。随之，本书建立了"驱动效应—驱动机理—保障基模"的逻辑思路，建立了"界面张力—驱动力—约束力"三维动态框架，以揭示耦合人力资源管理的内创业驱动规律，即建立"界面张力观"。

　　这些为深入研究传统行业成熟期企业的运营绩效提供了一个较新的理论视角，还具有很强的实践参考意义，可促进"中华老字号"等传统行业中成熟期企业关注内创业和人力资源管理之间的相互关系，在成熟期的多次更新中实现卓越与永续。

CONTENTS **目录**

第一章

绪　　论

第一节　现实意义

一、理论价值

中华人民共和国成立初期，我国约有"老字号"1 万多家①。改革开放后，部分"老字号"得以重新营业。据不完全统计，到 2004 年，有 1.6 万余家"老字号"。自 1990 年，原国家商业部第一次评定、确认了 1600 余家"中华老字号"（China Time – Honored Brand，CTHB）②。2008 年和 2011 年，我国商务部会同发改委又分两次前后重新评定了 1128 家③。据全国商业联合会统计：它们平均存活 170 多年，最长的 600 多年（"鹤年堂"，创建于 1405 年)④。历经"三次冲击"后⑤，它们在市场与政府的

---

① 商务部：《关于保护和促进老字号发展的若干意见》，http：//baike.baidu.com/view/2712075.htm.

② 评选标准为：必具备中华人民共和国成立前形成品牌；有一定声誉及口碑；有一定经营特色和规模；有一定经济效益等硬性条件。

③ 评选标准为：拥有商标所有权或使用权；品牌创立于 1956 年（含）以前；传承独特的产品、技艺或服务；有传承中华民族优秀传统的企业文化；具有中华民族特色和鲜明的地域文化特征，具有历史价值和文化价值；具有良好信誉，得到广泛的社会认同和赞誉；中国大陆（内地）资本及港澳台地区资本相对控股，经营状况良好，且具有较强的可持续发展能力。本书以该群体为研究对象。

④ 在本书中，突出字号，兼顾产品的商标；第一次出现时，标注创业年份。

⑤ 郭会斌：《浴火重生——透视中华老字号的经营之道》，企业管理出版社 2005 年版。

博弈、机会与风险的取舍、稳定与动荡的交错、土著与外来的竞合中已经实现了浴火重生。这在世界商业史中是一个独特现象，也带有独特的经济价值图式和管理模式。

当大量的"老字号"销声匿迹时，1128 家 CTHBs 的绝大多数正走在基业长青的路上。其中的大多数处于传统行业，各有成熟的运作惯例，依靠维持性创新和利用性创新实现优秀与延绵。其历史正是一系列经验性内创业（Internal Entrepreneurship 或 Intrapreneurship，IE）活动，依托人力资源管理（Human Resource Management，HRM）驱动商业模式变革的过程，其中蕴涵着丰富而深邃的真理。延续至今，能否从其多样化的成功实践中，从事实描述、假设探讨迈向理论深度挖掘，提炼出民族企业发展的某种理论范式；如何才能揭示成熟期企业耦合 HRM 的 IE 驱动规律，以促进公司绩效的生成和卓越化，以及卓越绩效的持续化，是创业经济时代事关构建特色理论和弘扬中国商业模式的重大问题。

创业行为普遍存在于各种组织和各种经营活动中[1]，而不仅仅是开办之初的企业[2]；创业活动应作为一个广义的流程来看待，关注成熟期企业的创业[3]。这些论断和呼吁意味着：创业研究存在着可探索的空间，既有的创业理论也存在着可扩展的内在张力。如果能比较、拓展高新技术行业突变性创新、探索性创新，以及新创企业等方面的相关成果，关注和挖掘传统行业中成熟期企业的 IE 效用机制，就有研究的可行性。

组织的发展本质上依赖于 IE[4]，它是企业层面的战略形式[5]，通过影响人力资源策略最终作用于组织效能[6]；更多的公司变革来自界面寻址，而 HRM 职能的整合对于先发优势和创业绩效，以及企业绩效是决定性的[7]。因此，揭示耦合 HRMIE 驱动规律的关键在于：结合 HRM 的支撑性

① 张玉利等：《创业管理研究新观点综述》，载于《外国经济与管理》2006 年第 5 期。

② ［美］熊彼特：《经济发展理论》，何畏等译，商务印书馆 1990 年版。

③ 蔡莉等：《基于流程视角的创业研究框架构建》，载于《管理科学学报》2006 年第 9 期。

④ Bostjan Antoncic，"Intrapreneurship：A Comparative Structural Equation Modeling Study"，Industrial Management & Data Systems，Vol. 107，No. 3 (2007)，pp：309 –325.

⑤ Covin，J. G.，Miles，M. P.，"Corporate Entrepreneurship and the Pursuit of Competitive Advantage"，Entrepreneur-ship Theory and Practice，Vol. 23，No. 3 (1999)，pp：47 –63.

⑥ Lado，A. A.，Wilson，M. C.，"Human Resource Systems and Sustained Competitive Advantage：A Competency？Based Framework"，Academy of Management Review，No. 19 (1994)，pp：699 –727.

⑦ Lilian，M.，de Menezes，Stephen Wood，Garry Gelade，"The Integration of Human Resource and Operation Management Practices and its Link with Performance：A Longitudinal Latent Class Study"，Journal of Operations Management，No. 1 (2010)，pp：11 –26.

职能①和原生的促进作用②，挖掘 IE 情境下的界面运行，以及生成和左右绩效的机理。

这一研究与国际上创业理论、绩效理论的发展前沿相衔接，关注于探索 IE 和 HRM 界面的运行，以及绩效的多维复杂性；研究范式也相一致，注重大规模数据搜集和多种方法并用。与以往研究不同的是：它立足于我国商业文明，以及预期的制度环境和竞争环境，进行管理学和物理学的跨学科透视和比拟，重点解决界面张力（Interfacial Tension，IFT）的管理学再定义，以及变量刻画的关键科学问题，力求突出理论深度和原创性；揭示并检验基于 IFT 成长的驱动机理，以及构建以 IFT 为核心变量的心智模式共享、绩效风险预警与排警和包容劳动关系 3 个 HRM 亚界面保障基模等方面的创新性成果。这种思路在 IE 研究和绩效研究上是首次提出。

因此，该项目的价值在于，继承相关的国际学术传统，贯彻学科交叉渗透的思想，以利于形成新原理和新方法；延伸创业管理理论体系，为深入研究传统行业成熟期企业的运营绩效提供一个较新的理论预设；也有助于提高我国这些领域在国际上的地位与影响。

二、实践意义

"中华老字号"是我国特有的一种商业称谓，通常指历史悠久、信誉好、产品质量优秀、有独特工艺或传人的优秀民族企业。CTHBs 是质量和信誉的保证，经历了社会的承认、公众的认可而发展至今。它们不仅是一个商业形态，也有着深厚的人文传承和历史底蕴，承载着我国千百年的文化传统和商业精髓；还是各级"非物质文化遗产"保护的重要对象，更是我国商业文明的优秀代表。每一个 CTHB 都汲取着东方文化的给养，它们所隐藏的诸多传奇中包含着丰富的管理哲理，其哲学性的核心理念一直在推动着商业伦理和管理理论的建构与重构。因此，对它们的核心理念进行挖掘和整理，有助于它们在新时代推进商业伦理的重构和管理实践的提升。

CTHBs 大多产生于我国的封建社会、半殖民地半封建社会或资本主义社会萌芽的明清时期，经历了封建明清王朝由强盛到衰微、半殖民地半封

① 赵曙明：《胜任素质、积极性、协作性的员工能力与企业人力资源体系重构》，载于《改革》2011 年第 6 期。

② James C. Hayton，"Promoting Corporate Entrepreneurship through Human Resource Management Practices：A Review of Empirical Research"，*Human Resource Management Review*，Vol. 22，No. 15 (2005)，pp：21 –41.

建社会的外敌入侵、军阀混战，新民主主义革命、中华人民共和国成立、"十年动乱"、改革开放、加入 WTO 等重大事变或事件，见证了沧桑巨变。因此，对它们的 IE 现象和人力资源管理事实进行研究，探究"变"中的"不变"，有助于它们在未来的市场竞争保持在位优势，进而延展其生命周期。

CTHBs 主要分布在京、津、沪、宁、杭、西安等历史文化名城，其堂、斋、楼、轩、阁等经营场所已经成为一座城市，乃至一个区域的名片。它们所生产的"老玩意儿"都具有不可代替的作用，作为城市近代经济和文化发展的见证人，还肩负着传承城市文化的重担，始终向全国，乃至世界输出着经济价值①。对这些的解读，则有助于传播中国的软实力和文化自信。

综上所述，该研究具有很强的实践意义，可促进 CTHBs 进行界面干预、适时深层次地预谋竞争和超前行动，在成熟期多次更新中实现卓越与永续。显然，这是商业实践较新的理念、分析路径和方法。

第二节　研究的构想、目标与路线

一、总体构想

该研究将继续深探界面力学行为，以求索"耦合 HRM 的 IE 驱动规律"；研究客体是，以 CTHBs 为代表的传统行业成熟期民族企业。

（一）基本假设

战略层面的 IE 对已经职能化、序贯性的 HRM 产生驱动，运用 IFT，分析 IE 与 HRM 界面力学行为的运行场域和力学机制，能够把握公司绩效生成和卓越化机理，以及卓越绩效的持续化保障，即能够揭示耦合 HRM 的 IE 驱动规律。

（二）基本思路与研究内容

首先分析 IE 和 HRM 界面的力学行为，援引物理学概念 IFT，并建立

---

① 郭会斌：《浴火重生——透视中华老字号的经营之道》，企业管理出版社 2005 年版。

概念模型，以刻画其驱动效应，揭示绩效的生成和获取；围绕 IFT 成长构建并检验矩阵，揭示公司绩效的卓越化机理；在此基础上，立足 IE 情境下的 3 个 HRM 关键亚界面，开发管理基模，为 IFT 的运行提供机制保障，以促进卓越绩效的持续化。

相应地，内容结构为："一个构念""一个机理""三个基模"，它们呈递进的次序展开，如图 1 - 1 所示。

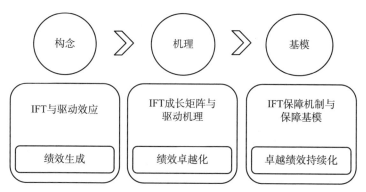

图 1 - 1　研究逻辑和内容

所涉及的变量，如图 1 - 2 所示。

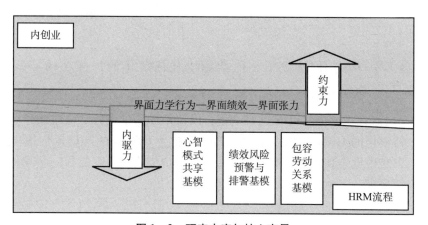

图 1 - 2　研究内容与核心变量

图 1 - 2 的含义是：当 IE 发挥驱动作用时，与既有的 HRM 流程存在着界面，它是 IFT 的行动空间；IFT 具有独特的力学行为特征并决定着界

面绩效；在界面绩效保证和 HRM 职能的实现流程中，需要保障驱动效应的多个构面，镶嵌其中的 3 个亚界面管理基模最关键。

二、研究目标

根据本书的设计需要，以 CTHBs 为数据源，并围绕传统行业成熟期民族企业发展中的科学问题，提出以下目标。

（一）揭示 IFT 对公司绩效获取的驱动效应

本书试图对 CTHBs 的商业实践进行质性溯因分析、对理论线索进行归纳，援引物理学 IFT 概念并进行管理学的解读与阐释，确定其关键变量，借助与之相关的内驱力和约束力去刻画界面中的耦合力学行为，以及内生的驱动效应。这一原创性研究试图在国际上形成新的启蒙，并占据一席之地。

（二）探究 IFT 驱动的公司绩效卓越化机理

本书基于 CTHBs 的商业数据和既有创业理论、绩效理论，试图以 IFT 成长为核心范畴，从定位和定性，以及定量实证侧面，去探究绩效卓越化的新原理和新方法，以深化界面运行的驱动价值、IFT 对公司绩效发育规律的认识，并用商业数据进行检验。这一研究努力与国际前沿接轨并超越。

（三）构建 IE 情境下公司卓越绩效持续化的保障，为实践者提供 3 个基模

本书立足于决定 IFT 的关键变量，以及外部约束条件，构建保障卓越绩效持续化的 HRM 使能技术与工具，旨在为 CTHBs 的基础运作提供借鉴，以实现竞争预谋、成熟期延长的目的。希望这一研究能回应一线实践的迫切需求。

三、研究路线

在研究过程中，凝练了有潜在应用价值的科学问题，并有效开展了实质性国际合作以解决项目中的关键问题。技术路线清晰，不仅在理论结构

的推理上具备严密递进层次，而且在研究进程上也具有科学的逻辑层次，如图 1-3 所示。

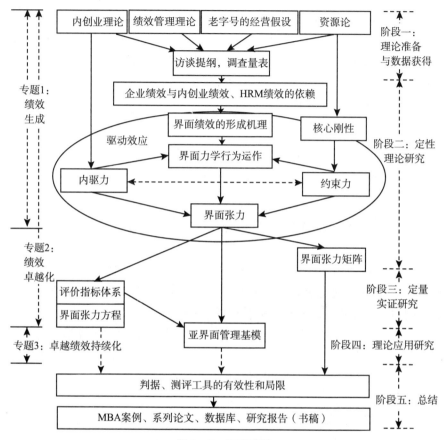

图 1-3　研究路线

按照路线设计，重点关注以下关键环节。

（1）理论准备。立足基础研究，从 IE 和 HRM 界面深入分析 CTHBs 绩效获取、卓越化和持续化的科学定位问题；对本项目所涉及的研究范畴、研究目标、研究内容等理论问题，进行系统界定，以此才能实现超越与创新。

（2）访谈样本的选择。对实践经验的概括，则是理论提升的必经阶段和必要手段。重点关注上市公司；进行纵向单案例剖析时，选择存活最久、资产最优、品牌价值最高的企业，例如"同仁堂""五粮液"等；

进行域内、业内横向多案例比较研究时，东、中、西地区兼顾，以剥离非市场因素；制造业与服务业兼顾，并区分其核心特征，分别比对。

（3）数据获得。完成了至少100家CTHBs企业的问卷调查；以绩效波动为主线，完成了至少50个典型企业、200个管理者的深度访谈，并参加了个别企业管理层工作调度会议，从被访者日常实践和企业的管理史切入，乃至从散乱史料文献中撷取信息，从其经验图式中把脉，并采用语义分析、排序等方法将访谈结果和会议纪要等标准化。将已经消失的"老字号"作为辅助样本，以增强可比性。

第三节 立意基础

一、"中华老字号"的情境化

对CTHBs进行情境化，才能开展进一步的研究，从中提炼管理的道理。从对CTHBs的历史演变、IE战略与绩效和人力资源管理策略与绩效的解读中，可以进一步提炼它们普遍的运行特质：

即带有典型的儒商传统；淡化矛盾，企业与利益相关者和谐共存，资方与劳方和谐共荣；企业（字号）存续重于产品或服务的价值；拥有独有的知识产权；积极应变，以变求生；大多浸润在传统行业，在低度不确定的商业环境中，顺势而为，对绩效风险适度反应、温和改善的特征极其明显，从而获得稳定而持续的增长；创业精神温和发酵，催发集体主义的经验性IE活动；多重界面障碍和应力广泛存在，使得运行效能较低，而界面张力的应对成为实施界面干预的切入点；规模化的差异性竞争优势明显，它赖于先发优势、在位优势的持续获得；人力资源管理内嵌为动态能力，有成熟的运作惯例，保障成熟期更新。

对CTHBs的情境化界定，为接下来深入研究CTHBs的IE和人力资源管理的关系问题奠定了基础。

二、内创业绩效的六维解读

当大量的"老字号"萎靡不振、销声匿迹时，国家商务部自2008年以来新评出和认定的 1128 家 CTHBs 在竞争中茹古涵今，仍在焕发着勃勃活力。IE 主体，也从最早的所有者个体向团队、企业乃至集团演变；IE 模式，也从风险事业的母子共治转向创业项目的独立运营；IE 路径，也从机会发现与生存型过渡到机会的把握与创设型。而基于界面运行的视角，对 CTHBs 的 IE 绩效进行解读，则有助于揭开卓越民族企业成长与延续的机理，从而升华相关假说和丰富相关理论。

（一）创业核心理念内化

儒贾相通、义利双行。源自儒家学说核心的"诚信"与"和谐"早已内化为我国古代商帮、优秀民族企业共同的行为准则，也是历任创业者所秉持的共有核心理念。它们已沉淀、传承与散布在企业的各个角落，并内化为百年老店的共有心智模式和商业思维模式，也成为全体员工修炼的商业范式。从而在市场经济、再分配经济和互惠经济三种人类的经济生产方式类型中[①]，以此为核心的创业精神温和发酵，企业得以更新和延续。

无论是在小政府大社会的明清时期，还是在大政府小市场的"文革"之前，再或是政府与市场并重的改革开放之后，CTHBs 始终遵从着政府、市场，以及习惯与道德"三位一体"的调节机制和规律，且更重后者，从而奠定了持续成长的根基[②]。作为浙商代表的"胡庆余堂"（创建于 1874 年）[③]，其"戒欺"与"真不二价"的训诫，由创业时立足于内部员工培养和外部市场销售，今天已经扩散至企业运营的每一个环节、片段、流程和运行界面中，成为员工的核心职业操守和企业运营铁律。

致力于外部和谐，善于应对企业—环境界面，追求最小的临界应力和最优的市场绩效。与利益相关者淡化矛盾，与所在的社区、市场融为一起，共同推进经济社会变迁和商业伦理、社会伦理建构，履行社会责任时慷慨解囊，获得社会认可与价值；致力于商誉打造，最终实现丰厚的经济价值。这是 CTHBs 的普遍表现；相比之下，西方的知名企业重视在商业价值的实现过程中物化普世价值，因而鲜有超过 200 年历史的。这种运营模式的直接结果是：它们成为市井生活的一部分，堂、斋、楼、阁、轩等经营场所成为一座城市，乃至一个区域的名片，并带动着所在产业的创发。这显然区别于西方世界所流行的、原发的、纯粹的自由竞争，及至嬗

① Polanyi Karl. *The great transformation*，Boston：Beacon Press，1957.
② 郭会斌：《浴火重生——透视中华老字号的经营之道》，企业管理出版社 2005 年版。
③ http：www. hqyt. com/.

变后的竞合思想。浙江五芳斋集团（创建于 1921 年）热心支持社会公益事业，分别在浙江工商大学和嘉兴一中设立了"五芳斋"奖学金①，并积极捐助社会慈善机构，粽子店成了这座江南古城的独特风景。今天，它正在"打造米制品行业的领导品牌，打造中式快餐连锁的著名品牌"。"王老吉"（创建于 1828 年）凉茶自道光年间就因帮助乡民解除瘴疬，躲过天花、疫症而声名鹊起；林则徐虎门销烟，王老吉免费清热解毒②；2008 年汶川地震，它再一次震撼国人，消费者风行"要捐就捐 1 个亿，要喝就喝王老吉！""中国人，只喝王老吉"等，也因而成就了全国软饮料行业的领导品牌。

致力于内部和谐，长于应对内部多重界面，运营管理和人力资源管理彼此调和，提高员工、团队和部门的周边绩效，这为卓越 IE 绩效的持续化提供了基石与保障。鲜有劳资冲突，资方与劳方实现共荣，有效地防止和降低了道德风险和逆向选择的产生；降低员工之间界面的应力，演绎着民族特色的绿色劳资关系；关注员工职业安全和发展需要，帮助员工确立职业方向，核心员工队伍因而稳定；对员工进行精深的培养，员工的组织公民行为和角色内行为在增强，员工或团队的跨界行为明显增多，实践着东方特色的集体主义，IE 者的比例因而上升，IE 者的规模和构成因而变化。无论是平遥票号原创的"人身顶股制"，还是"荣宝斋"（创建于 1672 年）创业早期推行的职业经理人制度和东家、掌柜的利润分享制度③，都妥善地应对了委托—代理界面，推广着至今仍有标杆价值和深远影响的企业法人治理结构。或是众多 CTHBs 今天广泛推广的集体谈判工资制，创业者与经营者、所有者与代理人以及员工，实践着权变、情境性的按要素分配，进行着各具特色的人力资源管理制度的更新与创立。再者，在大多数 CTHBs 中，企业与员工各自成长的交集逐渐扩大而非拘泥于平行轨道；一改过去"自古华山一条道"模式，代之以"之"字形和网状的职业发展通道。

（二）品牌战略体系化

由专注社区性、区域性、地方性的招牌或品牌的经验经营，迈向全国，乃至全球的科学拓展和扩张，品牌的视野得以拓宽，品牌的内涵得以

---

① http：//www.wufangzhai.com/.

② http：//www.wlj.com.cn/.

③ http：//www.rongbaozhai.cn/.

丰富，品牌的张力愈发充足，这些助力着基业长青的打造。"衡水老白干酒"（创建于 1946 年）实现了向"十八酒坊"的亮丽转身①，品牌底蕴的源远流长、IE 者的激情、历史劣势资源的重整与焕发，以及营销的攻城略地等，起着决定性作用；从集地方风味一体的"五粮液"中②，消费者看到的是：现代 IE 者海纳百川的胸襟和超凡的勾兑技艺，以及高端而时尚消费者的定位；两者的系列产品，都是 CTHBs 基于顾客群偏好的市场前摄与再定位，也凸显了消费者群由老年、中年，向青年的延伸，从而在领域重定中拥有稳定的客户群。

商品的情感性价值、功能性价值和象征性价值在 CTHBs 商业史演绎的交互侧重中，一次次实现完美融合，品牌人格化的趋势越发明显。围绕品牌的核心元素和文化精华，由怀旧老顾客的保留到兼具猎新顾客的召唤和博得，由立足慢节奏的明清生活转向面向快节奏的大数据时代；由身份与地位的象征转变为主流时尚符号，这些都提升了品牌溢价及扩张空间。无论是黄酒翘楚的"女儿红"（创建于 1919 年）③，还是中华第一鸡的"德州扒鸡"（创建于 1692 年）④，时至今日，古老商家的传说与画卷已经成为承载浓浓情感的商业化石和商业传奇。2014 年国庆黄金周期间，嗅觉灵敏的商家所推出的年份商品或"年代套餐"，不仅仅重现了市场气氛，更重要的是商家主动搭乘休闲经济、体验经济的列车，从而开拓新的增长空间。

产品品牌的成长和服务品牌的成长遵循着不同的逻辑和机理。CTHBs 产品品牌的成长基本上遵循着世界商业通则，而其服务品牌的成长则独树一帜，呈现出很强的民族性。它立足于我国普通消费者的消费心理和消费行为，经营过程中渗透着浓浓的传统文化意蕴而不是纯粹理性的商业价值，依托精益求精的产品、训练有素的员工和纳米级的服务细节与流程，依托界面管理提升服务系统的整体效率⑤，在演绎民族服务品牌的成长中，也催动着另一种创业模式——服务创业。创业伊始，"狗不理"（创建于 1858 年）作为津门百姓的快餐，已传遍大街小巷⑥；今天，连锁店、营业

---

① http：//www.hengshuilaobaigan.ent/.
② http：//www.wuliangye.com.cn/zh/main/.
③ http：//www.nuerhong.com.cn/.
④ http：//www.dzpj.com/.
⑤ 谢朝武、郑向敏：《界面管理与服务能力、服务绩效间的驱动关系》，载于《财贸经济》2012 年第 9 期。
⑥ http：//www.chinagoubuli.com/.

大堂已遍布天津及周边城市，并因娱乐化的叫卖声和津门快板，以及精致的内饰和特色消费环境而为国内外游客、顾客所熟知。受此引发和催动，包子已经成为津门饮食文化的核心构成。

处于成熟期的 CTHBs，不仅品牌内涵顺应时代而丰富，其传播方式也呈现出整合化的趋势，这有效地防止了传承中的断代问题。基于社区居民服务的 CTHBs 紧跟社会进步，从原始的幌子、招牌、口碑，成长为现代品牌，更重知识产权的保护；在法制愈发成熟的商业时代里，其中的大多数进一步蜕变为闻名于世的"国家（或地方）非物质文化遗产""中国驰名商标"和独有知识产权体系。在"3.0 时代"，为培育忠诚的顾客群，由往事到"网事"，消费引导正由依赖传统口碑转向依赖指尖智慧；宣传题材的表现形式也由品牌故事转向新文化的体验，由品牌的市井文化转向网络文化。不仅有中老年人所钟情的京剧、影视剧，还有年轻人所赏心悦目的企业歌曲、网页和官方微博、微信，以及孩童痴迷的连环画、幻灯片和动画片等，借以强化品牌活力和品牌联想，进行着消费者关系的新建和重构。在旅游业蓬勃发展的今天，还广泛利用各种机会举办会展和周年庆典，并基于行业特征和产品演变而开办各具特色的文化博物馆，进行商业或工业旅游项目的开发，例如在创业 150 周年时"全聚德"（创建于 1864 年）开办烤鸭展览馆。这些举措，都以受众所喜闻乐见的形式将品牌故事、所坚守的品牌主张导入消费者的内心，着力培育忠诚的新消费者层以及他们对 CTHBs 的品牌情感。

（三）创新永续化

CTHBs 的产品和/或服务是重农抑商、慢节奏社会背景下的产物，只有将已有的核心能力与外部市场的快节奏变化持续地相结合，才能动态地应对环境的变化，也才可能凤凰涅槃。其次，无论是面向大众的"都一处"（创建于 1738 年）[①]、"馄饨侯"（创建于 1946 年）[②] 和"平遥牛肉"（起源年代无考，清代时已誉满三晋）[③]，还是服务高端群体乃至皇家权贵的"亨得利"（创建于 1874 年）[④]、"内联升"（创建于 1853 年）[⑤] 和"马

[①] https：//baike. baidu. com/item/都一处/1474529？fr＝aladdin
[②] https：//baike. baidu. com/item/北京馄饨侯餐饮有限责任公司/6515082
[③] http：//www. py-guanyun. com/shownews. asp？id＝1110
[④] http：//www. hengdeli-repair. com/inder. aspx
[⑤] http：//www. nls1853. com/.

聚源"（创建于 1817 年）①，一直在回避"红海"，进行战略更新，寻找生存和发展的"蓝海"，利基定位、差异化战略是其脱颖而出的法宝，这也支持着品牌理念的生动和扎实。再者，运营流程中多种差异的组合，使产品或服务被模仿的可能性大幅降低，从而保持着出众的战略态势和持续的在位优势，支持着索取更高的溢价或租金，从而带来源源不断的现金流。大多数 CTHBs 长期以来处于"微笑曲线"的底部，但它们能够顺应时代，乃至在时局动荡中生存下来，又不断地随着时代的前进而积极调适自我，因而始终领导着业内趋势与变革，并获取持续而卓越的经营绩效。其中，传承中主动的技术创新与技术创业推进，严格而独到的质量管理举措实施，以及差异化战略的落地和内嵌化动态能力的持续更新起着奠基性作用。

渐进性创新，传承与充值品牌价值，丰富和整合着系统的商业知识和商业技术体系，关注企业内多层次、多重界面的温和运行，提高和改善产品平台的可衍射性，企业借以实现温和改善。这在食品加工业与餐饮业比较普遍。大多数 CTHBs 的产品生产和/或服务运营模式在业内历久而独到，并依靠传人制度确保绝艺、绝技等非专利技术和隐性知识的安全，提高效率的需要则催动着它们适时、适度和适量地嫁接标准化和系统化的现代化运作，充分利用流程和界面变革的张力。由人才挖掘、保留，系列新技术引进、跟进开发和严格传承所支撑的中华第一涮——"东来顺"（创建于 1903 年）②，始终保持着"选料精、刀工美、调料香、火锅旺、底汤鲜、糖蒜脆、配料细、辅料全"的特色，而其新开发的面点、涮海鲜等又融进时代元素。今天的"东来顺"连锁店则依靠"八统一"的标准化管理原则，开遍华北地区，为顾客创造着价值，续写着经典与现代的体验。

突破性创新，管理研发—营销界面的应力，在品牌价值与主张标新立异的背景下，激活与控制研发—制造（传递）界面的张力；在组织可承受的前提下，对产品工艺流程和服务传递程序进行彻底的跨职能整合③，借以寻找和建树新的绩效获取模式。这在茶业、医药业比较普遍。始建于1887 年的"吴裕泰"恪守"制之惟恐不精，采之惟恐不尽"的经营方针，形成了"自采、自窨、自拼"的三绝技；今天，又率先建立了在同行业技

---

① https：//baike. baidu. com/item/马聚源/11009953? fr = aladdin

② http：//www. donglaishun. com/.

③ Virpi Turkulainen, Mikko Ketokivi, "Cross-functional Integration and Performance：What are the Real Benefits?", *International Journal of Operations & Production Management*, Vol. 32, No. 4 (2012), pp：447 – 467.

术领先、设备领先的感官审评室和理化检测室，企业检测指标比通行的 4 项国际标准指标还多 12 项，从而保证着茶叶质量在业内始终处于领先水平。①

集成性创新，采百家之长，不仅进行产品创新和管理创新，还进行工艺创新和价值工程创新，在界面应力和界面张力间获取微妙的艺术平衡，最终独树一帜，成就业内霸主地位。这在饮料业、酒业比较普遍。如"贵州茅台"（已有 800 多年的历史，具体时间已无从考证）采百家风味②、"青岛啤酒"（创建于 1903 年）集中外技艺，兼有各家的优点与优势，变革生产工艺，致力于平台产品和衍生产品的研发，在二者的基础上，开发出适合国人的系列新品，丰富产品家族，培养和引导消费者全新的口感、期望和偏好。③

复杂系统性创新，不仅进行价值链的建设和变革，重构核心竞争力，更重客户界面的管理和产品增强幅度的管理，以建立全新的消费价值理念和商业运行模式，最终脱胎换骨。这在 CTHBs 中较少，但是它革命性的，也最能打开新的生存与成长空间。"内联升"（创建于 1853 年）的《履中备载》是中国商业历史上第一部顾客档案，为"中国应用数据库营销的典范"。针对传统生产系统的缺陷，2009 年，该公司开始尝试 ERP 系统和条码应用，进行库存的精细化管理，以降低存货成本和改进现金流。2010 年，公司重拾镇店之宝，借助 CRM 系统，开始续写现代版《履中备载》，开展包括会员管理、高端定制等配套业务和延伸服务。2011 年，又开始涉足电子商务，线上与线下交易同放异彩。全面的运营革新支撑着企业的快速发展，也为 VIP 带来新的品牌体验。

反向创新，先进行创业学习，普遍提升组织内的 IE 意愿，改变员工的创业知觉，以及提高公司的界面程序管理质量，再进行创新的输出，铸就业内辉煌。这在居民服务业和（手工）制造业比较普遍。始建于 1600 年的"陈李济"考虑到蜂蜡、木蜡的密封性，首创混合的球形密封包装技术，药品得以保存多年而不变质，这引发了中药包装的重大革命，为全国药业广泛应用。20 世纪 80 年代，联合国教科文组织曾向全世界药包材业广泛推荐。借此影响，企业在业内的卓越地位得以奠定。④

---

① http：//www. wuyutai. com/.
② http：//www. china-moutai. com/.
③ http：//www. tsingtao. com. cn/.
④ http：//www. cljsjjyw. com/.

（四）机会获取自觉化

市场的特性在于其高度的风险与不确定性，这会左右 IE 绩效。CTH-Bs 为防止品牌资产的流失和破坏，大多数坚守主业，适度多元，更多的是采用同心多元化或纵向一体化成长战略，从而将组织间关系管理转化为内部运行界面的掌控，并以此降低交易成本。这已经成为应对风险与不确定性的主导方式。在此过程中面对可掌控的风险，主动抓住盈利机会窗口，卓越的企业还调动资源、进行市场前摄，适时创造创业机会。

就"老字号"群体而言，呈现了完整的演变时序和生命周期模型。古老而年轻的 CTHBs，在发展过程中，自觉抓住来自市场、社区、政府和社会的机会，尤其是在改革开放 40 年的时间里，顺应时代节拍，抓住历史长河中难得的机遇，进行界面干预，将改造和升级日常化，以延长企业的成熟期，推迟衰退期的来临。它们大多数以产权关系为纽带，以改善法人治理结构为抓手，进行管理体制和机制创新，普遍建立了比较完备的现代企业制度，再现了企业标准的发展历程，即家族企业—泛家族企业—家族（或国有）控股公司—上市公司—跨国集团公司。而持续的制度创业则催动着正规化与合法化，以及协调机制的逐步建立，这会使企业内的应力明显降低、抵抗风险的能力大大提升，从而可以与世界知名企业对话。

创始人乐尊育于清康熙八年（1669 年），适应市场变化，改串铃行医为坐诊兼行医，并将所住客栈取名为"同仁堂"药铺。第 4 代乐显扬将太医院吏目的特殊身份商业价值化，广收祖传配方、民间验方、宫廷秘方，创办了同仁堂药室。雍正元年（1723 年）受皇封，钦定同仁堂供奉御药房，从此因"药王"而声名远扬。1954 年，响应政府号召，敢为天下先，第 13 代传人乐松生申请公私合营，告别家族企业的历史。1989 年，我国加入《商标国际注册马德里协定》，同年"同仁堂"即获得第一块"中国驰名商标"，并受到国家特别保护，也是大陆第一个在我国台湾申请注册的商标。20 世纪 90 年代和 2008 年两次获国家商务部命名"中华老字号"。20 世纪 90 年代，它和当时许多国企一样，遭遇了在计划经济体制向市场经济体制转轨过程中的困境：库存结构不合理、市场经营混乱、债台高筑等。1997 年，作为全国唯一一家中医药企业被国务院确定为 120 家大型企业集团现代企业制度试点单位，组建了中国北京同仁堂集团公司；同年 7 月，北京同仁堂股份有限公司在上海证券交易所上市；2000 年 10 月，北京同仁堂科技发展股份有限公司在香港联交所创业板上市。基于连锁业态在我国的迅猛引进与成长，2003 年，北京同仁堂商业投资发展有限责任公司以总部为基地，面向全国发展国药精品连锁店。同年，北京同仁堂化妆品有限公司有"同仁本草""伊妆""丽颜坊"三个子品牌产品线先后上市，从此顾客群由中老年延伸到年轻时尚的女性。随着孔子学院在全球的广泛建立，集团公司与国家汉办签署了联合推广同仁堂中医药文化的战略合作框架协议，目前正运用这一平台进一步加大国药文化的海外传播力度。①

（五）资源集束机制化

资源具有天然的生产性，企业的资源整合与获取是竞争优势构建和卓越绩效获取的基础②。经过 1956 年公私合营的洗礼、"文化大革命"的冲击，以及改革开放后的城市拆迁与外资的市场掠夺，即"三次大的冲击"后，大多数"老字号"所掌控的资源处于弱势地位，绩效不彰，尤其是品牌老化，品牌与消费者的关系衰微，"老字号"的品牌主张与消费者的心理诉求脱节，品牌贬值或品牌资产大量流失，甚至岌岌可危。而历经磨难的 CTHBs 总能审时度势，进行现有资源的创造性拼凑，盘活资源存量，优化资源流量；进行资源的重新配置，形成更强的对环境的适应能力与盈利能力。这已成为它们管理战略性资产的机制之一③。

通过品牌资产的寻根与激活，提高品牌回忆和识别来扩展品牌意识的深度或广度④，成为 CTHBs 集束弱势市场资源的主导范式。"恒源祥"（创建于 1927 年）凭着顾客怀旧情绪和坊间口碑的记忆而起死回生⑤，企业家成功地挖掘出既有资源新的生产性，从而为在面临资源约束的情况下成功把握创业机会创造了条件。

通过流程与界面的融合，创造性实施内部资源的集束，演变到今天已经成为竞争力生长的沃土，保障着"老字号常青化"商业神话的续写。在经典的管理理论和管理实践中，运营流程意味着资源的分布与流动路径，这要求流程的系统化与集成化，以改善资源流量，从"瑞蚨祥"（创建于

---

① 来自北京同仁堂的相关宣传资料，作者注。

② 郭会斌：《重构持续竞争优势——面向现代服务性企业的内创业研究》，中国经济出版社 2009 年版。

③ 高洪力、林妍梅：《论老字号企业战略性资产重组的策略》，载于《理论前沿》2009 年第 15 期。

④ 卢泰宏、高辉：《品牌老化与品牌激活研究述评》，载于《外国经济与管理》2007 年第 2 期。

⑤ http://www.hyx1927.com/.

1862 年）① 旨在吸引客户更深地融入服务过程中，而对于前台员工的培养，看到了流程整合的意义。管理的精细化，还要求管理者关注层级之间、职能部门之间、员工之间的界面并实现无缝对接，以消除界面震荡和应力，从"王府井"（创建于 1955 年）的演变中②，可以看到界面管理的价值，流程中的环节比环节本身更为重要。

（六）业态涉入丰富化

从草根的地摊或走街串巷，到前店后厂的作坊，再到产销分离的厂商，CTHBs 逐步走上了规模化、现代化经营的道路，而销售终端网络的铺设，尤其是连锁加盟与专卖业态的引入，以及为防止"株连事件"而实施严格的品牌管控，则获得了多种经济性。在大数据时代，大多数 CTHBs 线上交易也日趋成熟，许多企业正进入智慧产业，冲刺着物联网业务，始终创新着业态。近年来，杭州的"楼外楼"（创建于 1848 年）③ 和"知味观"（创建于 1913 年）④ 加大对小区便利型直销门店的投入，让真空包装的名菜系列、"宋嫂厨艺"半成品系列、腌腊制品系列等这些名菜、名点走出店堂，进入寻常百姓家，这两家企业的品牌也越来越受到不同年龄段顾客的喜爱⑤。创业氛围的打造，IE 活动的永续、业态的更新与改造，也为"全聚德"（创建于 1864 年）⑥、"张一元"（创建于 1900 年）⑦ 等CTHBs 获得规模经济性、范围经济性、网络经济性和速度经济性提供了支撑。

三、内创业绩效的操作性界定⑧

CTHBs 顺市场需求而自生，以自己的专长长期在商海搏击中幸存、发展、壮大，在当地乃至全国形成强大的影响力、知名度和美誉度。尤为重要的是：CTHBs 的延绵正是一系列创业活动的历史，从最早的技术创业，

---

① http：//www. refosian. com/.
② http：//www. wfj. com. cn/.
③ http：//www. louwailou. com. cn/.
④ http：//www. zwgfood. com/.
⑤ 颜澄：《突围——杭州"老字号"餐饮企业的经营出路》，载于《经营与管理》2010 年第 1 期。
⑥ https：//baike. baidu. com/item/全聚德/298267？fr = aladdin
⑦ http：//www. zhangyiyuan. net. cn/.
⑧ 节选自：郭会斌：《内创业战略情境下人力资源策略的生产性意蕴——兼论人力资源管理对成熟期企业绩效的促进机理》，载于《经济问题》2015 年第 7 期。

到公司创业、IE，再到今天的制度创业、服务创业、绿色创业等，具有"机会发现"、"新进入行为"、"创建新业务的冒险活动"、"领域重定"和"组织更新"等的创业本质特征，始终进行着创业优势、创业能力和创业资产等的再造，并驱动着城镇经济、区域经济的前行，乃至全国产业结构和市场运行秩序的重构。

IE 是上位的战略、HRM 是下位的策略，已成通识。这从部分 CTHBs 的商业实践中得到了一定程度的验证。企业经营绩效是经久不衰的研究主题，时至今日，各流派已经形成并呈现出各自强劲的发展势头。其中，立足 HRM 和组织结构，R·杜安·爱尔兰等（Ireland et al.，2009)[1] 的公司创业战略模型，至今是引用率很高的文献之一。不过，IE 战略驱动情境下的企业绩效构成与形成，仍是鲜活而有空间的议题。

（一）驱动效力

持续的 IE 依赖于全员，尤其是管理者对于 IE 的敏感体悟、前卫认知和积极支持，以及员工持续的参与，这些将改变企业内的资源流向、流速和流量。其外在表征，如先发优势、市场位势、市场前摄、产品（或服务）的结构适应性等定性指标。在组织内部的驱动效应表现为，由创业精神扩散而形成的共有心智模式、组织支持感、专业技能网络和内部创意市场，这些将有效地筛选和优化信息与知识，并为之流动和创造价值创造条件；IE 驱动在 HRM 方面的衍生表征是，创业压力或动力下的雇员产出，包括雇员的态度及行为，特别是缺勤及跳槽等。

（二）运行效率

IE 改变着企业内要素市场的运行与资源的交易成本，并影响着 HRM 对于组织系统运行支持性、促进性和保障性价值的发挥，这些均有助于提高运行效率，以及管理程序的制度化和程式化程度。落实到人力资源，就是员工职业成就导向的强化、角色内行为的增加和个人效能感的提高，它们最终以组织的产能利用率、生产率、质量及损耗等流程性指标，以及成本、利润率、盈利率等结果性指标来综合反映。

---

① Ireland R. D., Covin J. G. and Kuratko, D., "Conceptualizing Corporate Entrepreneurship Strategy", *Entrepreneurship Theory and Practice*, Vol. 33, No. 1 (2009), pp: 19-46.

（三）经营效果

IE 的生产性与 HRM 在组织中的渗透性、资本性高度融合，这将催生新的界面力学行为机制①，并在组织内广泛扩散，组织的延续性和获利能力，以及个人绩效和部门任务绩效得以提高，并由此量化为组织的市场指标，例如客户满意度、销售收入与市场占有率、投诉量等，以及市盈率、股票价格或其波动等成长性指标。

（四）组织效能

HRM 执行 IE 战略，以及由此而形成的组织内的多层次交互界面，连同系统管理和监控界面的实施，因活化了企业而降低了绩效风险，这足以提高管理效能和组织柔性。进一步而言，HRM 与人力资本管理的做法会影响创业绩效作为结果的系统的灵活性、内部一致性和环境适应性②，它们是组织效能的重要决定因素；而组织学习、周边绩效、创新界面等，在刻画个人或团队绩效溢出效应的同时，也推动着组织效能的提高。

四、界面张力的援引

（一）援引 IFT 的必要性和必然性

随着企业生存年限的增加，IE 与 HRM 在企业内地位的升高，两者的内涌性矛盾与冲突将在组织内衍生和扩散，可能造成组织震荡和失序；而两者能动性地相互嵌入、摩擦与松散耦合，也可能最终导致内部各个界面松弛、主体异化，且不兼容的制度安排。然而，该耦合的事实、优点和动能又是显而易见的，即"创造性嵌入悖论"，它催动着某种理论范式的提炼与建构。

从现代管理学主流范式的角度去考察，"理论剪刀"式的二元"界面协调观"，尚未把握和深探驱动力和约束力"化合"而非"混合"所引致的耦合效应；"界面融合观"又是二元互补的"双面胶"，是较浅层次的

① 界面的物理学本意是指，不相溶的两相接触点和过渡区。
② Hayton J. C.，"Strategic Human Capital Management in SMEs: An Empirical Study of Entrepreneurial Performance"，*Human Resource Management Journal*，Vol. 42，No. 4（2005），pp: 375 – 391.

关系镜像，也不足以阐释其驱动机理。因此，需要重新审视商业事实和综合检验已有学说，需要凸显隐含的力学行为机制与作用机理，需要激活有待张扬的新假设和新构思，而从发展中的"界面张力观"隐喻中，作者看到了解决该问题的曙光与前景。

拟在 IE 和 HRM 的分歧与交融中构建高度敏感①、自行创生与和谐的自组织运行体系，就需要从实用主义哲学本体论的意义上运用凸显进化论，借鉴物理学的界面力学理论与界面学说的优势，跨学科援引该研究的核心概念——IFT，使之成为化解悖论的工具，并使之成为要素主导模型的核心要素，以提炼后现代企业组织的关键使能技术和能力。

(二) IFT 的管理学界定与援引可行性

界定 IFT 的管理学含义，是本书开展的基础。该研究将 IFT 定义为：在 IE 驱动情境下，曾经独立的 IE 活动和 HRM 职能流程，两者在交叉区域由驱动力和约束力相互作用而呈现的动态耦合力。它是界面力学行为和绩效的"制衡系统"。在这一定义中，IE 驱动情景指以 IE 为主导的运营环境，这是 IFT 发挥作用的桥接空间；交叉区域是指 IE 和 HRM 的界面；动态耦合力是指界面的力学行为，也是本书关注的核心。之所以这样界定，其理论依据在于以下几点。

(1) 传统行业成熟期公司（如 CTHBs）的 IE 始于"健康的不满"②，旨在追求"足够好"或"足够低"而非至臻至美、两者兼顾；HRM 的主旨首先在于保障组织的健康、高效运行。两种管理活动的无缝隙交合，才使绩效稳定而持续，并经历时间的检验；两种物质的混合物或两相界面的稳定，才能在一定的温度和压力下长效共存。共同的结构和机制，推动着跨学科研究。此处，人文逻辑和自然规律所面临的问题极其相似，遂将管理情景与物理情景③进行比拟，结果见表 1–1。

---

① 徐强、李垣：《组织结构敏感性对组织绩效的影响分析》，载于《现代管理科学》2009年第 4 期。

② ［美］唐纳德·F. 库拉特科、［美］迈克尔·H. 莫里斯、［美］杰弗里·G. 科恩：《公司创新与创业》，李波等译，机械工业出版社 2013 年版。

③ 许金泉：《界面力学》，科学出版社 2008 年版。

表 1 - 1　　　　管理情景中的 IFT 与物理情景中的界面张力映射

不同情景	物理情景中的 IFT	管理情景中的 IFT
事实	两相动态稳定，结合物才能长期存在	IE 和 HRM 的科学优化、"化合"，促进绩效稳定，企业才能持续成长
界面	不相溶的两相接触点和过渡区	独立的 IE 和 HRM 接触点和交汇区
概念	沿着不相溶的两相（液—固、液—液、液—气）间界面，垂直作用在单位长度液体表面上的表面收缩力	曾经独立的 IE 和 HRM，在 IE 驱动情景下，两者在边界交汇区域的相互作用力
意义	表达表面自由能	刻画界面力学行为的势能
作用机制	界面总是趋向最小的、光滑的面积，达到能量最低的状态	IE 和 HRM 最大限度地融合，使得界面力学行为和界面绩效最优、HRM 亚界面最优，并以此保证公司绩效最优
重要参数	各相内相互作用的势能参数	活动交合的内驱力和约束力、动态耦合力（界面张力）
影响（或描述）的重要变量	表面张力（两相中有一相是气相的界面张力）	能力位势（涉及外部性问题，影响组织与外部环境的关系）
	界面裂纹（直接导致界面破裂）	界面活力（决定可存在性，可持续性）
	临界张力（界面稳定的极限）	界面强度（应对风险，消减不确定性）
	临界震荡（检测各相的波动）	周边绩效（改变员工知觉和异动）
	界面应力（影响各相的稳定性）	程序质量（提高组织免疫力）
共同特征	非线性、多维性、可控性、稳定性和动态性	

（2）IE 和基础人力资源管理始终支撑着 CTHBs 走出"亚历山大困境"，都有各自的经营管理权威和边界，之间存在着原生型的矛盾关系。但是，相互嵌入则使它们交合在一体，随之凸显了能动型的力学机制。因而，认定 IE 驱动情景的存在，是科学的。

（3）只有组织、理念、制度、机制等深层次的界面交互才能推动整体绩效的提升。不过，由于粘滞信息、目标差异及背景差异的普遍存在①，造成了界面障碍，提高了系统的熵值，降低了组织效能，而界面整合、协

① 郭斌：《企业界面管理实证研究》，载于《科研管理》1999 年第 5 期。

调、协作、沟通和协同①，则有助于提高其有序度，有助于改善效率和效果。因此，分析交叉区域的相互作用，是有价值的。

（4）基于知识的交互机制②③和动态能力构建成为组织自我进化的常态④，并以此获得自生能力。因此，将界面的力学行为界定为动态耦合力，是合理的。

综上所述，与已有研究相比，其创新在于：所嫁接的"IFT"成为可分析的特殊对象，以此为核心刻画驱动效应，即 IE 和 HRM 的相互嵌入与耦合，乃至相互抵制，为更完整地探寻界面力学行为和绩效的生成机理提供了可能；也发现了其纠偏价值和左右公司绩效的连锁与衍生价值。它是确保界面绩效获取，以及公司绩效卓越化和持续化的支点；尤其重要的是：与自然规律和商业事实契合，能够理想地刻画 CTHBs 的运营特质、绩效的演变与现实。

（三）IFT 变量的确定

对企业绩效的决定因素，经扎根分析、比较分析，以及跨学科映射后，确定 IFT 的潜变量和观测变量（请见下文），将其纳入实证研究中。用于刻画 IFT 动力价值、效用多维性的这些变量，不仅受物理学的启发，也与核心能力论⑤、竞争优势论⑥、绩效行为观⑦⑧等学说一脉相承。

---

① Tiru S. Arthanari and David Sundaram, A Metaphor for the Interface between OM and IS. POMS 20th Annual Conference. Orlando, Florida, USA, 2009.

② Sirmon, D. G., Hitt, M. A., "Contingencies within dynamic managerial capabilities: interdependent effects of resource investment and deployment on firm performance", *Strategic Management Journal*, Vol. 30, No. 13 (2009), pp: 1375 – 1394.

③ Zeki Simsek and Ciaran Heavey, "The Mediating Role of Knowledge-based Capital for Corporate Entrepreneurship Effects on Performance: A Study of Small to Medium-sized", *Strategic Entrepreneurship Journal*, Vol. 45, No. 5 (2011), pp: 81 – 100.

④ Teece, D. J., Pisano, G., Shuen, A., "Dynamic Capabilities and Strategic Management", *Strategic Management Journal*, No. 18 (1997), pp: 509 – 533.

⑤ Gary Hamel, C. K. Prahalad, "The Core Competence of the Corporation", Harvard Business Review, Vol. 68, No. 3 (1990), pp: 177 – 184.

⑥ ［美］迈克尔·波特：《竞争优势》，陈小悦译，华夏出版社 2006 年版。

⑦ Motowidlo, S. J., "Job Performance. In W. Borman, D. Ilgen, R. Klimo SKI (Eds), Handbook of Psychology", *Industrial and Organizational Psychology*, Vol. 12 (2003), pp: 39 – 53.

⑧ Johanim Johari, Zurina Adnan, Tan Fee Yean, Khulida KiranaYahya, Site Nora Isa, "Fostering Employee Engagement through Human Resource Practices: A Case of Manufacturing Firms in Malaysia", *Academic Journal*, Vol. 38 (2013), pp: 15.

第四节　特色与创新

一、研究特色

已有的研究成果，鲜有系统地关注传统行业成熟期企业 IE 和 HRM 的交互问题，及其左右公司绩效的机理。而本书不同，从 CTHBs 入手，立足于 IE 的驱动效应分析界面的动态力学行为，借助 IFT 探求企业绩效的获取、卓越化和持续化机理。这一调整的意义在于，能够筛选和界定影响界面力学行为的变量，分析 IE 的驱动效应、驱动机理和保障机制，从更核心的层次分析、预警和把握企业绩效。

二、创新之处

本书紧跟学术前沿并适度超前，理论创新与实际应用并重，创新之处主要有以下三点。

（一）提出 IFT 的概念，以阐释 IE 的驱动效应

援引 IFT 描述 IE 驱动效应和界面力学行为，乃至界面绩效、公司绩效的生成机理，是继马歇尔（2012）[①] 将"弹性"引入经济学，阿尔方斯·查帕尼斯（Alphonse Robert Everysta Chapanis, 1969）将"界面"以及康斯坦丁和路易斯（Andriopoulos & Lewis, 2009）[②]、奉小斌和陈丽琼（2010）[③] 将"张力"引入管理学之后的又一举措。这将变革已有的研究范式，希冀并着力在此问题上开拓新的理论思考空间。

所构建的"IFT—驱动力—约束力"三维框架，深探到绩效生成的内核，支撑着对绩效卓越化和持续化机理的揭示。莫托韦洛（Motowidlo, 2003）[④] 和

---

① ［英］阿尔弗雷德·马歇尔：《经济学原理》，宇琦译，湖南文艺出版社 2012 年版。
② Andriopoulos Constantine, Lewis Marianne W., "Exploitation-exploration Tensions and Organizational Ambidexterity: Managing Paradoxes of Innovation", *Organization Science*, Vol. 20, No. 4 (2009), pp: 696–717.
③ 奉小斌、陈丽琼：《探索与开发之间的张力及其解决机制探析》，载于《外国经济与管理》2010 年第 3 期。
④ Motowidlo, S. J., "Job Performance. In W. Borman, D. llgen, R. Klimo SKI (Eds), Handbook of Psychology", *Industrial and Organizational Psychology*, Vol. 12 (2003), pp: 39–53.

乔哈尼姆和胡利达（Johanim & Khulida, 2009）[1] 提出了任务绩效和边际绩效，但对于绩效生成没有寻根；吉姆·柯林斯和杰里·波拉斯（Collins & Jerry, 1994）[2]、吉姆·柯林斯（Collins, 2001）[3] 关注了绩效的卓越化和持续化事实，但缺少应有的理论解析。该研究正是对这些先期成果的深化和超越。

（二）创建并检验"三合一"理论框架，以揭示 IE 驱动的公司绩效卓越化机理

在所创建的"三合一"理论中，IFT 矩阵参照了 BCG 矩阵，与之确定投资领域不同的是：该矩阵旨在运用评价准则寻找成长路径，也浓缩了其影响变量；借鉴了企业成长理论[4]和生命周期理论[5]，与之不同的是：深挖了传统企业成熟期的延续机理。

所建立的高度一致的指标体系，把握到绩效形成的原动力，有效地杜绝了指标间的负相关，将为绩效管理提供全新的支点；对局限在 100 年前"杜邦分析法"而集中在财务指标清单的解析、制定和评价的绩效管理方法，形成突破。参照了物理学 IFT 的计算公式，与之不同的是：赋予管理学的新内涵，并基于特殊性建立新方程；用方程计算并评价，有效规避了平衡计分卡[6]的操作复杂性以及所要求的管理精细化。因此，是这些学术思想的新发展。

（三）构建 3 个 HRM 亚界面管理基模，以保障 IE 驱动的卓越绩效持续化机制

立足 IFT 的显变量和潜变量所构建的 3 个 HRM 亚界面管理基模，补

---

① Johanim Johari, Zurina Adnan, Tan Fee Yean, Khulida KiranaYahya, Site Nora Isa, "Fostering Employee Engagement through Human Resource Practices: A Case of Manufacturing Firms in Malaysia", *Academic Journal*, Vol. 38 (2013), pp: 15.

② James C. Collins, Jerry I. Porras, *Built To Last – Successful Habits of Visionary Companies*, Harper Collins Press, 1994.

③ ［美］吉姆·柯林斯（Jim Collins）、马小龙：《好运的 5 级领导者》，载于《经理人》2001 年第 7 期。

④ Lippitt, G. L., W. H. Schmidt, "Crises in a Developing Organization", *Harvard Business Review*, Vol. 11, No. 12 (1976), pp: 102 – 112.

⑤ Adizes Ichak, *Mastering Corporate lifecycles*, Prentice Hall Press, 1999.

⑥ R. S. Kaplan, D. P. Norton, "The Balanced Score Card Measures that Drive Performance", *Harvard Business Review*, Vol. 70, No. 1 (1992), pp: 71 – 79.

R. S. Kaplan, D. P. Norton, *The Strategy of Organization*, Harvard Business School Press, 2001.

充了彼得·圣吉（Peter M. Senge，1990）的"9 + 1"基模体系[①]；将学习型组织变革和 HRM 置于 IE 驱动背景下，系统思考主要变量之间的交互效应问题，为界面运行建立了保障；实施界面干预，为实践者走出绩效管理困境开拓了新的视角；为延长传统民族企业的成熟期、预警衰退期的出现提供了新的抓手。这些，将使主要研究结论既具有科学性，又具有较强的操作指导价值。

[①]　［美］彼得·圣吉：《第五项修炼》，张成林译，中信出版社 2009 年版。

第二章

国内外相关文献综述

第一节 国内外关于内创业的研究

一、创业活动的属性

创业行为普遍存在于各种组织和各种经营活动中①；作为公司层面的现象，公司创业（或 IE）逐渐形成于创新、战略改变和战略管理的相关文献，公司所有建立作为利润增长基础的持久竞争优势的努力，都在被考虑的范围之内②。这意味着创业活动具有战略驱动性和普遍性。

创业活动也具有全程性，只有从一个广义流程的视角来看待创业活动，并关注成熟期企业的创业③，以及衰退期企业的激活和复兴，而不仅仅是创业期的企业，或处于成长期的企业④，才能从更完整的角度透彻分析创业活动的本质。

创业活动因具有全程性而具有生产性，此外，从企业内部管理机制的建立、激活和运营流程的变革实践，以及公司战略更新、组织更新等"新

①② ［美］唐纳德·F. 库拉特科、［美］迈克尔·H. 莫里斯、［美］杰弗里·G. 科恩：《公司创新与创业》，李波等译，机械工业出版社 2013 年版。

③ 蔡莉等：《基于流程视角的创业研究框架构建》，载于《管理科学学报》2006 年第 1 期。

④ 关于企业生命周期有几个学说，如 Larry E. Greiner（1972）、B. R. Scott（1973）、Neil C. Churchil 和 Virginia L. Lewis（1983）、Robert E. Quinn 和 Kim Cameron（1983）、Ichak Adizes（1988，1999）、库拉特科·唐纳德（2009），以及陈佳贵（1995）、李业（2000）等。本书采用四分法，即企业生命周期划分为创业期、成长期、成熟期和衰退期四个发展阶段。

经济活动"方面的文献，可以看出企业从事创业活动需要调用"高层、中层和一线管理者大量而一体化的创业行动"①。

因而，创业活动还具有全员参与性。

二、内创业的研究脉络

本书对有关 IE 影响较大的成果进行了梳理（见表 2 - 1）②，旨在脉络分析和交互印证中，发现其共同的意涵。

表 2 - 1 　　　　　　　　　　IE 与内创业者的界定

学者（年份）	主要学术贡献
吉福德和平肖特 （Gifford & Pinchot, 1978）①	首次使用"内创业者"、"内创业行动"和"内创业"概念。
平肖特 （Pinchot, 1985）②	内创业者是梦想者，是在一家组织内亲自负责创造任何创新的人；组织内部的创业者是内部创业的资源。
卡文和斯莱文 （Covin, 1989；Slevin, 1991）③	组织层面的创业姿态有：超前行动、创新和风险承担。
史蒂文森和贾里罗， （J. C. Stevenson & Jarillo, 1990）④	公司创业是组织内个体不管其控制资源的情况而寻求机会的过程。
扎赫拉（Zahra, 1991, 1993, 1995）⑤	公司创业包括：冒险、创新和自我更新。
The American Heritage Dictionary（1992）⑥	内创业者指，在一个大公司内，负责通过风险承担和创新，坚定地将创意转化为有利可图的产品的人。
丘吉尔（Chuchill, 1992）⑦	创业是在一个新的或既有的组织内，通过创新和抓住机会而不考虑资源（人力和资本）或者创业者的地点，发现和开发创造价值的机会。
斯托福德和贝登—富乐 （Stopford & Baden-Fuller, 1994）⑧	公司创业包括三种类型：①在现存组织内创造新业务；②与现存组织转型和更新相关的活动；③企业改变其行业竞争规则的活动。

① ［美］唐纳德·F. 库拉特科、［美］迈克尔·H. 莫里斯、［美］杰弗里·G. 科恩：《公司创新与创业》，李波等译，机械工业出版社 2013 年版。

② 此外，Schollhammer（198, 1982）、Miller（1983）、Burgelman（1983, 1985）、Kanter（1984）、Rule 和 Irwin（1988）、McKinney 和 McKinney（1989）、Merz 等（1990）等都对内创业和/或公司创业研究做出了贡献。

续表

学者（年份）	主要学术贡献
卡里尔（Carrier, 1994）[9]	IE 指为了提高组织获利能力和组织竞争能力，在已建立的企业内创造新业务的过程。
兰普金和戴斯（Lumpkin & Dess, 1996）[10]	首次提出"创业导向"概念，指出公司层面的创业有五个维度：创新、超前行动、风险承担、自治和竞争性进攻。
奈特（Knight, 1997）[11]	公司层面的创业有两个维度：创新和超前行动。
张（Chang, 1998）[12]	公司创业分为内源创新（IE）和外源创新（外创业）。前者指在内部寻找创新源的创业活动，也被称为内生型创业；后者是通过在现存企业边界之外寻找创新源的创业活动。
沙马和克里斯曼（Sharma & Chrisman, 1999）[12]	公司创业指一个人或一个团体，与现有的组织联合，在既有组织内创建一个新的组织或激起更新或创新。
安东尼奇（Antoncic, 2001）[14]	IE 分为两个互补的部分：①企业内 IE，②企业间 IE。前者聚焦于企业内的创业过程，没有跨越现存组织边界；后者则聚焦于企业间的创业过程，跨越了组织边界。
安东尼奇（2001）和赫里斯（Hisrich, 2003）[15]	IE 是在现存组织内进行的创业活动过程，指自然发生的行为意图或行为，它们与既有组织内做业务的习惯做法相悖。内部创业活动、公司创业和内部公司创业也经常被用来描述 IE 现象。IE 分为四个维度，即新商业冒险、创新、自我更新和超前行动。
艾莫（Amo, 2006）[16]	公司创业是一个从顶部到底层的程序，例如战略；IE 是从底部到顶部，与员工积极超前地改进工作程序，产品或服务，或挖掘市场机会相关。
钟和温耐克斯（Jong & Wennekers, 2008）[17]	先前文献对于公司创业（或 IE）行为的界定和观点总是提及机会追求、资源获取、风险承担、超前行动和创新。所有这些，是现存组织 IE 行为的关键因素。
莫里斯等（Morris et al., 2008）[18]	公司创业（或 IE）是一个多维的、公司层面的概念，它不同于①个体的；②整体结构和个体之间的连接关系。
林等（Ling et al., 2008）[19]	

续表

学者（年份）	主要学术贡献
霍恩斯比（Hornsby, 2009）[20]	IE 是员工在组织内的创业实践；而创业是通过集束一系列资源，开始一项新的事业或激活已有的风险事业，以试图发现新的营利性机会。
马提尔瑞纳（Martiarena, 2013）[21]	IE 的认知被公司内的创业活动拓宽了习以为常的、一个新的独立事业的创造活动。

注：①②⑪Eurocadres. Intrapreneurship：A trade union strategy for innovation in European companies [R]. Work Paper, 2010.

③Covin, J. G., Slevin, D. P., "Strategic Managementof Small Firmsin Hostileand Benign Environments", *Strategic Management Journal*, No. 10 (1989), pp：75 – 87.

Covin, J. G., Slevin, D. P., "A Conceptual Modelof Entrepreneurshipas Firm Behavior", *Entrepreneurship Theory and Practice*, Vol. 15, No. 1 (1991), pp：7 – 24.

④Stevenson, H. H., Jarillo, J. C., "A paradigm of entrepreneurship：Entrepreneurial management", *Strategic Management Journal*, No. 11 (1990), pp：7 – 27.

⑤⑥⑰Jeroen de Jong and Sander Wennekers. Intrapreneurship：Conceptualizing entrepreneurial employee behavior Worked report, 2008.

⑦⑧Christensen, "Enabling Intrapreneurship：The Case of a Knowledge-intensive Industrial Company", *European Journal of Innovation Management*, Vol. 8, No. 3 (2005), pp：305 – 322.

⑨Carrier C., "Intrapreneurship in Large Firmsand SMEs：Acomparative Study", *International Small Business Journal*, Vol. 12, No. 3 (1994), pp：54 – 61.

⑩Dess, G. G., Ireland, R. D., Zahza, S. A., "Emerging Issues in Corporate Entrepreneurship", *Journal of Management*, Vol. 29, No. 3 (2003), pp：351 – 378.

⑫Chang, J., "Model of Corporate Entrepreneurship：Intrapreneurship and Exopreneurship", *Borneo Review*, Vol. 9, No. 2 (1998), pp：187 – 213.

⑬Sharma, P., Chrisman, J., "Toward a Reconciliation of the Definitional Issues in the Field of Corporate Entrepreneurship", *Entrepreneurship Theory and Practice*, Vol. 23, No. 3 (1999), pp：11 – 27.

⑭Antoncic, B., Hisrich, R. D., "Intrapreneurship：Construct Refinement and Cross-cultural Validation", *Journal of Business Venturing*, No. 16 (2001), pp：495 – 527.

⑮Antoncic, B., Hisrich, R. D., "Clarifying the Intrapreneurship Concept", *Journal of Small Business and Enterprise Development*, Vol. 10, No. 1 (2003), pp：7 – 24.

⑯Hornsby, J. S., Kuratko, D. F., Shepherd, D. A., Bott, J. P., "Managers' Corporate Entrepreneurial Actions：Examining Perception and Position". *Journal of Business Venturing*, Vol. 24, No. 3 (2009), pp：236 – 247.

⑱Morris, M. H., Kuratko, D. F., Covin, J. G. Corporate entrepreneurship and innovation：Intrepreneurial development within organizations (2nd edn), Mason, OH：Thomson/South-Western, 2008.

⑲Ling, Y., Simsek, Z., Lubatkin, M. H., Veiga, J. F. "Transformational Leadership's Role in Promoting Corporate Entrepreneurship：Examining the CEO – TMT Interface". *Academy of Management Journal*, Vol. 51, No. 3 (2008), pp：557 – 576.

⑳Hornsby, J. S., Kuratko, D. F., Shepherd, D. A., Bott, J. P., "Managers' Corporate Entrepreneurial Actions：Examining Perception and Position". *Journal of Business Venturing*, Vol. 24, No. 3 (2009), pp：236 – 247.

㉑Aloña Martiarena, "What's Entrepreneurial about Intrapreneurs Small", *Small Business Economics*, No. 40 (2013), pp：27 – 39.

三、内创业构念

管理理论的发展建立在一系列构念以及构念之间的关系之上，而构念是对管理现象和管理理论的抽象（魏江等，2009）[①]。基础性关键构念的提出，对于建构理论和理论体系具有非常重要的支撑价值，同时也是判断一项研究是否具有理论贡献的重要标准。作为公司层面的现象，公司创业（或 IE）逐渐形成于创新、战略改变和战略管理的文献（Mc-Dougall & Oviatt，2000）[②]，随之，分析 IE 构念的构成，就成为本书立论的基础。

从表 2-1 可知，继吉福德和平肖特（1978）首次使用"内创业者""内创业行动""内创业"之后，涌现了大量有关 IE 与内创业者颇有影响的成果[③]。由关注最早的"离家出走式"创业者的"特质"，过渡到团队的创业"行为"，乃至整个组织的创业"过程"；由关注企业被动地策略应对，转变为积极的、从组织层次的战略实施。不过，这些学说一直存在显著的争论。本书在脉络分析和交互印证中，发现其共同的意涵，进而进行推论。

（一）IE 的主体

平肖特（1985）[④] 首次界定：IE 者是梦想者，是在一家组织内亲自负责创造任何创新的人；组织内部的创业者是内部创业的资源。这是"特质论"的渊薮。史蒂文森和贾里罗（1990）[⑤] 开拓性阐释了"过程论"，公司创业是组织内个体不管其控制资源的情况而寻求机会的过程，其中，"内创业者指，在一个大公司内，负责通过风险承担和创新，坚定地将创

---

① 魏江等：《公司创业研究领域两个关键构念——创业导向与公司创业的比较》，载于《外国经济与管理》2009 年第 9 期。

② ［美］唐纳德·F. 库拉特科、［美］迈克尔·H. 莫里斯、［美］杰弗里·G. 科恩：《公司创新与创业》，李波等译，机械工业出版社 2013 年版。

③ 此外，Schollhammer（1981，1982）、Miller（1983）、Burgelman（1983，1985）、Kanter（1984）、Rule 和 Irwin（1988）、McKinney 和 McKinney（1989）、Merz 等（1990）等都对内创业和/或公司创业的研究作出了贡献。

④ Eurocadres. Intrapreneurship: A trade union strategy for innovation in European companies [R]. Work Paper, 2010.

⑤ Stevenson, H. H., Jarillo, J. C., "A Paradigm of Entrepreneurship: Entrepreneurial Management", *Strategic Management Journal*, No. 11 (1990), pp: 17–27.

意转化为有利可图的产品的人"，已经得到了理论界的普遍认可。这些先前关于 IE 主体的界定都在强调个体的作用。

（二）对于 IE 边界的确认，逐渐形成了"知识走廊"

它始于对公司创业行为的认识。沙马和克里斯曼（1999）[①] 对公司创业是"行为论"的滥觞，也扩展了 IE 的主体，即社会化团队。钟和温耐克斯（2008）[②] 指出机会追求、资源获取、风险承担、超前行动和创新，是现存组织 IE 行为的关键因素。莫里斯等（2008）[③] 主张公司创业（或 IE）是一个多维的、公司层面的概念。在此流派中，IE 概念与公司创业概念在许多文献中依然交织在一起、表述也基本一致，甚至交替运用，倾向于用来描述在一个现存组织内的创业活动。

在研究历程中，"导向论"已经成长为一个备受重视的支脉，也是学者研究公司创业（或 IE）的重要支撑。继兰普金和戴斯（1996）[④] 首次完整地提出"创业导向"的概念之后，奈特（1997）[⑤] 着重强调了创新和超前行动两个维度。而卡文和斯莱文（1989，1991）[⑥][⑦] 对组织层面的创业姿态的划分，实质上与前两者的创业导向是一脉相承的。今天，学术界已经广泛接受扎赫拉（1991，1993，1995）的观点，即公司创业包括：冒险、创新和自我更新[⑧]。至此，已完成了创业导向由分散到聚焦的过程。

兼顾内外环境所进行的公司创业界定，形成另一流派。斯托福德和贝登富乐（1994）聚焦了公司创业由内而外的三种类型[⑨]。张（1998）立足

① Sharma, P., Chrisman, J., "Toward a Reconciliation of the Definitional Issues in the Field of Corporate Entrepreneurship", *Entrepreneurship Theory and Practice*, Vol. 23, No. 3 (1999), pp: 11 – 27.

②⑧ Jeroen de Jong and Sander Wennekers. Intrapreneurship: Conceptualizing entrepreneurial employee behavior Worked report, 2008.

③ Morris, M. H., Kuratko, D. F., Covin, J. G. *Corporate entrepreneurship and innovation: Intrepreneurial development within organizations* (2nd edn), Mason, OH: Thomson/South – Western, 2008.

④ Dess, G. G., Ireland, R. D., Zahza, S. A. "Emerging Issues in Corporate Entrepreneurship", *Journal of Management*, Vol. 29, No. 3 (2003), pp: 351 – 378.

⑤ Eurocadres. Intrapreneurship: A trade union strategy for innovation in European companies [R]. Work Paper, 2010.

⑥ Covin, J. G., Slevin, D. P., "Strategic Management of Small Firms in Hostile and Benign Environments", *Strategic Management Journal*, No. 10 (1989), pp: 75 – 87.

⑦ Covin, J. G., Slevin, D. P., "A Conceptual Model of Entrepreneurship as Firm Behavior", *Entrepreneurship Theory and Practice*, Vol. 15, No. 1 (1991), pp: 7 – 24.

⑨ Christensen. "Enabling Intrapreneurship: The Case of a Knowledge-intensive Industrial Company", *European Journal of Innovation Management*, Vol. 8, No. 3 (2005), pp: 305 – 322.

于资源进行了划分①。卡文和斯莱文（1989）② 的学术视野更为开阔。

对 IE 进行的分离或独立界定，则成为第三流派。卡里尔（1994）③ 主张，IE 是为了提高组织获利能力和组织竞争能力，在已建立的企业内创造新业务的过程。安东尼和赫里斯（2001，2003）④ 强调了企业内 IE 是自然发生的行为意图或行为，它们与既有组织内做业务的习惯做法相悖，是企业内的创业过程，没有跨越现存组织边界；企业间 IE 则聚焦于企业间的创业过程，跨越了组织边界。显然，两者是独立和互补的。在艾莫（2006）⑤ 的思想中，公司创业和 IE 则是对立统一的，前者是一个从顶部到底层的程序，例战略；后者是从底部到顶部，与员工积极超前地改进工作程序、产品或服务，或挖掘市场机会相关。林等（2008）⑥ 和舒克拉（2009）⑦ 只是继承前人观点并一致认为，IE 是员工在组织内的创业实践；而公司创业是通过集束一系列资源，开始一项新的事业或激活已有的风险事业，以试图发现新的营利性机会。马提尔瑞纳（2013）⑧ 对 IE 的认知被公司内的创业活动拓宽了习以为常的、一个新的独立事业的创造活动，再一次扩展了 IE 的主体，即创业型组织。这一延展的思路对该文颇具启发意义。

尽管学者们的研究纷繁而多彩，IE 活动限于现有组织边界之内得到了一致认可（如 Martiarena，2013）⑨，追求内在丰富和健康，更多地聚焦于战略业务单位（Strategic Business Unit，SBU）的更新，而不仅是新的独立

---

① Chang, J., "Model of Corporate Entrepreneurship: Intrapreneurship and Exopreneurship", *Borneo Review*, Vol. 9, No. 2 (1998), pp: 187 – 213.

② Covin, J. G., Slevin, D. P., "Strategic Management of Small Firms in Hostile and Benign Environments", *Strategic Management Journal*, No. 10 (1989), pp: 75 – 87.

③ Carrier C., "Intrapreneurship in Large Firms and SMEs: Acomparative Study", *International Small Business Journal*, Vol. 12, No. 3 (1994), pp: 54 – 61.

④ Antonic, B., Hisrich, R. D., "Intrapreneurship: Construct Refinement and Cross-cultural Validation", *Journal of Enterprising Culture*, No. 16 (2001), pp: 495 – 527.

Antonic, B., "Risk Taking in Intrapreneurship: Translating the Individual Level Risk Aversion into the Organizational Risk Taking", *Journal of Enterprising Culture*, Vol. 11, No. 1 (2003), pp: 1 – 23.

⑤ Hornsby, J. S., Kuratko, D. F., Shepherd, D. A., Bott, J. P., "Managers' Corporate Entrepreneurial Actions: Examining Perception and Position". *Journal of Business Venturing*, Vol. 24, No. 3 (2009), pp: 236 – 247.

⑥ Ling, Y., Simsek, Z., Lubatkin, M. H., Veiga, J. F. "Transformational Leadership's Role in Promoting Corporate Entrepreneurship: Examining the CEO – TMT Interface". *Academy of Management Journal*, Vol. 51, No. 3 (2008), pp: 557 – 576.

⑦ Hornsby, J. S., Kuratko, D. F., Shepherd, D. A., Bott, J. P., "Managers' Corporate Entrepreneurial Actions: Examining Perception and Position". *Journal of Business Venturing*, Vol. 24, No. 3 (2009), pp: 236 – 247.

⑧⑨ Aloña Martiarena, "What's Entrepreneurial about Intrapreneurs Small", *Small Business Economics*, No. 40 (2013), pp: 27 – 39.

风险事业的创造，它旨在获得先发优势和在位优势，最终实现竞争优势和卓越绩效的双重持续化；而公司创业也可以冲破现有组织边界，例如分立裂变、收购和资源外取、业务外包等，更追求企业的外在成长，所采用的战略模式，如一体化、多角化或国际化等，从而扩张为更强大的组织或企业集团。也可以看出，创业管理和战略管理正出现融合的趋势，尤其是卡文和斯莱文（1989）①关于"战略创业论"的经典论述，直接推动了两者融合的进程，IE 战略的驱动价值和生产性价值正在凸显。

（三）IE 的研究样本

通常认为 IE 限于成长期及其后的企业，而公司创业也将新进入行为，或新创企业纳入研究视野。每家企业内部都有比较成熟的运行体制和惯例，是其重要的特征。数据来源，由新兴或战略性高新技术企业，已扩展为传统行业的企业。近年来，越来越强调 IE 不仅发生在企业集团、大型或较大型企业，而且也发生在中小微企业中，不过，目前鲜有这方面的研究范例和证据。

第二节　国内外关于人力资源管理的研究

一、人力资源管理绩效的代表性成果②

IE 战略的最大价值在于：在优化现有运行机制的同时，还能让现有运行机制过时，这就催动着 HRM 的新构念。而对于已有成果的梳理，则有助于建立新的构念。从较宽广的视角，梳理既有代表性的文献、观点，见表 2 - 2。从以往各流派的成果中，期望能梳理出创新性的答案。

---

① Covin, J. G. , Slevin, D. P. , "Strategic Management of Small Firms in Hostile and Benign Environments", *Strategic Management Journal*, No. 10（1989）, pp: 75 - 87.
② 节选自：郭会斌：《内创业战略情境下人力资源策略的生产性意蕴——兼论人力资源管理对成熟期企业绩效的促进机理》，载于《经济问题》2015 年第 7 期。

表 2 - 2　　　　　　　　　　HRM 与绩效的代表性观点

研究焦点		HRM 绩效	IE（创新）绩效[①]	组织绩效
HRM 单一职能实践		自利导向、关怀导向和规则导向的组织伦理气氛对员工的反生产行为的主要维度会产生不同程度的影响[②]	Hayton（2005）[③]基于代理理论指出，员工难以分散风险且更加厌恶风险，因此薪酬应与员工的创新行为和创新投入（而不是结果）挂钩	HRM 通过培育符合组织战略要求的员工能力，倡导与组织目标一致的员工行为，来创造组织核心知识，最终实现企业的理想绩效[④]
HRM 系统	纵向层级	员工是 HRM 服务的终极对象，HRM 绩效测量应该注重对员工认知、态度和行为的调查[⑤]	分层 HRM 实践构成的系统能够支持创新[⑥]	卡西欧（2013）[⑦]从 HRM 与经营战略连接和执行的角度，强调人力资源的数字化测量应当反映出个体、团队以及组织绩效的关键驱动力
	活动或程序（职能组合）	简单相加各种单一 HRM 实践所能收到的效果，远小于它们之间的有机整合所产生的效果[⑧]	互补性 HRM 实践对创新绩效的影响大于单一 HRM 实践的简单加总[⑨]	Delery 和 Doty（1996）从普遍观、权变观和结构观出发，实证了三者与 7 种战略性人力资源实践的独有关系，以及与财务绩效的支持关系[⑩]
高绩效人力资源工作系统		HRM 系统应该通过鼓励员工采取组织公民行为，构建广泛的非正式关系网络，以促进社会资本的形成、信任的建立和知识共享，进而推动创建新企业或开展新业务[⑪]	HRM 系统是通过影响员工的组织支持感、社会资本、信任和组织公民行为、风险承担以及信息和资源的内外部交换来影响公司创业活动的[⑫]	人力资源策略具有开放协作、承诺支持、效率目标和稳定规则四维特征；创业战略与人力资源结构对人力资源策略存在显著的交互效应[⑬]
战略 HRM		人力资源战略的提出通常与组织的战略保持一致，通过劳动力的安排和劳动生产力的创造为组织战略目标的实现提供必不可少的支持[⑭]。	集体创业模式下的战略性 HRM 对企业绩效的影响更加显著；而个体创业模式下的职能性 HRM 则对员工工作绩效的影响更加显著。成功的中国创业型企业大多是那些崇尚集体主义的全球导向型企业[⑮]	HRM 已经成为实现公司战略的手段[⑯]，并以此提高了组织绩效
				人力资本的价值与独特性、组织环境和知识类型是既有企业人力资源结构的重要影响因素[⑰]

注：①这些学者在研究 HRM 对创新绩效的关系时，是基于创新是创业导向的一个维度而进行的。

②刘文彬、井润田：《组织文化影响员工反生产行为的实证研究》，载于《中国软科学》2010

年第 9 期。

③James, C. Hayton., "Promoting Corporate Entrepreneurship through Human Resource Management Practices: A Review of Empirical Research", *Human Resource Management Review*, Vol. 22, No. 15 (2005), pp: 21 – 41.

④蒋建武、赵曙明:《战略人力资源管理与组织绩效关系研究的新框架:理论整合的视角》, 载于《管理学报》2007 年第 6 期。

⑤Mary, E. G., Lindsay, M. T., "The Importance of the Employee Perspective in the Competency Development of Human resource Professionals", *Human Resource Management*, Vol. 45, No. 3 (2006), pp: 337 – 355.

⑥Searle Rosalind H., Ball Kirstie S. "Supporting Innovation through HR Policy: Evidence from the UK", *Creativity and Innovation Management*, Vol. 12, No. 1 (2003), pp: 50 – 62.

⑦［美］韦恩·F. 卡西欧:《基于中国的人力资源管理实践中的科学问题》, 载于《管理学报》2013 年第 3 期。

⑧Ichniowski, C., Shaw, K., Prennushi, G., "The Effects of Human Resource Management Practice on Productivity", *American Economic Review*, Vol. 87, No. 3 (1997), pp: 291 – 313.

⑨刘芳、王浩:《创业人力资源管理研究前沿探析与未来展望》, 载于《外国经济与管理》2011 年第 3 期。

⑩Johne Delery, D. Harold Doty, "Modes of Theorizing Strategic Human Resource Management: Tests of Universalistic, Contingency and Configurational Performance Predictions", *Academy of Management Journal*, Vol. 39, No. 4 (1996), pp: 802 – 835.

⑪Bryant, P. C., Allen, D. G. "Emerging Organizations Characteristics as Predictors of Human Capital Employment Mode: A Theoretical Perspective", *Human Resource Management Review*, Vol. 19, No. 4 (2009), pp: 347 – 355.

⑫Hayton J. C., "Strategic Human Capital Management in SMEs: An Empirical Study of Entrepreneurial Performance", *Human Resource Management Journal*, Vol. 42, No. 4 (2005), pp: 375 – 391.

⑬戚振江、王重鸣:《公司创业战略、人力资源结构与人力资源策略研究》, 载于《科研管理》2010 年第 4 期。

⑭Cascio, W. F., Boudreau, J. W.. *Short Introduction to Strategic Human Resource Management*, Cambridge University Press, 2012.

⑮Wang, Z., Zang, Z. "Strategic Human Resources, Innovation and Entrepreneurship Fit: A Cross Regional Comparative Model", *International Journal of Manpower*, Vol. 26, No. 4 (2005), pp: 544 – 559.

⑯［美］唐纳德·F. 库拉特科、［美］迈克尔·H. 莫里斯、［美］杰弗里·G. 科恩:《公司创新与创业》, 李波等译, 机械工业出版社 2013 年版。

⑰Bryant, P. C., Allen, D. G., "Emerging Organizations Characteristics as Predictors of Human Capital Employment Mode: A Theoretical Perspective", *Human Resource Management Review*, Vol. 19, No. 4 (2009), pp: 347 – 355.

二、现有研究成果（或范式）的不足

（一）HRM 实践视角

首先，调查员工的认知和行为可以更加客观地反映 HRM 的真实情况，但信息易失真，难度较大，因此个体层面的研究信度较低。其次，因 HRM 职能间有四种不同的关系，即相加性、替代性、正向联合作用与负向联合作用①，这意味着 HRM 的职能实践对组织绩效的正向影响，可能会因为聚合在一起而相互替代、抵消，或产生协同效应；尽管理论上强调 HRM 系统的内部契合性，但实证研究并没有对各种不同 HRM 实践的交互效应和综合效应进行检验。因此，立足 HRM 职能组合的研究难以揭示绩效的形成机理。再者，忽视了 HRM 系统的外部契合性，少有学者把技术进步、发展战略、运行环境与企业生命周期等情境因素纳入概念模型。

（二）绩效获取视角

HRM 与组织绩效之间被证实确实存在显著的相关关系，乃至正变性②，不过，此类线性因果研究还缺少严谨的方法论支持。公司创业与公司绩效之间关系的文献卷帙浩繁③，大多数成果也未对 IE 提升组织绩效的过程或机理提供合理解释。随后，一些学者试图加入调节变量（如创业导向、心理契约）、中介变量（如组织文化、组织承诺）分别研究情境因素和多路径作用机制，但关于中间变量作用机理的研究还有待丰富；研究思路与研究方法仍有待于进一步完善，实证研究尤为缺乏④。即便是多年后的今天，作用机制的路径复杂性使两者之间的"黑箱"状态一直未能打破，尤其是国内鲜有代表性的实证成果；对于传统企业学术上也较少系统的、严谨的关注创业精神和 HRM 实践⑤。HRM 绩效、创业绩效与公司绩效之间的相互关系，还未进入学者的视野。

---

① 戚振江：《人力资源实践与组织绩效关系综述：基于过程和多层次分析范式》，载于《科学学与科学技术管理》2012 年第 5 期。

② 杜鹃：《人力资源管理实践与组织绩效关系研究的困境与中间变量选择》，载于《外国经济与管理》2007 年第 7 期。

③ 公司创业与内创业是等同的概念、术语，均指公司内部的创业行为、活动和过程。

④ Soriano, D. R., Dobn, S. R., Tansky, J., "Guest Editors Note: Linking Entrepreneurship and Human Resources in Globalization", *Human Resource Management*, Vol. 49, No. 2 (2010), pp: 217–223.

⑤ Ralf Schmelter, Renē Mauer, "Christiane Börsch and Malte Brettel. Boosting Corporate Entrepreneurship though HRM Practices: Evidence from German SME'S", *Human Resource Management*, Vol. 49, No. 4 (2010), pp: 715–741.

第三节　国内外关于界面运行的研究

一、管理中的界面

界面，被从物理学援引而来，已成为 IT 业的通俗术语，广为熟知的是人—机界面。此时，管理的内涵已经明朗和具体。随后，向企业管理的众多领域快速蔓延和渗透，正在被广泛认知和接纳。

克里斯坦森（2005）认为[①]，界面也可能存在于增值链的两个环节之间。这一论断承载着一种新的理论建构逻辑的形成和发展。提鲁和大卫（Tiru & David，2009）提出[②]，界面是重叠在两种活动相互影响或共享之间的界限，不同领域之间的边界需要协调、沟通和结构调整，以及它们的共同存在。界面管理强调跨职能的整合[③]。这些学说昭示着：以耦合为中心的界面管理正在推动组织研究的转向。

二、界面力学行为的研究脉络

自 20 世纪 60 年代以来，学者对于界面力学行为及其绩效有递进的解释，逐渐形成了"知识走廊"，以下学派的观点具有代表性。

（一）界面障碍观

前台界面管理的"关键时刻"（Calzon，1987）、三种界面类型划分[④]和优化模型等，旨在通过沟通推动交互主体间的相互了解，化解所存在的信息隔阂、交流不畅等障碍[⑤]。此时，追求独立、标准化的马赛克界面是

---

① ［美］克里斯坦森·M. 克莱顿：《困境与出路：企业如何制定破坏性增长战略》，容冰译，机械工业出版社 2004 年版。

② Tiru, S. A., David, S. A Metaphor for the Interface between OM and IS［R］. 2009.

③ Turkulainen, V., Ketokivi, M., "Cross-functional Integration and Performance：What Are the Real Benefits?", *International Journal of Operations & Production Management*, Vol. 32, No. 4（2012），pp：447 – 467.

④ ［美］杰弗里·F. 瑞波特、［美］伯纳德·J. 贾沃斯基：《客户界面：未来竞争优势》，郑适译，商务印书馆 2006 年版。

⑤ X. M. Sung, Mark E. Parry, The R&D – Marketing Interlace in Japonese，1992.

首选。不过，界面管理是一种综合性的交互管理方式，它强调多维度的整合①，简单的行为互动难以推动成功②。

（二）界面协调观

界面问题是由职能分工导致的③，由此引发管理职能间的资源配置、职能实现方面的矛盾。随之，学者充分关注界面绩效实现的组织障碍、动机与激励等摩擦效应④⑤，这一观点强调在组织或系统的结构性层次进行界面融合，致力于消灭职能的"边际化问题"⑥，从而使各职能的"势能"最低。其中，阿纳和孙达拉姆（Arthanari & Sundaram，2009）⑦ 提出了颇有建树的思想：界面是重叠在两种活动相互影响或共享之间的界限，不同领域之间的边界需要协调、沟通、结构调整，以及所有的共同存在。

（三）界面融合观

它发轫于创业与 HRM 交集的研究，为研究界面打开了新的视野。兰德（Randall，1989）⑧、莫里斯和琼斯（Morris & Jones，1995）曾努力在技术层面确定 HRM 功能实践是否会影响创业绩效；众多学者（Katz，2000；Tansky & Heneman，2000；Mewsnap & Jobbe，2000；Baron，2003）强调在结构性层次进行融合。随后，零散的切入点有：创业文化与工作道德（Sathe，2006），探索性学习与组织创新⑨，以及创新团队的跨界合作、互动行为与绩效⑩等。这些先期成果，或者潜在假设 HRM 与 IE 为自治或半自治状态，或者仅分析了 HRM（具体职能）或创业（创新维度）的单

① X. M. Sung, Mark E. Parry, The R&D – Marketing Interlace in Japanese, 1992.

② K. B. Kahn, "Interdepartmental Integration: A Definition with Implications for Product Develop-ment Perfoormance", *Journal of Product Innovation Management*, Vol. 13, No. 2 (1996), pp: 137 – 151.

③ Lynagh, P. M., Poist, R. F., "Assigning Organizational Responsibility for Interface Activi-ties: An Analysis of PD and Marketing Manager Preference", *International Journal of Physical Distribution and Materials Management*, Vol. 14, No. 6 (1984), pp: 34 – 46.

④ 郭斌等：《企业创新过程中的界面管理》，载于《数量经济技术经济研究》1997 年第 7 期。

⑤ 郭斌等：《界面管理：企业创新管理的新趋向》，载于《科学学研究》1998 年第 1 期。

⑥ Parasuraman, A., Zeithaml, V., Berry, L., "A Conceptual Model of Service Quality and its Implications for Future *Research*", *The Journal of Marketing*, No. 49 (1985), pp: 41 – 50.

⑦ Tiru S. Arthanari, David Sundaram, "A metaphor for the interface between OM and IS, POMS 20th Annual Conference", Orlando, Florida, USA. 2009.

⑧ Hoehn, J. P., Randall, A., "Too Many Proposals Pass the Benefit Cost Test", *American Eco-nomic Review*, Vol. 79, No. 3 (1989), pp: 544 – 551.

⑨ Shipton, H., "Cohesion or confusion? Towards a typology of learning Organization Research", *International Journal of Management Review*, Vol. 8, No. 4, pp: 233 – 252.

⑩ 奉小斌：《研发团队跨界行为对创新绩效的影响》，载于《科研管理》2012 年第 3 期。

向作用；比较朴素，仍然存在着相互矛盾的认知差距和理论预期；指称也有待一致，尚未形成公认的分析框架。

三、界面力学行为的研究现状

在有机性关系思维影响下，海顿（2005）[1] 对西方有关 HRM 与公司创业关系做了系统的文献归纳。他主张：应该利用 HRM 实践来促进公司创业；探究人力资源策略与公司创业战略间的关系模式，已成为探究公司创业如何构建持续竞争优势的关键环节。这一论断具有里程碑的意义，也承载着一种新的理论建构逻辑的形成和发展。他所选定的内外信息（或资源）的交换、组织支持感和风险承担等变量，为后续研究耦合 HRM 的 IE 驱动规律指明了新的走向。

目前，学术界主要围绕 HRM 系统与创新、HRM 系统与公司创业两大主题展开相关研究[2]。国外学者关注的热点有：HRM 实践对 IE 的促进（Zhang et al.，2008；Schmelter et al.，2010）[3][4]，界面行为与创新活动（Andriopoulos & Lewis，2009）[5]，创业与组织学习能力（Ahmed，2011）[6]等。这些启发性见解，都是研究真正理论关系的特定情境的子集，而不是真正理论关系本身（方世建，2012）[7]，弱势推动着驱动规律的研究。再者，它们含糊着样本企业所处发展阶段的差异。

近几年，国内学者抓住了契机与趋势，逐渐开展了相关探讨，成果

① Hayton, J. C., "Strategic Human Capital Management in SMEs: An Empirical Study of Entrepreneurial Performance", *Human Resource Management Journal*, Vol. 42, No. 4 (2005), pp: 375 – 391.

② 刘芳、王浩：《创业人力资源管理研究前沿探析与未来展望》，载于《外国经济与管理》2011 年第 3 期。

③ Zhang, Z., Wan, D., Jia, M., "Do High-performance Human Resource Practices Help Corporate Entrepreneurship? The Mediating Role of Organizational Citizenship Behavior", *Journal of High Technology Management Research*, Vol. 19, No. 2 (2008), pp: 128 – 138.

④ Ralf Schmelter, Reně Mauer, Christiane Börsch, Malte Brettel, "Boosting Corporate Entrepreneurship through HRM Practices: Evidence from German SME'S", *Human Resource Management*, Vol. 49, No. 4 (2010), pp: 715 – 741.

⑤ Andriopoulos Constantine, Lewis Marianne W., "Exploitation-exploration Tensions and Organizational Ambidexterity: Managing Paradoxes of Innovation", *Organization Science*, Vol. 20, No. 4 (2009), pp: 696 – 717.

⑥ Bashir Ahmed, "Does Corporate Entrepreneurship Matter for Organizational Learning Capability? A Study on Textile Sector in Pakistan", *European Journal of Business and Management*, Vol. 23, No. 7 (2011), pp: 53 – 59.

⑦ 方世建：《试析效果逻辑的理论渊源、核心内容与发展走向》，载于《外国经济与管理》2012 年第 1 期。

颇丰，聚焦变量之间关系的分异性研究各有侧重。从研究对象上看，较多涉及高新技术企业（梅胜军等，2010）① 或中小企业（杨林，2013）②；从研究范式上看，大多数注重调研与数据处理、理论创新，如徐中和姜彦福（2009）③、沈超红和王重鸣（2011）④、谢洪明和程聪（2012）⑤，以及谢朝武和郑向敏（2012）⑥；从研究方法上看，除了定量实证方法外，学者们已经熟练选用案例研究法（如邢周凌，2012）⑦、扎根理论方法（如单标安等，2011）⑧ 和系统动力学方法（如严中华，2012）⑨ 等。这些成果，主线逐渐清晰，"概念孤岛"现象正被消灭，彼此之间的启发开始充足；关注我国转型经济、新兴市场以及东方文化等因素共同诱发的独特情境，占据主流。

四、界面力学行为的前沿问题

随着企业的延续，IE 和 HRM 在界面相互嵌入与促进所引起的摩擦，在催动绩效改进的同时，也在运营系统中持续孵化与发酵，并加剧组织的不均衡性与复杂性，如应对不当，将诱发绩效风险。围绕此"创造性嵌入悖论"，最近的构思主要集中在以下三个层次。

（一）界面中的摩擦价值

阿尔瓦雷和巴尼（Alvarez & Barney，2007）⑩ 认为，在公司绩效获取

---

① 梅胜军：《柔性人力资源管理、战略创业与高技术企业绩效关系的实证研究》，载于《科学学与科学技术管理》2010 年第 8 期。

② 杨林：《高管团队异质性、企业所有制与创业战略导向——基于中国中小企业板上市公司的经验证据》，载于《科学学与科学技术管理》2013 年第 9 期。

③ 徐中、姜彦福：《创业企业架构能力概念构建及其检验》，载于《科学学与科学技术管理》2009 年第 11 期。

④ 沈超红、王重鸣：《创业绩效结构探索与合约解释》，载于《南京社会科学》2011 年第 1 期。

⑤ 谢洪明、程聪：《企业创业导向促进创业绩效提升了吗？——一项 Meta 分析的检验》，载于《科学学研究》2012 年第 7 期。

⑥ 谢朝武、郑向敏：《界面管理与服务能力、服务绩效间的驱动关系》，载于《财贸经济》2012 年第 9 期。

⑦ 邢周凌：《高绩效人力资源管理系统与企业绩效研究——以中国创业板上市公司为例》，载于《管理评论》2012 年第 7 期。

⑧ 单标安等：《创业研究回顾与资源视角下的研究框架构建——基于扎根思想的编码与提炼》，载于《管理世界》2011 年第 12 期。

⑨ 严中华：《社会创业绩效评价中的平衡计分卡——系统动力学视角的分析》，载于《技术经济与管理研究》2012 年第 10 期。

⑩ Alvarez, S. A., Barney, J. B., "Discovery and Creation-alternative Theories of Entrepreneurial Action" *Entrepreneurship Theory and Practice*, Vol. 33, No. 1 (2007), pp: 11-26.

过程中 IE 带有驱动性价值,依托管理人力资源,可以解释如何在先动战略和组织绩效之间进行调和;并建立了实证模型。与之相一致的是,旨在追求 IE 战略优先权与能力位势,威尔逊和普拉茨(Wilson & Platts,2010)① 基于人力资源构型建立了互动概念模型。它们是现阶段思想进步的典范,也印证着瑞波特和贾沃斯基(2006)② 在其拓荒性著作中的论断:唯一持久的竞争优势来自持续的、出众的界面管理能力。学术界已经尝试本体论意义上的深度理论建构;正在一致地意识到活跃的边界耦合,将成为公司绩效和竞争优势的关键来源。

(二)界面运行的动力价值

以推动建立交互机制、流程优化,乃至组织再生为旨归,IE 和 HRM 的界面正成为后现代企业组织建构与更新的逻辑起点。目前典型的机理研究,主要围绕绩效要素均衡,模式归结为三种。第一种战略创业模式,试图超越 IE 和 HRM 各自的技术活动层面,分析两者的关联性和结构性总体关系。它以 R. 杜安·爱尔兰等(2009)③ 为代表,学者强调公司创业需要组织结构、个体认知等支持,并运用还原论的建模方法,围绕结构风格、文化和资源/能力等多个变量开发了综合模型,以揭示系统构成的多元复杂性。它引起了不小的反响,尽管有待深化绩效衍生与演进的研究。第二种张力扩展模式,探讨"张力"在组织中各领域的权衡性与嵌套性。它以康斯坦丁和路易斯(2009)④ 为代表,学者忽略了多重界面,有悖实用主义认识论,绩效风险管控的有效性也值得商榷,但其学术贡献仍然是积极的。奉小斌和陈丽琼(2010)⑤ 做了进一步的支持和辅证。第三种流程与界面整合模式,关注了界面的普遍性与层次性。韦克(Weck,2009)在 V 型模型中建立了界面程序,以规避系统失败;王丽平等(2011)⑥ 则

---

① Shellyanne Wilson, Ken Platts, "How Do Companies Achieve Mix Flexibility", *International Journal of Operations & Production Management*, Vol. 30, No. 9 (2010), pp: 978–1003.

② [美] 杰弗里·F. 瑞波特、[美] 伯纳德·J. 贾沃斯基:《客户界面:未来竞争优势》,郑适译,商务印书馆 2006 年版。

③ Ireland, R. D., Covin, J. G., Kuratko, D., "Conceptualizing Corporate Entrepreneurship Strategy", *Entrepreneurship Theory and Practice*, Vol. 33, No. 1 (2009), pp: 19–46.

④ Andriopoulos Constantine, Lewis Marianne, W., "Exploitation-exploration tensions and organizational ambidexterity: Managing paradoxes of innovation", *Organization Science*, Vol. 20, No. 4, (2009), pp: 696–717.

⑤ 奉小斌、陈丽琼:《探索与开发之间的张力及其解决机制探析》,载于《外国经济与管理》2010 年第 3 期。

⑥ 王丽平等:《中小企业持续内创业的动态管理机制研究》,载于《科技进步与对策》2011 年第 8 期。

基于突现论，构建了持续创业型的组织结构，以及与之相适应的动态管理机制，但缺少方法论的严谨延伸。这些原创性洞见有待升华界面融合观，潜心探索 IE 和 HRM 界面力学行为的关键要素和左右绩效的机理，有待从中提炼出一些使能技术和能力。

（三）HRM 亚界面的保障体系

创业战略对人力资源结构与策略存在显著的交互效应和匹配关系[①]，组织内的多层次交互界面，连同系统管理和监控界面的实施，足以提高管理效能（Sheldon et al.，2012），并降低绩效风险。界面管理还具有商业实践的干预和杠杆价值，HRM 亚界面已成为保障组织机制健康运行的基础。近期，高新技术行业新创企业 HRM 的亚界面[②③]因其促进和保证 IE 的作用，已进入学者的视野，并呈拓展之势。

由于学术分割和学科的过度结构化，以及认知缺失和所用术语的不同，围绕 IE 和 HRM 的交互机制，及其动态发酵的研究时间尚短，实证研究尤为缺乏[④]。最近，"界面"已经成为国外学者（Steven & Herman，2010；Laurence et al.，2011；Louis & Ffitz，2012）研究 HRM 和组织运行的高频术语；也正从不同视角和深度解读界面力学行为，侧面揭示驱动规律的新主张和新理念也时时被提出[⑤]。随之，前瞻性与整合性的"界面张力观"初具轮廓，一致性的框架可期，以解决成熟期企业 IE 和 HRM 之间的"创造性嵌入悖论"及其效应机制问题。因此，这些是界面力学行为研究的前沿成果。

第四节　综合述评

学者已经认识到，通过在 IE 和 HRM 之间建立紧密的联系，不仅彼此

① 戚振江、王重鸣：《公司创业战略、人力资源结构与人力资源策略研究》，载于《科研管理》2010 年第 4 期。

② James，C. Hayton，Donna，J. Kelley，"A Competency-based Framework for Promoting Corporate Entrepreneurship"，*Human Resource Management*，Vol. 45，No. 3 (2006)，pp：407 – 427.

③ Ling，Y.，Simsek，Z.，Lubatkin，M. H.，Veiga，J. F.，"Transformational Leadership's Role in Promoting Corporate Entrepreneurship：Examining the CEO – TMT interface"，*Academy of Management Journal*，Vol. 51，No. 3 (2008)，pp：557 – 576.

④ Domingo Ribeiro Soriano，"Introduction：Contributions of Human Resource Management to the Challenges Faced by Small and Medium Sized Enterprises in the Global Environment"，*Canadian Journal of Administrative Sciences*，Vol. 28，No. 2 (2011)，pp：119 – 121.

⑤ Sumanta Dutta，"Green People：A Strategic Dimension"，*International Journal of Business Economics & Management Research*，Vol. 2，No. 2 (2012)，pp：143 – 148.

获益（Baron，2003），还能改进组织绩效[1][2]。主流文献，或者围绕界面力学行为、界面绩效的形成机制，在交叉性理论研究和实证区分度方面，有待深入考量界面的耦合效应和驱动机制，较大规模样本的实证研究尤其匮乏；或者未将生命周期等外部契合性因素纳入模型，有待深化成熟期企业 IE 情境下绩效生成和卓越化的机理，以及持续化的保障；或者只从普遍观模式下静态地强调 HRM 所及各单一职能的理想优化组合，缺少 IE 情境下内部契合性因素交叉效应和综合效应的检验。总之，耦合 HRM 在 IE 左右公司绩效的特定机理方面，理论和证据仍然十分欠缺，处于前理论化阶段[3]。

基于此，哲和明（Zhe & Ming，2010）[4] 实证研究了 146 家中国制药企业 IE 和 HRM 实践的彼此促进关系，以及公司绩效的生成，并提出了互动理论框架。与此相印证的是，Lilian 等（2010）[5] 在分析了英国 150 家企业 24 年的经营数据后，一定程度地揭示了两者之间的辩证循环机理：链接 HRM 职能的界面可以彼此解释和调和、促进 IE 绩效，以及公司绩效。在最新的四篇权威文献研究中，福斯等（Foss et al.，2011）[6]、维达利扎尔茨（Vidal‐Salzar，2012）、安德森（Anderson，2012）和钱等（Qian et al.，2013）[7] 也持这个观点。学者如 Anneloes 等（2011）[8] 没

① James，C. Hayton，"Promoting Corporate Entrepreneurship through Human Resource Management Practices: A Review of Empirical Research"，*Human Resource Management Review*，Vol. 22，No. 15（2005），pp: 21 – 41.

② Hornsby，J. S.，Kuratko，D. F.，Shepherd，D. A.，Bott，J. P.，"Managers' Corporate Entrepreneurial Actions: Examining Perception and Position"，*Journal of Business Venturing*，Vol. 24，No. 3（2009），pp: 236 – 247.

③ Zeki Simsek，Ciaran Heavey，"The Mediating Role of Knowledge-based Capital for Corporate Entrepreneurship Effects on Performance: A Study of Small to Medium-sized"，*Strategic Entrepreneurship Journal*，Vol. 45，No. 5（2011），pp: 81 – 100.

④ Zhe Zhang，Ming Jia，"Using Social Exchange Theory to Predict the Effects of High-performance Human Resource Practices on Corporate Entrepreneurship: Evidence from China"，*Human Resource Management*，Vol. 49，No. 4（2010），pp: 743 – 765.

⑤ Lilian，M. de Menezes，Stephen Wood，Garry Gelade，"The Integration of Human Resource and Operation Management Practices and its Link with Performance: A Longitudinal Latent Class Study"，*Journal of Operations Management*，No. 1（2010），pp: 11 – 26.

⑥ Foss，N. J.，Klein，P. G.，Kor，Y. Y.，Mahoney，J. T.，"Entrepreneurship，Subjectivism and the Resource-based View: Toward a New Synthesis"，*Strategic Entrepreneurship Journal*，Vol. 2，No. 1（2008），pp: 73 – 94.

⑦ 吴明证、方霞、孙晓玲、Li Qian：《情绪、态度与行为的关系：基于 APE 模型》，载于《心理科学》2013 年第 3 期。

⑧ Anneloes，M. L.，Raes，Mariëlle G. Heijltjes，"Ursula Glunk and Robert A Roe. The Interface of theTop Management Team and Middle Managers: A Process Model"，*Academy of Management Journal*，Vol. 36，No. 1（2011），pp: 102 – 126.

有就此止步，还研究了 HRM 内部的个别纵向亚界面对创业绩效的保障机制；个别横向亚界面已引起学者例如 Kyrgidou 和 Hughes（2010）[①] 的广泛兴趣。

以上成果，对研究传统行业中成熟期企业"耦合 HRM 的 IE 驱动规律"提供了依托。依此思路，需要进一步探索以下问题。

能不能借鉴物理学中成熟的 IFT 理论，建立新的假说、概念框架和研究范式，质化或量化描述 IE 与 HRM 界面运行的动态性与规律性？以揭示公司绩效的生成和获取。否则，界面力学行为的驱动效应就仍停留在假说层面，难以上升到理论高度。

能不能从具象到抽象，概念化"中华老字号"的运行特质，进行创业绩效理论的诠释和对接，并构建以 IFT 成长为核心的定位、定性与定量一体化学说？以揭示 IFT 驱动公司绩效卓越化的机理。否则，商业实践仍是艺术画卷，已有创业理论也缺乏普适性。

能不能在 IE 情境下，抽象可度量、可观察的 IFT 指标，创建 HRM 提升公司绩效的新的基本工具或路径？以保障卓越绩效持续化的实现。否则，"中华老字号"的界面干预、竞争预谋和成熟期多次更新，就只具有启发意义，难以转化为可操作的方法和技术。

---

① Kyrgidou, L. P., Hughes, M., "Strategic Entrepreneurship: Origins, Core Elements and Research Directions", *European Business Review*, Vol. 22, No. 1 (2010), pp: 43 – 63.

第三章

传统定性研究：成熟期更新机理

第一节　"中华老字号"的价值图式变迁

一、内创业的驱动效应

CTHBs 草根儿特征非常明显。它们顺市场需求而自生，以自己的专长长期在商海搏击中幸存、发展、壮大，在当地乃至全国形成强大的影响力、知名度和美誉度。尤为重要的是：CTHBs 的延绵正是一系列 IE 活动的历史，旨在追求在位优势，乃至先发优势，因而具有"机会发现""新进入行为""创建新业务的冒险活动""领域重定""组织更新"等本质特征，始终进行着创业优势、创业能力和创业资产等的再造，并驱动着城镇经济、区域经济的前行，乃至全国产业结构和市场运行秩序的重构。

CTHBs 延续至今，能否从东方 IE 现象与事实描述迈向情境性理论深度挖掘，提炼出民族企业 IE 驱动经济发展的某种理论范式？如何从 IE 的驱动效应切入，寻找 CTHBs 普遍性经济价值的图式及其演变？进而揭示以 IE 为核心的经济价值变迁，以促进民族经济的长足发展。这些，是解读中国商业模式的重要问题。

（一）"百年老店"商业基因的滥觞

1. 所有权与共同愿景

所有权结构的蜕变，经常伴随着 CIHBs 愿景的沿革，二者是企业成长、经济发展的双轴心。在此过程中，呈现出的是：经济规模的变化和不同利益主体发展中诉求的变化。

（1）始于串街、地摊、作坊，创始人试图以独立的风险项目封妻荫子，"家"即"业"、"业"即"家"，所有权结构单一。此时，组织的愿景朦胧；生存型创业经常是其主导路径。1650年，"九芝堂"的创始人劳澄对夫人说："古人云：'不为良相，便为良医'，你我夫妻二人不如在此（长沙市沙坡子街）开个药铺，给街坊邻居看病抓药，也算是行善积德。"①

（2）福照乡里，泽被后人。创业者所作所为走出企业边界，追求光宗耀祖，其所遵循的"修身""齐家"开始在社区产生溢出效应，"己欲立而立人，己欲达而达人"（《论语·雍也》），商业伦理得以重构。劳澄与儿子劳楫先后救治郝通，获民间秘方，事业随之兴旺。

（3）家族基业的代际传承，此时的创业者，致力于制造时钟，而不是报时，"平天下"同打造"百年老店"的宏伟愿景得以清晰。劳楫给药铺取名"劳九芝堂"，开始实践"九州同济，芝兰同芳"。家族企业的双元目标时而分割，时而统一，但是家业的稳定、协调、生存和延续，比企业的效率、效用、"事功"更重要，组织效率仍让步于个人效率。

（4）所有权依"差序格局"在家内、族内让渡、分散，也转向团队创业，"家业"扩展为"事业"，由管家人而转向管理组织，历代继任者开始由传统商人向现代企业家转变，组织效率与个人效率得以并重，追求"实业报国"的职业理想。从而，给家族内外的员工带来公平和发展空间，创业理念与行动与时俱进，对经济进步的贡献明显增强。此时，机会型创业是主导路径。1918年，药铺经营遇到瓶颈，族众推举后人劳昆僧出任经理，他自垫银洋300元，竭力整顿店务，使药铺出现了一个中兴局面。1938年11月，长沙"文夕"大火，店房被烧毁，资金损失在半数以上；1939年，劳氏族人在原址搭建起了简易"劳九芝堂临时营业处"，秉持"药者当付全力，医者当问良心"。

（5）所有权高度分散的公众公司，千秋基业、组织效率成为共同的追求，创始人及其家族随之成为怀念的对象，代之的是企业组织或集团成为创业者。2000年，"九芝堂"在深圳证券交易所上市，实施集团化、国际化战略。从此，致力于构建高瞻远瞩的组织特质，而并非致力于取得高瞻远瞩的人格特质，以保持企业竞争优势的持续性和卓越绩效的持续化。

---

① http：//hnjzt.com/.

2. 创业自觉与核心理念张力

CTHBs 以民族工商业独有的创业历程为行为经济学、文化经济学提供着佐证，演绎和讲述着中国故事。企业的质量优势、成本优势，以及技术优势的形成都被核心理念所主导，有活力的企业非常擅长"为变革而管理"，并推动着当代经济发展新主张的原生与形成。

（1）创业自觉作为一种概念化的理念，作为一种企业个性化的特征和组织规范在企业中发酵、广泛传导，从而改变企业中不当的知觉、假设，乃至信仰等，这有利于企业在动荡的环境中，在现实与愿景之间、在企业自身与环境之间、在创业者和组织之间形成核心理念的张力，再现着"吴王好剑客，百姓多创瘢"（《资治通鉴·卷四七》），也重塑着内外运行环境。如"商务印书馆"（创建于 1897 年）至今完美落实着"开启民智，昌明教育"的理念，也成就着我国出版业的经典与传奇①。

（2）当创业自觉成为组织的行为模式并重复发生时，就可以敏感地感知内外环境和资源，有效地防止心智模式的固化，抵制固执与偏见的形成，削弱组织惯性的影响，从而缩短了企业与顾客的距离，实现"君子创业垂统，为可继也"（《孟子·梁惠王下》）。尽管世事变迁，但"诚信筑基，悦客立业"的"瑞蚨祥"（创建于 1862 年）始终积极揣摩顾客的需求和应对之策，提供纳米级服务。

（3）创业自觉作为应对环境不确定性和复杂性的思维模式和行为方式，决定了组织成员处理信息的方式并通过控制机制对环境变化作出反应。从而，能够创造一个鼓励和支持员工创新行为的内部环境，形成内部创业性文化。"观乎人文，以化成天下"（《易经·贲卦·象传》），进而促发企业生存与健康成长，形成活力组织，实现业绩的跨越，也为经济生态的改变带来积极影响。如"东来顺"（创建于 1903 年）始终占据着"中华第一涮"的市场地位。②

3. 创业机会与权变、应变

创业的本质在于商业机会的发现和把握，而机会构成了经济发展的节奏、时序，以及延续。

（1）以创业者、继任者的高度敏感性、洞察力和高超的概念技能，"聪者听于无声"（《史记·淮南衡山列传》），把握创业机会窗口。如当时 70 岁高龄的丁鹤年创办"鹤年堂"医馆和中药铺（创建于 1405 年），差

---

① http：//www. cp. com. cn/ourselves/.

② http：//www. beijingheniantang. com/.

异定位，开以养生立店之先河①。

（2）积极有效应对商业环境的变化、时局的动荡，"深则厉，浅则揭"（《诗·邶风·匏有苦叶》），"曲则全，枉则直，洼则盈，敝则新，少则得，多则惑"（《道德经》），机智应变，成为生存法则。1925年，老北京的"稻香村"（创建于1895年）②失去原有品质、内部管理问题丛生，难以面对其同源的竞争对手"稻香春""桂香春"，曾一度倒闭。

（3）相比于西方名企，社会网络资本在CTHBs的创业历程中占据更高的地位，因而历代创业者更擅长在社会交往中彼此提供机会和发现机会，形成强强联合。经历"纵横捭阖"（《刘向·战国策序》）后，今天的"恒顺醋业"（创建于1840年）已成为中国调味行业的航空母舰③。

（4）更有价值的是，卓越的创业者颠覆传统的由因索果逻辑，而转变为由果溯因逻辑，"明者见于未形"（《史记·淮南衡山列传》），从而开发、唤醒消费者沉睡的需求、潜层次的需求，商业机会得以创造，并进而驱动环境、商业形态的变化，形成新产业。如"一得阁"（创建于1865年）原创了用墨汁替代墨块，先为赶考文人直接用于书写，后"一艺足供天下用"④。

4. 求变、温和改善与求势

"革，去故也；鼎，取新也"（《周易·杂卦》），成就每一家CTHB都是行业内的翘楚，这也是经济发展的原动力。即便是市场开放、竞争加剧的今天，也无出其右。从CTHBs群体、历史纵轴的视角去观察，它们集中体现了温和改善、硅步千里的典型而普遍特征。

（1）大多数CTHBs始于差异性技术创业。绝技的沉淀、传承与进步始终是企业核心竞争力构成和再造的重要支撑，从而具有先发优势和在位优势。这与创业者信奉"贾精于市……工精于器"（《荀子·解蔽》），逆悖"殷因于夏礼，所损益可知也；周因于殷礼，所损益可知也；其或继周者，虽百世可知也"（《论语·为政》），高度相关⑤。如"荣宝斋"（创建于1672年）的木板水印技艺。⑥

---

① 内含"鹤寿百岁，以极其游"《淮南子·说林》、松鹤延年之义。

② http：//www. daoxiangcun. com/？page_id=516

③ http：//www. zjhengshun. com/.

④ http：//www. yidege. com. cn

⑤ 这导致了相当数量的"老字号"消失，原因在于继任者常常潜移默化的遵循，长于继承和延绵，鲜有"破坏性创新"的壮举。

⑥ http：//www. rongbaozhai. cn

（2）制度创新。"全聚德"（创建于 1864 年）一改积弊或流弊，从 20 世纪 90 年代起就进行"八大创新活动"①。

（3）机制创新。在竞争压力下，面对资源约束，以及当时政府严格的管制，"穷则变，变则通，通则久"（《周易·系辞下》），焕发新时代的勃勃英姿。"狗不理"（创建于 1858 年）② 的继任者痛定思痛，深悟"他山之石，可以攻玉"（《诗经·小雅·鹤鸣》）的价值，将积累了数百年的成熟的经验、惯例转化为可供复制的开店支持系统和经营管理操作手册，将区域化的市场体验改造成可供借鉴的全国性的市场开拓策略和市场维系策略。

（4）体制创新。物质资本和人力资本等投资主体的丰富化，推动着法人治理结构的现代化，尤其是推动着分配方式的现代化，"是以圣人不期修古，不法常可"（《韩非子·五蠹》）。如"荣宝斋"首推雏形的 CEO 制度，实现了所有权和经营权的适当分离；以及近 10 年国有及国有控股 CTHBs 所有者的普遍到位③。这些，在微观领域演绎、丰富着制度经济学。

（5）在小政府大市场的自然经济时期，社会衍变缓慢而持续，经济环境呈现出低度不确定性的特征。即便如此，仍然"平则虑险，安则虑危"（《荀子·仲尼》），积极进行风险与不确定性的预防和预警、排警，百年基业得以延续。如"胡庆余堂"（创建于 1874 年）的后人始终恪守创始人所题的"是乃仁术"和"戒欺"永恒信条④。

5. 经营哲学与知识产权

CTHBs 的经营哲学构成、沿革集中反映在"字号"上，而"字号"的延续比产品或服务更重要、更有辐射力和驱动力，其背后是经济环境的演进和时代差异。

（1）招牌、招幌或牌匾，是当年"草根经济"的立身之本，也是企业"做大"的原生力量。它往往带有浓重的地域性，但由于历史沿革及文化的原因，也因此而受伤。如"杏花村汾酒"（创建于公元 561—564 年）⑤、"德州扒鸡"（创建于 1692 年）⑥ 等，曾因带有地名而纠缠不清，同地域的商品也是鱼龙混杂。

---

① https：//baike. baidu. com/item/全聚德/298267？fr = aladdin
② http：//www. chinagoubuli. com/.
③ http：//www. rongbaozhai. cn/.
④ http：//www. hqyt. com/.
⑤ http：//chinafenjiu. 360500. com/.
⑥ http：//www. dzpj. com/.

（2）创造、维护、传播良好的口碑，这是企业超越时空经营的选择，它与"做久"互为因果。"恒源祥"（创建于 1927 年）①，依赖仅存的口碑而凤凰涅槃，正在实现千秋基业的组织愿景。

（3）实施全面品牌管理，进行集约式经营，是企业"做强"的根本。致力打造"中国第一酒"的"五粮液"（创建于 1909 年）② 一度实施"1 + 9 + 8"品牌工程，当这些子品牌给母品牌带来损伤后，又勇敢而断然的实施回归。

（4）以品牌为核心的无形资产、知识产权，是 CTHBs 进行全国、全球扩展的基础假设，也是企业"做活"的核心动力。如"衡水老白干酒"（创建于 1946 年）③ 因一系列的国内、国际荣誉，其品牌一直在产生增值。

（二）CTHBs 的 IE 活动与经济价值图式的变迁

1. 平滑经济波动

在关乎百姓生计的百货、中药、餐饮、副食品、民间工艺品和其他商业、服务业中，"老字号"比比皆是，如"马聚源"帽庄（创建于 1817 年）④、"月盛斋"清真老铺（创建于 1775 年）⑤、"烤肉宛"清真饭庄（创建于 1686 年）⑥ 及"中国照相馆"（创建于 1937 年）⑦ 等。

（1）从掌柜，到职业技师、传人，到小二，东家均从分割的劳动力市场中获取，直接参与了多层次劳动力市场的构建；随着作坊、门店规模的扩大，所提供的就业机会有效地促进了充分就业，缓解了人口增长、劳动力流动、城镇化所带来的就业矛盾。

（2）CTHBs 在自主投资、扩张与市场消费之间获得微妙的平衡，以此推动着经济的缓慢前行，实现总供给与总需求的"瓦尔拉斯"均衡，也成为经济波动、时局动荡中的中坚，成为经济持续增长的磐石。

（3）无论在封建统治，还是军阀混战年代，或是中华民国政府、中华人民共和国政府时期，克己守法，都提供着源源不断的税捐、利润，从而

---

① http：//www. hyx1927. com/.
② https：//www. wuliangye. com. cn/zh/main/index. html
③ http：//www. hengshuilaobaigan. net/.
④ https：//baike. baidu. com/item/马聚源/11009953？fr = aladdin
⑤ http：//www. yszshop. com/index. php
⑥ https：//baike. baidu. com/item/烤肉宛/4709366？fr = aladdin
⑦ https：//baike. baidu. com/item/中国照相馆/4862773

为当地政府提供了稳定的财政收入。

（4）产品或服务的高附加值为 CTHBs 抵御生产要素价格的上涨、平衡市场供给价格预留了足够空间，这有效地消弭了通胀预期及其扩大和连锁效应。

2. 口碑更新与非摩擦经济

品牌核心价值的传播方式借助经济发展的新模式而重新塑造。以出众质量为核心的招牌（招幌）、口碑，边际成本几乎为零，因而曾是摩擦经济时代 CTHBs 的主要传播方式。1816 年，"王麻子"（创建于 1651 年）的后代挂出"三代王麻子"的招牌，在打假的同时，强化招牌①。不过，成功后，这也强化了其"酒香不怕巷子深"的"坐商"思想。

改革开放后，进入半摩擦经济时代，尤其是在精于策划、长于品牌传播的西方名企面前，一些 CTHBs 曾经一度节节败退，行将成为残存的记忆。而卓越的 CTHBs 总能"世异则事异，事异则备变"（《韩非子·五蠹》），借助广告、路牌、车体、电视等传播形式，以很高的边际投入使品牌坚挺。

今天以官方网站、移动客户端、微博和微信为载体的网络口碑传播和更新，相比于摩擦经济时代企业与品牌价值主张的信息传播得更快、更广、更远、更深、成本更低、时空更全。CTHBs 正在搭乘这班速度经济的"动车"，体验与活化经济中的非摩擦性。

3. 原产地域保护制度与区域经济辐射

我国中药业、饮食服务业、酿造业中的大多数 CTHBs，依赖气候、土壤、温度、湿度、光照等域内的自然生产要素和传统工艺而生产经营，地域性特征极其明显。依赖自然地理环境因素、传统人文因素等生产要素的聚集与综合利用、保护，独特优势的持续化，CTHBs 随之成为区域经济发展中不可或缺的支撑。作为国粹的花雕酒制造业（如"古越龙山"，创建于 1664 年）②"相语事以，相示以巧，相陈以功"（《国语·齐语》），以鉴湖为中心发展为绍兴的主导产业，成为我国推广原产地域保护制度的第一个受益者，该市也成为黄酒的唯一产地。"茅台"始于公元前 130 多年的枸酱③，今天众厂家"相高以智"（《管子·小匡》），形成了赤水河流域的酱香型白酒产业链和产业园区，也成为仁怀市的财政支柱。

---

① http：//www.bjwangmazi.com/.
② http：//www.shaoxingwine.com.cn/.
③ http：//www.china-moutai.com/.

4. 萌蘖与衍生的产业（或产业格局调整）

CTHBs 的沿革具有中国情境特色的经济发展节奏和时序，也丰富和创新着 IE 模式。从传统农业社会脱胎出来的这些微型组织，曾长期处于"微笑曲线"的底部，如"刘伶醉"（创建于 1126 年)[①]。依托核心竞争力、品牌优势，在坚守主业的同时，"观乎天文，以察时变"（《易经·贲卦·象传》)，适时进行上下游一体化，提高供应链的运转效率；或同心多角化、多业态介入、多行业介入，开辟出新的经营空间。"同仁堂"（创建于 1669 年）扩张至今，呈现了完整的产业链条和产业网络[②]，获取着多种经济性。

CTHBs 还是中华人民共和国成立后经济发展、变革的见证者和亲历者。它们在中华人民共和国成立初期的被保留和被扶持，一则丰富了群众物质生活，二则平衡了产业结构。1956 年的公私合营、对民族资产阶级的赎买，实质上是以"老字号"为主体的公有制经济改造[③]。在随后的 3 个"五年计划"中，以 CTHBs 为依托，中华人民共和国成立后开始其工、农、商业产业布局。即便是今天，它们仍然是休闲业和旅游业发展，以及扩大内需的直接参与者和受益者。在 IT 技术渗透、扩展和改造传统产业的趋势中，线上与线下交易同步进行，在微观层面实现着"新四化"中的信息化[④]，从而避免了经济发展中的"塌陷区"。如"内联升"（创建于 1853 年）的鞋定制业务[⑤]。在今天的"一带一路"倡议下，CTHBs 正以其经典而富有民族特色的产品在此格局中跃跃欲试。

5. 市场架构发育与政府干预

溯源而上，康熙时代是商业养育期、乾隆时代是商业繁盛期[⑥]，也是众多"老字号"创业和发展的黄金时期。"王致和"（创建于 1669 年）也正是在此时段创业、迅速壮大的。其深层支撑和动因是：

（1）市镇经济的崛起，以市镇为生产和销售基地，以城郡为生活和消费中心[⑦]；

（2）当时政府采取"民不告，官不理"的态度，让自发的业内行会、

---

① http://www.liulingzui.com.cn/.
② https://www.tongrentang.com/.
③ 马海瑞：《中华老字号：见证历史 与国同庆》，载于《中国品牌》2009 年第 4 期。
④ "新四化"是指新型工业化、信息化、城镇化和农业现代化。
⑤ http://www.nls1853.com
⑥ 王孝通：《中国商业史》，团结出版社 2007 年版。
⑦ 吴晓波：《激荡两千年——中国企业公元前 7 世纪—1969 年》，中信出版社 2012 年版。

商会发挥自我组织能力①。随之，以京、津、沪、宁、杭、西安等为中心的商贸经济进入鼎盛时期。如在江南以手工家庭作坊、贸易为核心曾形成了"无技术增长的高经济增长"，这推动着城镇化和工业化（罗家德，2007），也肇始、驱动了城乡二元经济结构的形成与发展。再者，历史证明，也正是以商业和手工业的"老字号"为节点、以覆盖全国的商帮为网络，才构建了我国农业经济时代、科技欠发达时代民族资本主义的运行框架，也自发形成了我国颇具特色的区域产业结构和全国产业格局。

当然，随着科技自身的发展与促进，对经济的贡献明显增强，作坊式手工业向机器制造业演变，随之我国进入工业经济时代。但是中华人民共和国成立后，"有形之手"再造了"无形之手"的发挥空间，尤其是违背市场价值规律的行政干预，成为抑制，乃至湮灭大批 CTHBs 的重要因素。如"王麻子"（创建于 1651 年）②，曾由于主管部门漠视高额的替代成本，7 次任命管理者，使企业的价值信仰系统和组织的功能系统产生紊乱，短期之内摧毁了企业。当然，也有相当数量的企业，搭乘这班车逐步成就了辉煌，如杭州"张小泉"（创建于 1663 年）③。

（三）CTHBs 的经济价值图式变迁模式

立足其 IE 驱动的经济价值，CTHBs 有以下六种并列的变迁模式。

（1）IE 主体的泛化。CTHBs 由最早的所有者个体—风险项目团队—企业组织—企业集团—新产业创发—产业结构演变。由此启发着国家和社会进入创新驱动阶段。

（2）IE 形式的深化。CTHBs 由最早的技术创业—成长期或成熟期的公司创业、IE—成熟期或衰退期的制度创业、服务创业、绿色创业。这不仅是传统行业民族企业发展的轨迹，也是高科技企业、战略性新兴企业的发展规律。由此催动着国家发现创新与创业的驱动价值。

（3）IE 模式的复杂化。CTHBs 由独立的风险项目—风险事业的母子共治—创业项目的独立运营—新企业的运行—新产业的形成—产业结构的调整。由此引导着国家对于经济发展的新发现，以及经济规律的再认识。

（4）IE 路径的网状化。CTHBs 由机会发现与生存型—机会的把握型—机会的创设型。由此推动着国家致力于新型经济形态的发展。

①　罗家德：《中国人的管理智慧》，中信出版社 2007 年版。
②　http：//www.bjwangmazi.com/.
③　http：//www.zhangxiaoquan.cn/.

（5）业态涉入的时代化。CTHBs 由草根的地摊或走街串巷—前店后厂的作坊—产销分离的厂商—加盟与专卖—区域化、国际化的经营中心。从此，CTHBs 逐步走上了规模化、现代化、国际化经营的道路。

（6）IE 经济性的多元化。CTHBs 获取竞争优势的重心依次为规模经济性—范围经济性—网络经济性—速度经济性—经济性的叠加。显然，这些与时代、经济环境合拍，因大势而成长。

二、人力资源管理的溢出效应

CTHBs 延续至今，能否从其纷繁的经营发展与文化演绎中，厘清普遍性社会价值的渊薮和图式？如何才能揭示以 HRM 为核心的社会价值图式演变模式，以促进民族企业与社会的高度和谐？能否从先哲论述与商业实践出发，提炼出民族企业在特色社会发展中的某种范式？这些是解读中国软实力的重要问题。

（一）"人本主义"商业文化的滥觞

我国的 HRM 思想、学说，乃至哲理起源于奴隶社会、封建社会帝王对于社会、臣民的管理和疏导，随后在企业中延伸、嫁接与发酵，更成为 CTHBs 续写民族优秀传统的商业文化基因，带有"人本主义范式"的浓重色彩①。因此，考证我国特色 HRM 的渊薮和图式就需要从先秦诸子著述、帝王管制理念与实践入手。

1. 管理假设与人性

传统的中国式管理（含政府管理、社会管理、企业管理）追求从根本上把握和掌控人的活动和行为，是基于"心"的管理，因而研究 CTHBs 的社会价值，应从管理假设中追溯对于人性的分析和把握。

（1）善，是构建组织秩序和社会美德的习惯基础和德治基础。人的本质在于追善、从善，行王道之事，"人性之善者也，犹水之就下也"（《孟子·告子上》），这是自然规律，因而管理实践中，讲究顺势而为、因势利导，讲究引导、疏解，做人和做事的初衷都是向善，即"人之初，性本善"（《王应麟·三字经》）。

（2）利，是人的核心追求，是构建组织秩序和社会美德的法治基础。

---

① 罗珉：《管理学人本主义范式评析》，载于《外国经济与管理》2008 年第 10 期。

管理中追求规制和制度，行霸道之事，因人的本质在于趋利避害，实现私利的最大化，"凡人者，莫不欲利而恶害"《管子·版法》，所有的善行都是为了获利而有意识做出来的，"人之性恶，其善者伪（通'为'）也"（《荀子·性恶》）。

（3）人性是情景的产物，这是辨证施治的哲理依据，因而管理的主要任务就在于构建良性的适宜环境，强调系统性、协同性的实践。人性之善与恶、趋利与避害等，不能一概而论，"性无善无不善也"（《孟子·告子》），要根据与外界的互动情况，以及后天的环境影响而定。

2. 修己安人、爱员工与仁美、人和、民贵、同乐

在每一家 CTHB 中，创业以来鲜有劳资恶性冲突，资方与劳方实现共荣，员工之间实现和谐共事，这与管理者修身正己、亲民爱民休戚相关，也与员工的谦卑、内敛、容忍阀限较高相关。

（1）内圣而外王，修身成仁，"仁者安人"（《孔子·论语》）。贤达人士，以规矩约束自我自然能团结众人，"君子以仁存心，以礼存心。仁者爱人，有礼者敬人。爱人者人恒爱之，敬人者人恒敬之"（《孟子·离娄下》）。

（2）人和为万世之根，万事之基，是基业发达、延续的命门所在。"天时不如地利，地利不如人和"（《孟子·公孙丑下》）。

（3）员工有多层次需要，也有多维度诉求，因而贵民、尊重员工的思想根深蒂固。"人有气有生有知亦有义，故最为天下贵也"（《荀子·王制》）。

（4）由己推人，移情性潜移默化，同理心广泛辐射，从而密切人与人之间的关系。"老吾老，以及人之老；幼吾幼，以及人之幼"《孟子·梁惠王上》。

（5）与臣民、属下分享幸福、快乐与苦楚。"乐民之乐者，民亦乐其乐；忧民之忧者，民亦忧其忧。乐以天下，忧以天下，然而不王者，未之有也"（《孟子·梁惠王下》）。因而，在企业中广泛形成、奉行集体主义，强调"家"的认同感和组织意识，实现上下同欲。

3. 崇德与尊贤

在每一家 CTHB 中，对于优秀职业经理人（尤其是掌柜）和专业技术人员（尤其是技艺传人）呵护备至。

（1）在对于人的评判、遴选和管理传统中，将品德至于至高无上的地位。"才者，德之资也；德者，才之帅也"（《司马光·资治通鉴》），认为道德秩序可以约束人的行为，因而主张道德治理的人治方法。

（2）在将社会公德至于至高无上地位的同时，但不否认个人私利的存在。"君子喻于义，小人喻于利"（《论语·里仁》），并将道德标准和私利追求作为族群划分的依据，以区别对待。

（3）管理重在人气，重在榜样的力量。"尊贤使能，俊杰在位，则天下之士皆悦而愿立于其朝矣"（《孟子·公孙丑上》），从而形成组织的凝聚力。

（4）美德与创富相统一，利他与利己相协调而不是互斥义利相同。

4. 圆通与权衡

民族企业历来强调通权达变，在此过程中成就自己。

（1）在态势和时序认知方面，体认斗转星移是常态，杜绝刻舟求剑，倡导"彼一时，此一时也"（《孟子·公孙丑下》）。

（2）在应对外部环境方面，讲究外圆；在内部管理方面，追求内方，不过，因企业内缺少理性的职能化分工体系，观念、行为上的教化遂是基本工具。"非礼勿视，非礼勿听，非礼勿言，非礼勿动"（《孔子·论语》），这也导致了经验主义盛行和蔓延。

（3）对于发展速度的理解和掌控，"可以止则止，可以久则久，可以速则速"（《孟子·公孙丑上》），这也是大多数CTHBs形成温和改善、温和成长现象的缘故。

（4）在人才的选拔和留用方面，辩证考察。"赦小过，举贤才"（《孔子·论语》），"外举不避仇，内举不避子"（《吕不韦·吕氏春秋》）；用其所长，"良才难令，然可以致君见尊"（《墨子·亲士》），避其所短。

5. 商业学习与传承

几乎每一家CTHB都是国家级"非遗"或省（区、市）、市级"非遗"，始终秉承工匠精神，这与长久以来所推行的师徒制紧密相关。它们在传统管理中，以对人的教化、训练为起点，结合一定的技术规范和工艺规程，依赖于经验的传播和扩散。

（1）所有人都应该"自强不息"（《周易·乾》），孜孜进取，奋发有为，"胜人者有力，自胜者强"（《老子·道德经》）。

（2）人才培养极其重要，"百年之计，莫如树人"（《管子·权修》）。

（3）广泛施教，"有教无类"（《孔子·论语》），因为经过后天的学习和修为，"人皆可以为尧舜。"（《孟子·告子章句下》），人人可以做合格臣民、优秀门徒。

（4）人各有所长，"三人行，则必有我师焉"（《孔子·论语》），求师是普遍性行为，强调从每个人身上汲取给养，丰富自己。

（5）继承中杜绝教条主义，"人能弘道，非道弘人"（《孔子·论语》），强调创新，而不是拘泥。

（二）CTHBs 的 HRM 与社会价值变迁

CTHBs 是我国数百年商业和手工业竞争中留下的极品，以其卓有成效的 HRM 思想与实践，传播和丰富着人本思想的内涵。不仅企业自身，其所在行业、所赖以生存的市场和社会环境也因而受益。

1. 企业的核心理念与社会习惯、伦理

CTHBs 各自经历了艰苦奋斗的发家史而最终统领一行，树立了业内道德典范和竞争规则，并由此而辐射到商业伦理、社会规范的演进，以及良序公俗的建构。

（1）CTHBs 的创始人以及历代管理者存敬畏之心，以负债人的心态面对市场与社会，高度自律与束己、悦客，敬天（自然规律）、敬地（人文社会）、敬顾客，并以此教化员工，在缔造不朽基业的过程中，树立了业内标杆，也引导着社会的价值取向。所有这些，都完美地实践着"大人者，不失其赤子之心者也"《孟子·离娄下》。历代"同仁堂"（创建于1669 年）人恪守"炮制虽繁必不敢省人工，品味虽贵必不敢减物力"的古训，树立"修合无人见，存心有天知"的自律意识①，在"隐恶而扬善"（《礼记·中庸》）中，确保了金字招牌的长盛不衰。

（2）诚信理念在 CTHBs 的经营中贯彻得极其彻底，落实着"上下同欲者胜"《礼记·孙子兵法》。秉持货真价实、童叟无欺、礼貌待客、周到服务等立业之本。这些，体现在企业延续发展的方方面面，也成为企业文化的精髓。"六必居"酱园（创建于1530 年）的东家曾规定了六个"必须"②。这是 500 多年之前的全面质量管理思想，今天已演化成为社会运行的重要管制规则。

（3）"见利思义"（《孔子·论语》），已经成为 CTHBs 管理者基本的职业操守，也演变为社会中的价值评判标准。"胡庆余堂"（创建于1874

---

① http：//www.tongrentang.com/.
② 即："黍稻必齐"（粮食原料必须备齐）、"曲蘖必实"（必须按配方如实投料）、"湛之必洁"（浸泡酒曲必须洁净）、"陶瓷必良"（酒器必须优质）、"火候必得"（操作必须掌握适度）、"水泉必香"（必须用上好泉水）。

年）的门楼上现今还保留着创始人胡雪岩所立"是乃仁术"四个大字；他曾告诫属下："凡百贸易均着不得欺字，药业关系性命尤为万不可欺，余存心济世誓不以劣品弋取厚利，惟愿诸君心余之心。采办务真，修制务精，不至欺余以欺世人，是则造福冥冥……"①。商业帝国倒塌了，成就了"江南药王"，它向世人灌输着药业、食品业的商业伦理，也丰富着社会伦理。

2. 组织惯例与制度

曾经力行经验主义的 CTHBs，在组织惯例的沿革与管理制度的完善中，不仅推动着企业的进步，也影响着社会的管控变革。

（1）"道之以德，齐之以礼，有耻且格"（《孔子·论语》），以德为核心的人治前提是经验性地、清楚地划分人的等级与名分、长幼尊卑等，从而实现秩序。不过，德、礼的高度抽象和简约，所导致的直接结果是：依靠员工理解、自律来实现和保障组织的顺畅运行；在企业内非正式组织的作用与影响时常大于正式组织；规则与潜规则并行。这些，都形成着组织惯例。

（2）传统中，企业和社会规制的顺序是情、理、法，而不是法、理、情，"合情"总比"合理"重要②，人情泛滥，法规和制度虚化，由此而降低了管理效率，这曾是 CTHBs 饱受诟病的事实，有悖"文章不成者，不可以诛罚"（《刘向·战国策》）。

（3）管理的要义在于：规避四种不足，"德不足以怀人，政不足以惠民；赏不足以劝善，刑不足以防非：亡国之行也"（《淳于越·晏子春秋》）。自1987年，"东来顺"（创建于1903年）③ 先后在全国开了30多家分店，但由于当时管理没有形成制度化、规范化、标准化，导致各家分店在经营上各自为政；质量无法保证，品牌美誉度下降；很多传统菜品逐渐消失等。到1995年，只收到80多万元的牌匾费，还不到应收款的30%，公司投入的80多万元也未能收回，货款、亏损、呆死账高达1250多万元，有129名职工待岗。这就需要社会系统的观点和方法论，以改变此种情况。

（4）拟管理上台阶，做业内标杆，缔造长青基业，就应该遵循"不以规矩，不能成方圆；不以六律，不能正五音"（《孟子·离娄上》）的古

---

① http：//www.hqyt.com/.
② 曾仕强：《管理大道——中国管理哲学》，北京大学出版社2004年版。
③ http：//www.donglaishun.com/.

训。"瑞蚨祥"（创建于 1862 年）① 对前台的售货先生制定了苛刻的管理制度并通过传帮带的形式对员工进行精深的培养，如规定：无论是什么季节，售货先生都要一律穿长衫；不能吃会发出异味的食物，如葱蒜之类；不准在顾客面前摇扇子；不得与顾客吵架；不准聊天、吃零食、吸烟等；并制定严格的营业程序，不折不扣地执行。对员工管理"不"的理念和方法今天仍然被众多服务性企业所采用，至于社会运行就应该法制化和法治化。

3. 人力资源与人脉网络

CTHBs 的创业者之所以能在资源约束的情境下开创、延续百年基业，源于"君子生（通'性'）非异也，善假于物也"（《荀子·劝学》），善于借助他山之石，获取稀缺资源，从而实现生存与成长。杨寿山（字全仁）创立"全聚德"（1864 年）② 后，重金礼聘专为宫廷做御膳——金华馆孙老师傅，由其制作色香味都不次于传统做法的"挂炉烤鸭"，从而成为独门绝技。今天，重金挖人、猎头已经成为依赖创业而发展企业的普遍做法。其次，通过感恩老员工来激励全体员工。"荣宝斋"（创建于 1672 年）③ 的第一任经理庄虎臣去世后，东家为表彰他的功绩，决定 10 年内照发工资和他在职时拿的三个人力股的一半；并长久悬挂其遗像，由东家撰写赞辞，实现激励后人的效果。最后，与社会形态、经济运行同步，关注员工职业发展需要，实现员工与企业的协同成长，"上君尽人之智"（《韩非子·八经》），做品牌雇主。由此，带来了"羊群效应"。

4. 组织治理演变

CTHBs 的组织结构和组织运行策略，在当代总是占据潮头，由此而启发行业的管理改进和社会的管控变革。

（1）"家""业"一体，东家就是家长，强调"家"的认同感和组织意识，这鼓励着、保障着员工卷入工作和管理中。

（2）拓宽视野，发现并把握趋势，持续地在社会中获取 HRM 创新的"源头活水"。上任之初，经理庄虎臣提出和东家均分经营所得，并约定"东家无故不准干预铺事"，这是最初的物质资本与人力资本分离；也实践着雏形的按要素分配以及延期支付，尽管当时初显苗头却也极其难得。今天，两种资本的分离、按生产要素分配已经成为发展现代企业的普遍做法。

---

① http：//www.refosian.com/.
② http：//www.quanjude.com.cn/firstPage/loginFirst.do
③ http：//www.rongbaozhai.cn/.

（3）泛家族目标与企业目标实现兼容，家族传承与企业发展适当分离。中国香港的"李锦记"（创建于 1888 年）① 建立了"家族议会""家族委员会"，讨论家族的目标和发展宏图，依据"家族宪法"对成员实施严格的制度管理。它是颇具代表性的中华家族企业的典范，在与社会分享家族的优良传统和家族企业的传承、管理理念。随后，出现了民族工商资本被赎买后的现代国营、国有企业，以及投资者广泛化的公众（上市）公司，它们都与时代脉搏共振。

5. 企业边界与社区和谐

CTHBs 创业生存于社区、成长于社区、服务于社区、延绵于社区、奉献于社区，不仅善于应对良性冲突，更与所在的社区共同演进。

（1）无论创业者的背景和经历，他们大都追求自我人格和谐、自我完善，以其人格魅力影响社区和世人，从而带来口碑效应。

（2）企业的善行走向社区、社会，践行着"得道者多助，失道者寡助。寡助之至，亲戚畔之；多助之至，天下顺之"《孟子·公孙丑下》，获得顾客及政府的支持，扩展着人脉等资源。

（3）企业的所作所为走出企业边界，逐渐在社会的差序格局中延展②，潜移默化着社会群体和乡土中国，社会在受到外力的作用下随之进行变革。杭州的"张小泉"（创建于 1663 年）有自己的"非遗"传承基地，并遵循自己的拜师传艺模式；传承人施金水先后多次向小学生们讲述镶钢剪刀锻制技艺，数次为他们表演。此外，还办工业设计大赛；建杭州刀剪博物馆③。今天，各家 CTHB 只要条件具备，就办行业性的文化博物馆或企业史展览馆，由此而带动着工业旅游和服务业旅游的兴起，也向社会传播着各具特色的文化。

（三）CTHBs 的社会价值变迁模式

纵观 CTHBs 的发展史和哲理归宿，以及内部 HRM 而溢出的社会价值图式，有以下五种并列的变迁模式，它们共同推动着社会形态实现由自生秩序向创生秩序的逐渐演变，并丰富着社会价值的构成。

（1）文化的派生与衍射，由此而催动着国家和社会进入文化管理的新阶段。即 CTHBs 由企业家个性理念—创业团队（小圈子）主张—企业文

---

① https://corporate.lkk.com/zh-hk
② 费孝通：《乡土中国　生育制度》，北京大学出版社 1998 年版。
③ http://www.zhangxiaoquan.cn/.

化—社会文化。

（2）惯例、规范的形成与辐射，由创始人的率先垂范催动着国家和社会进入建立市场竞争规则的阶段。即 CTHBs 由创业者的束己修身—组织管理制度—行业标杆—市场竞争规则。

（3）企业伦理的层次延展，由此而催动、丰富和完善着国家和社会的伦理体系。即 CTHBs 由个人伦理—家庭（家族）伦理—商业伦理—社会伦理。

（4）传承与学习的递进，由此而催动着国家和社会进入全面学习阶段。即 CTHBs 由普遍性学习—经验性师徒制学艺—组织内商业学习—全社会的科学性学习。

（5）和谐在差序格局中的内化，由此而催动着乡土国家和社会进入和谐发展的新阶段。即 CTHBs 由创业者自我人格和谐—家庭（家族）和睦—企业和谐—社区（与利益相关者）和谐—社会和谐。

概括而言，由 CTHBs 中的 HRM 所引致的社会价值的图式变迁有以上五种模式。而形成这一格局的重要原因，首先，在于东方哲学、管理智慧和社会文化的源远流长，而这影响着每一个公民；其次，创业者从中汲取了丰厚给养，并内化在 CTHB 经营中，塑造着企业，也塑造着社会；再次，管理者、员工与顾客在共同的社会情境中交互默认，企业与社会相互接受、彼此促进。

企业在推动着市场经济时代的社会进步，内部管理策略在影响、改变着社会的运行。正是这些朴素的哲理影响了社会价值及其取向的滋生与改变。尤其要注意的是，在讨论 CTHBs 内部 HRM 的作用边界时，应该搞清楚：CTHBs 的社会价值边界和图式范畴与构成、内部 HRM 的影响边界，以及 HRM 外溢效应的形成机理等，前两者有独特而丰富的内涵，而外溢效应有其诱因和结果。限于所研究的主题和内容，在本书中只是从一般的视角和范围进行了定性分析，拟深入研究它们之间的交替作用关系，就需要厘清各自的变量，用经济数学、社会统计学或系统动力学等定量方法进行实证研究，以提高成果的信度和效度。

第二节　内创业战略的生产性意蕴

20 世纪 70 年代中期，来自高新技术中小企业的创业实践开始受到国外学者的关注；80 年代以来，旨在追求先发优势的创业研究蓬勃发展，他们在相互质疑、求证、批评和借鉴中"破"与"立"同行。截至 2009 年，已经产生广泛影响的创业模型就达 42 个之多①。近几年，国内学者抓住了契机与趋势，不再满足于国外模型在中国情境的阐释、嫁接和运用，已开始关注我国转型经济、新兴市场以及东方文化等因素共同诱发的独特性，开展原创性"特定情境和本土研究"②，研究对象正从高新技术企业延展到传统行业的企业，研究焦点正由新企业的生存与成长逐步转移到既有企业卓越绩效的获取与持续，正由先发优势和在位优势的获得逐步转移到竞争优势的持续化。然而，在理论的丰富进程中，"创业研究与企业成长研究""创业研究与战略管理研究""创业研究与主流管理学研究"等仍存在着主观性的划分与辨析；对中小微企业的新进入行为与大中型企业的创业战略、企业延绵与组织激活、成熟期更新与衰退期延迟等的学理性差异，也保持着缄默。

一、传统行业中成熟期企业的内创业战略模式

组织和经济的发展本质上依赖于 IE③；战略创业在挖掘市场机会的同时，也追求竞争优势的构建，它包含持续再造、组织再生、战略更新和领域重定四种实现形式④。此外，1128 家 CTHBs 是传统行业中成熟期企业的代表，其一系列的 IE 事件具有典型性，见表 3 – 1。

表 3 – 1　　　　　　　　　　IE 战略的形式及其价值

战略模式	驱动价值	生产性价值	CTHBs 的商业事件
持续再造	研究偏好与期望的构成，并关注其转移	丰富产品结构，降低经营风险	"五粮液"推出系列新品，进入中低端市场
组织再生	拼凑既有资源，将其资本化；创新组织机制和商业模式；锤炼核心能力	网络摄入和能力提高了组织效能，打破了能力的约束	"老白干酒"完成私营酿酒作坊、国营企业、国有企业、上市公司的系列转变

① 董保宝：《公司创业模型回顾与比较》，载于《外国经济与管理》2012 年第 2 期。

② 张玉利等：《基于中国情境的管理学研究与创业研究主题总结》，载于《外国经济与管理》2014 年第 1 期。

③ Bostjan Antoncic，"Intrapreneurship：A Comparative Structural Equation Modeling Study"，*Industrial Management & Data Systems*，Vol. 107，No. 3（2007），pp：309 – 325.

④ Covin，J. G.，Miles，M. P.，"Corporate Entrepreneurship and the Pursuit of Competitive Advantage"，*Entrepreneur-ship Theory and Practice*，Vol. 23，No. 3（1999），pp：47 – 63.

续表

战略模式	驱动价值	生产性价值	CTHBs 的商业事件
战略更新	获取先发优势和在位优势	扩大资源流量；保持差异化技术的规模收益	"全聚德"率先引入连锁经营和进入资本市场
领域重定	创造新市场、新机会，走出"红海"，开创"蓝海"	全员学习，变革组织生态	"同仁堂"推出中药美容护肤连锁服务

二、内创业战略的驱动价值

尽管面对所固有的风险和不确定性，公司通过 IE，可以主动回击竞争对手，适应和改变，去满足新市场的规则，乃至创造新的市场（Ireland et al.，2009）①，最终确立其长期的竞争位势。传统行业成熟期公司的 IE 有其自身的核心特征，即以温和改善为指向，始于"健康的不满"，旨在追求"足够好"或"足够低"而非两者兼顾、至臻至美②。不过，在追求和保有竞争优势、利用创新创造持续性的竞争优势方面与高新技术的中小企业是相同的，机理也是相通的，其驱动价值通过以下五个构面体现出来。

（一）机会创设

IE，首先是对现状的挑战并搜寻既有机会③；有实力的企业善于抓住机遇，乃至致力于创设机会④，从而实现在一个企业内部为创业行为开启机会，呵护"梦想者"的目的。实践证明，也只有打破"机会地平线"的限制，才能从更高的视野把握真正的创业机会，才能规避企业发展中的停滞或轮回。对于成熟期企业而言，长期业内经验的发酵、环境的洞察，以及市场走势的判断，从历史机遇中恰当地把握创业机会窗口，已经是转型期管理者练就的基本概念技能。这客观上为企业超越"机会地平线"、

---

① Ireland, R. D., Covin, J. G., Kuratko, D., "Conceptualizing Corporate Entrepreneurship Strategy", *Entrepreneurship Theory and Practice*, Vol. 33, No. 1 (2009), pp: 19 – 46.

② ［美］唐纳德·F. 库拉特科、［美］迈克尔·H. 莫里斯、［美］杰弗里·G. 科恩：《公司创新与创业》，李波等译，机械工业出版社 2013 年版。

③ Alvarez A, S. A., Barney, J. B., "Discovery and Creation-alternative Theories of Entrepreneurial Action", *Entrepreneurship Theory and Practice*, No. 1 (2007), pp: 11 – 26.

④ 王倩、蔡莉：《创业机会开发过程及影响因素研究》，载于《学习与探索》2011 年第 3 期。

把握市场发展的大势，进而创造发展机会提供了直接的支持。

（二）创业资源

获取和集束资源，实现谋利始终是创业的主旨①②，也是组织发展和组织再生的动力源。

资源基础论发轫于创业优势、创业能力和创业资产等概念的提出，从此开辟了构建竞争优势的第二空间③。进入新世纪以来，创业的能动性愈发凸显，资源的内涵、构成和流动推动着资源基础论得以扩展，这又指导着卓越的商业实践。资源是源头活水，资源存量是企业创造利润和延续持久差别化优势的基石，而资源流量代表了企业在关键能力上的长期投资④，资源增量意味着企业在核心能力更新和动态能力构建方面的收获。资源的资本化，正成为创业和管理得以推进的动态能力。机会—资源的一体化，催生着战略与创业融合视角的动态能力的新体系构建。此时，公司创业通过增强、延伸和更新基于知识的机制——个人（人力资本）、关系纽带（社会资本）和组织系统（组织资本），更新着核心能力的构成，提高了资源的异质性和公司绩效⑤。今天，竞争的深化在推动着资源重构，不仅需要从外部重复获取资源，也需要对优质资源的葆有和整合，更需要既有劣势资源的集束拼凑。

（三）竞争预谋

成熟期企业始终领导或参与影响着市场的走势，以及行业边界的变化，其 IE 以市场目标和财务指标为导向，大多遵循因果逻辑；凭借其稳定的"现金牛"，为应对竞争而预谋和超前行动，探究和预测顾客偏好及其转移方向和趋势，选定"问号"进行精心培育，使之成为"明星"，实

---

① 魏江等：《公司创业研究领域两个关键构念——创业导向与公司创业的比较》，载于《外国经济与管理》2009 年第 9 期。

② Minna Halme, Sara Lindeman, Paula Linna, "Innovation for Inclusive Business: Intrapreneurial Bricolage in Multinational Corporations", *Journal of Management Studies*, Vol. 49, No. 4 (2012), pp: 743 – 784.

③ 第一个空间是，静态的产业模型和有效市场，它以 Michael E. Porter (1980, 1985) 的学说为代表。

④ ［美］戴维·J. 科利斯、［美］辛西娅·A. 蒙哥马利：《公司战略——基于资源论的观点》，机械工业出版社 2006 年版。

⑤ Zeki Simsek, Ciaran Heavey, "The Mediating Role of Knowledge-based Capital for Corporate Entrepreneurship Effects on Performance: A Study of Small to Medium-sized", *Strategic Entrepreneurship Journal*, No. 5 (2011), pp: 81 – 100.

现产品或服务的梯次升级。再者，关注竞争者的反应及反击行为，在博弈中制订和修订预案，以实现持续再造。这些，已经成为驱动组织更新和成熟期延长，乃至组织激活的主导逻辑。

（四）风险容忍

IE 活动意味着风险或可能的偏离、错误与失败。如果组织的政策、程序及氛围允许尝试、允许出现错误或失败，并承担财务损失，就有利于其进行；相反，IE 活动就会受到抑制。因此，需要组织定立风险容忍的阈限，以降低试错成本。实践中，创业者、管理者成为应对环境变化的代理人，顾虑到自身的职业发展，他们绝对不是赌徒，沉迷于冒险，此时，企业成为创业风险和绩效风险的主要承担者，因此主动承担适度的可控风险才是日常作为（刘景江、陈璐，2011）[1]。其次，在经济学和管理学高度发达的今天，即便是经验主义的 IE 者，对创业行为进行周密的评估和测算已经是必不可少的程序和环节。

（五）组织更新

IE 的核心追求在于，建立持久的经营机制和适用的运转程序，它以驱动效力、运行效率、经营效果和组织效能为绩效指向。当 IE 者在一个系统中开发活动、产品和创意时，帮助公司提高了绩效，也为更好地适应环境的要求而更新了组织结构和战略[2]，这同时强化了对于变革的反应，是创造性毁灭的制度化过程。今天，基于知识的交互机制[3][4]和动态能力构建[5]已经成为组织自我进化的常态[6]和必然选择，并以此获得自生能力，

---

① 刘景江、陈璐：《创业导向、学习模式新产品开发绩效关系研究》，载于《浙江大学学报》2011 年第 6 期。

② Molina，C.，Callahan，J. "Foreseeing Organizational Performance：The Role of Learning and Intrapreneurship"，*Journal of European Industrial Training*，Vol. 33，No. 5 (2009)，pp：388 – 400.

③ Zeki Simsek，Ciaran Heavey，"The Mediating Role of Knowledge-based Capital for Corporate Entrepreneurship Effects on Performance：A Study of Small to Medium-sized"，*Strategic Entrepreneurship Journal*，No. 5 (2011)，pp：81 – 100.

④ Sirmon，D. G.，Hitt，M. A.，"Contingencies within Dynamic Managerial Capabilities：Interdependent Effects of Resource Investment and Deployment on Firm Performance"，*Strategic Management Journal*，Vol. 30，No. 13 (2009)，pp：1375 – 1394.

⑤ Nicolai J. Foss，Peter G. Klein，Yasemin Y. Kor，Joseph T. Mahoney，"Entrepreneurship，Subjectivism，and the Resource-based View：Toward a New Synthesis"，*Strategic Management Journal*，Vol. 30，No. 2 (2011)，pp：73 – 94.

⑥ 罗珉：《创业人力资源管理研究前沿探析与未来展望》，载于《外国经济与管理》2008 年第 8 期。

从而推动知识的进化、惯例的演化，实现组织的更新。

此时，HRM 以独特的资源组合为手段，随着其地位的上升，正成为一种实现公司战略的支撑性举措[1]。关键的 HRM 是创业的推进器[2]，对外以应对环境不确定性的弹性，形成非对称性资源和核心能力、提高竞争优势为旨归；对内则以组织惯例的演进和传承，提高 HRM 以及惯例的合法性、确保行动一致性为主旨，以实现有计划经营体系的良性运转并抵御绩效风险，从而支持机制改良和组织蜕变。

三、内创业战略的生产性价值

IE 本质上是进行运营模式的重构，它是创新的载体和实现形式。其终极意义在于：变革生产函数，乃至创造新的生产函数，从而实现出众的经营绩效，乃至卓越绩效的持续化。而以温和改善、利用式创新哲理为核心的策略组合，是传统行业企业成熟期得以更新的内在逻辑，它驱动着生产函数的渐进式变革。

（一）网络能力

整合与提高创业网络和创业资源的能力，是成功实施 IE 的起点，而创业资源和创业能力具有很强的阶段性、专用性和嵌入性特征。进入成熟期后，风险事业、战略性 SBU 的创业关键资源，包括工具型和知识型、离散型和系统型、生产型和驱动型等[3]，它们的集束、相互转化或置换等升级，一则，奠定成熟期更新的坚实物质基础；二则，依赖于内部运行能力的支撑。

在中国新兴市场中创业，面对使用非传统方法的非传统资源的竞争加剧，创业者对于外部活跃理念的获取，有助于提高网络能力和社会资本的利用价值，而网络摄入方式与能力对于克服资源约束、实现生存和成长具

---

① Hornsby, J. S., Kuratko, D. F., Shepherd, D. A., Bott, J. P., "Managers' Corporate Entrepreneurial Actions: Examining Perception and Position", *Journal of Business Venturing*, Vol. 24, No. 3 (2009), pp: 236–247.

② ［美］唐纳德·F. 库拉特科、［美］迈克尔·H. 莫里斯、［美］杰弗里·G. 科恩：《公司创新与创业》，李波等译，机械工业出版社 2013 年版。

③ 蔡莉、柳青：《新创企业资源整合过程模型》，载于《科学学与科学技术管理》2007 年第 2 期。

有极其重要的作用①。随着企业寿命的延长，虽然企业家/高管层的嵌入性"关系"网络的使用频率和强度在下降，但其对企业绩效一直有着显著正相关的影响；而基于市场交易关系的网络使用频率和强度随着企业生存年限的增加相对在上升，对企业绩效的影响则呈现强化特征②。对于成熟期企业而言，内部杠杆资源的运用、专业技能的丰富，以及系统性创新、SBU 机制创新，则有助于扩大资源流量、挖掘运营潜能和催促内部创意市场的形成和发展，从而使组织结构更匹配组织战略，也有助于提高组织柔性与效能，以及创业绩效；否则，便成为能力约束。

（二）偏好感知

创业总会嵌入在一定的环境之中③，而积极感知所在行业的变化和成长，以及商业环境的演变可以刺激 IE。介入活力（即感知市场的不稳定性和多变性）可以被认为是有利于 IE 的追求，因为它往往能在一个公司的市场中创造机会。动态的或高科技环境也能引致组织采取积极进取的姿态和强化 IE④。这是对"熊彼特租金"的新解读。因此，面对既有市场的碎片化、顾客偏好转移和转型期市场非规范等方面的风险，业内外新技术和新管理理念的冲击，以及成熟期企业官僚制的多重管理界面障碍，曾经处于低度不确定性环境中的传统企业，其 IE 活动仍然需要立足于：商品结构符合目标市场中消费者的期望和偏好。这就需要预先感知偏好及其转移，以获取持续而稳定的市场绩效。

（三）绝技领先

技术秘密、专有产品的生产流程或独特的服务传递流程、默示知识等独家传统技术，乃至原材料严格的地域选择性，确保了历史上差异化技术的既有领先和先发优势的持续构建⑤。企业延续的历史越长，这方面的特征就越明显，CTHBs 就是这方面的最佳商业例证。然而，相关的技术进步

①　朱秀梅等：《网络能力、资源获取与新企业绩效关系实证研究》，载于《管理科学学报》2010 年第 4 期。

②　李新春、刘莉：《嵌入性—市场性关系网络与家族企业创业成长》，载于《中山大学学报（社会科学版）》2009 年第 3 期。

③　方世建：《试析效果逻辑的理论渊源、核心内容与发展走向》，载于《外国经济与管理》2012 年第 1 期。

④　Christensen, "Enabling Intrapreneurship: The Case of a Knowledge-intensive Industrial Company" *European Journal of Innovation Management*, Vol. 8, No. 3 (2005), pp: 305 – 322.

⑤　秦志华、刘传友：《基于异质性资源整合的创业资源获取》，载于《中国人民大学学报》2011 年第 6 期。

在推动着一个行业的发展，在重构着消费者的偏好，只有善用"核心技术"和"平台技术"，在产品或服务衍生中提高 SUB 创造新业务的能力，延续已经规模化的差异性竞争优势，实施维持性创新而不是突破性创新，在利用新技术与探索新技术之间进行科学取舍，才能支持成熟期的更新，进而实现卓越绩效的持续化。

（四）不确定性应对

IE，意味着需要面对诸多不确定性而提供一系列解决问题和决策的方案。走过百年历史的 CTHBs 等传统企业曾经多次成功应对环境状态、组织效应，以及决策机制与程序不确定性等所引致的各种风险。今天，它们所处的环境体系则呈现出变化范围广、速度快、方向不确定等动态复杂性的特点，这为企业创造带来了机会或威胁，也促进了 IE，并且驱动公司更加注重重塑自身的创业精神和创业机制，以适应不确定的商业环境，而这同时也创造着新的管理不确定性。这就需要管理者：首先，预防不确定性转化为风险。其次，由"精算师"仔细计算风险，并愿意和积极冒险。再次，对不确定和模糊的前景有更大的容忍能力和把握能力。事实上，对模糊的容忍性也有助于企业走向成功。最后，引导和控制 IE 行为和过程，驾驭风险而不是被风险左右。这样，就可以获取稳定而理想的绩效，为成熟期更新提供机制保障。

（五）组织学习

在企业演进的过程中，随着因应顾客偏好转移或构成的变化而追求技术领先，随着转向新的及不同的技术和业务，乃至产品服务化的轨道，公司创业活动总被证明：它是在员工之间新知识和新见解达到顶峰的分享、探索和实验过程[①]。而当企业家或管理者学习新的商业经验，积累和整理这些顿悟时，组织内的全员经验学习会随之发生，其实质是通过创业行为和流程中的创业学习提高了资源的非对称性和组织能力、组织活力，从而获得了卓越绩效并支持其持续化。

再者，变革型领导为更好地适应内外环境，而致力于改进员工创业认知和改变职业成就取向的战略学习和创业精神宣导，则有助于创业风格的传承和内化，以及组织内心智模式的广泛共享与和谐劳动关系的构建，从

---

① Kyrgidou, L. P., Hughes, M., "Strategic Entrepreneurship: Origins, Core Elements and Research Directions", *European Business Review*, Vol. 22, No. 1 (2010), pp: 43–63.

而形成创业自觉。显然，这将催生新制度模板的形成和演化，并以此推动组织更新①②，而合法化的组织新规范则有助于改变员工知觉，催化更多的员工变成 IE 者③④，从而形成 IE 的驱动效应，以此带来组织生态的变革，也就彰显了其生产性价值。

四、内创业驱动的成熟期更新概念框架

构型思路，关注多变量组合形成模式以及这些变量如何交互、如何与组织结果指标相关联（魏江等，2009）。在理论分析的基础上，本书将 IE 战略的生产性进行提炼，构建面向传统行业中企业成熟期更新机理的概念模型，如图 3 - 1 所示。

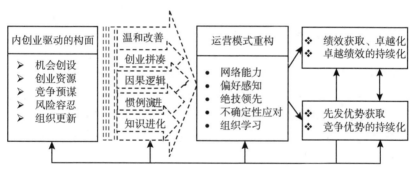

图 3 - 1　内创业驱动的成熟期更新概念框架

在该图中，利用式创新和维持性创新已经成为实现温和改善的隐含手段。缘于追求竞争优势的战略管理和追求绩效获得的运营管理在 IE 驱动的情境下得以完美融合，这恰恰反映出 IE 具有战略价值和生产价值的双重性。从而，揭示了传统行业中企业成熟期更新的深层次机理。

---

①　Molina, C., Callahan, J. "Foreseeing Organizational Performance: The Role of Learning and Intrapreneurship", *Journal of European Industrial Training*, Vol. 33, No. 5 (2009), pp: 388 - 400.

②　尹珏林、张玉利：《制度创业的前沿研究与经典模型评介》，载于《经济理论与经济管理》2009 年第 9 期。

③　Ireland R. D., Covin J. G. and Kuratko, D., "Conceptualizing Corporate Entrepreneurship Strategy", *Entrepreneurship Theory and Practice*, Vol. 33, No. 1 (2009), pp: 19 - 46.

④　Bashir Ahmed, "Does Corporate Entrepreneurship Matter for Organizational Learning Capability? A Study on Textile Sector in Pakistan", *European Journal of Business and Management*, Vol. 23, No. 7 (2011), pp: 53 - 59.

第三节　人力资源策略的生产性意蕴[①]

人力资源在企业中的价值已得到确认，IE 是上位的战略、HRM 是下位的策略，已成通识；而且依托知识进化、惯例演进其资本化的趋势越来越浓。这从部分 CTHBs 的商业实践中得到了一定程度的验证。在企业获取卓越绩效和竞争优势的过程中，HRM 担当着什么角色？如何普遍性地揭示其生产性，及其作用机制和机理？此时，受 IE 驱动的 HRM 应该如何呈现其促进姿态？HRM 如何发挥作用来提升创业绩效、公司绩效？应该有哪些作为？如何作为？这是长久以来萦绕在学者头脑中的一个问题，也是在创业普遍化背景下，值得思考的科学问题。

一、内创业战略驱动情境下的人力资源管理新构念

构念的作用在于概念化管理现象。在理论建构方面引入全新的构念（或将现有现象重新概念化）代表着最大的理论贡献。经过 30 多年的发展，现有关于 HRM 与组织绩效、创业绩效的成果分散而沉淀不足，升华和整合力度也不够。因而，急需抽象新的构念，从上位层面推动 HRM 的研究，以彰显它在价值链中正在强化的基础性和生产性作用，以及揭示 HRM 在 IE 情境下对于构建竞争优势、提升组织绩效的支撑与保障价值。

在以上规范性研究的基础上，本书运用预测设计法，综合"新经济活动"方面的文献，立足传统行业成熟期企业的 IE 特质，以及竞争优势和组织绩效的支持，对 HRM 进行价值溯源，升华变量和绩效指标，建立 IE 战略驱动情境下的 HRM 新构念，如图 3-2 所示。它以温和改善哲理为核心，由六个相互联系的要素构成。

---

① 节选自：郭会斌：《内创业战略情境下人力资源策略的生产性意蕴——兼论人力资源管理对成熟期企业绩效的促进机理》，载于《经济问题》2015 年第 7 期。

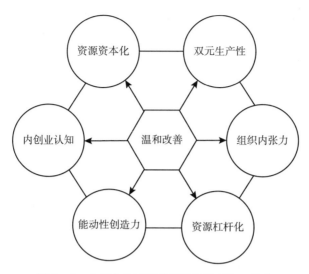

图 3 - 2　内创业战略驱动情境下的 HRM 构念

(一) 资源资本化

竞争促使人力资源的耐用性增强，转化为资产，进而内化为动态能力，推进了资产的资本化。因而，人力资本、社会资本和组织资本是可观察到的公司绩效差异的核心动力。内部集中反映在，技术发展所带来的企业共有知识的发现、进化和资本化，以及由此而带来的价值衍生和价值外溢；外部集中反映在，由利益相关者所组成的网络资源的资本化。商业实践中，能给企业带来卓越市场地位的资源，就是企业的杠杆资源，而它们恰恰是资本化的对象。

(二) 资源杠杆化

人力资源在企业发展中扮演"杠杆"的核心方式就是 IE 资源拼凑。它依赖于组织从资源网络中获取资源、内化资源的方式和机制；其次，依赖于组织集束或调配资源的方式和流向。随着人力资源地位的提高，其杠杆化的趋势越来越浓，而组织结构与内外环境、IE 战略、HRM 策略组合之间的相互匹配，则有助于其杠杆化。

(三) 内创业认知

认知、态度和行为呈现递进的因果关系，而全员，尤其是高层管理者和 IE 者的创业认知是创业绩效的根源，将带来组织效能的显著提高，以及竞争优势和组织绩效双重目标的实现。效果逻辑此时将黯然失色，因果逻辑成为推动 IE 的主导，也成为 HRM 因应 IE 的主导。

（四）组织内张力

在维持与变革、停滞与增长、守业与创业、组织惯例的延续与创新、独有知识和技术秘密的传承与扩散之间，始终存在着此消彼长的依存关系。企业正是在"扬弃"中，组织惯例得以演进，持续获得市场地位，进而实现成熟期更新；否则，将成为翻版的"亚历山大难题"。

（五）双元生产性

员工与企业存在迥然相异的价值诉求和风险承担意愿，前者追求职业安全、职业生涯的发展，以及个体价值的最大化，创业者还需承担职业发展、薪酬方面的风险，而不是所有权方面；后者追求"百年老店"的市场声誉，在追求成功中延续过去的成功，承担全部风险。如果以此分割的理念设计各自的发展通道，则损失生产性；相反，如果采取高参与的 HRM 政策，则提高生产性，因组织绩效所反映出的不仅仅是个体能力与组织能力的双元来源，以及员工层面和组织层面的结构变化及其对生产力的影响，更反映出规律中所蕴含的双元生产性。

（六）能动性创造力

团队（或员工）的创造力、自治、超前行动等，是创造力的来源，而高管团队、中层管理者，以及领导力在管理界面的生成与成长，则有助于强化组织对于变革的能动性，也有助于破解界面的"能动性嵌入悖论"。

二、传统行业中企业成熟期更新的人力资源管理策略构型

在 IE 战略驱动情境下，需要围绕"温和改善"透彻地分析 HRM 的生产性与非生产性，进而建立 HRM 的一系列制度、策略和流程安排。而分析传统行业成熟期企业中 IE 战略和 HRM 的共性要素，及其摩擦、互动与耦合，追求两者的共振性与效果的共线性，就需要超脱于 HRM 实践的职能和流程。本书运用溯因法，试图构建更加一般化的 HRM 构型。它由五方面的策略构成。

（一）结构匹配

组织的宏观行为、市场表现源自其微观结构及其衍生价值；结构追随战略已经是通识。IE 的阶段性特征、HRM 构念、企业生命周期，以及组织结构的时序变革首先应该彼此匹配，这是保障运行绩效的基础。随着企业的延续，为提高绩效而进行内部控制系统的增加、完善和优化，也会使得官僚习气、信息粘滞、文牍主义危机丛生，管理界面交互频繁而复杂，由此带来效能的损失。此即"创造性摩擦"（赫兹伯格，1998）。它需要新的思想、探究性的洞察力以及 IE 来激发活力①，而正式或非正式的交叉职能团队、嵌入式团队或知识型自我管理团队等形式的团队开发、原子式创业管理则成为激活组织的"鲶鱼"。因此，理想的组织结构应该在"有效的创业型公司"和"高效率的官僚型企业"之间求得动态均衡，前者是组织发展的逻辑起点，后者是组织发展和演变的结果，这也是 IE 战略的驱动使然。

其次，有机式组织结构以其对环境的高度敏感性和灵活应变性，非常适合于识别与及时抓住创业机会，而机械式结构以其程序性和规范性，更适合执行理想的创业项目。需要警醒的是：对于成熟期企业而言，创业的阶段性和组织结构的周期循环并不一定适合持续增长与渐进式扩大产品市场或技术变化这种环境特征的创业管理。因此，一味追求组织结构的转换，就会陷入机会主义的误区，温和改善、积极应对才是首选。

（二）资源拼凑

对于备受资源约束的传统行业中的成熟期企业，借助历史劣势资源的重整与焕发，抑或是运用既有分散的资源推动商业模式的变革、创新者旨在通过内外稀缺资源的创造性集束和新排列的创业活动，就是 IE 拼凑。尽管它始于分析新企业创业资源整合的驱动效应，以及成长依赖，也是成熟期企业 IE 的主导范式，因组织内的新项目、风险项目、风险事业等，同样具有新创企业的组织行为特征。

传统行业的成熟期企业总是不可避免地出现组织部门、组织资源和能力的破裂，因此需要连续地进行修补和完善，乃至再创造，而这种持续的行为或过程不是偶然的或意外发生的，而是带有浓浓的必然性。这就需要

---

① ［美］唐纳德·F. 库拉特科、［美］迈克尔·H. 莫里斯、［美］杰弗里·G. 科恩：《公司创新与创业》，李波等译，机械工业出版社 2013 年版。

组织对所拥有的资源和能力进行重新解构、编排和组合。此时，作为最活跃的资源——人力资源的作用倍加突出，不仅自身由生产性资源转化为战略性资本，而且以其所拥有的资源安排和调控能力，成为撬动组织资源活性的杠杆。

(三) 创业依赖

IE 过程是企业资源和能力重新组合的过程，持续的 IE 将带来组织运行方式的深刻变革，而 HRM 在促进与保障的同时，企业资源获取和调配的能力得以提高，两者在此过程中呈现出相互依存、相互依赖的共变关系。企业对这种耦合机制也呈现出很强的依赖性，此即创业依赖。

资源和能力本身也存在着很强的路径依赖性，也具有生产性与非生产性。随着企业寿命的延长，在促进企业绩效的过程中，人力资源懈怠的破坏作用也可能凸显；采用动态能力观点的学者们强调，由情感、惯例、规制和习惯等而沉淀的核心刚性，以及变革情绪障碍、部门间杯葛，既可以有效抑制创业冲动，又会使企业陷入变革困境，甚至导致破产。这些就需要出色的 HRM 实践克服惰性和阻力，以及非生产性，转而去创造适宜的内部环境；否则，即成 HRM 的能力约束，这将导致绩效衰败。

(四) 情绪障碍

企业进入成熟期后，创业情感、创业情绪、企业家精神等以其高强度而广泛的嵌入性，已经内化为企业共有的心智模式。进一步而言，组织文化和组织支持感影响着公司创业和高绩效 HRM 的关系[①]。不过，IE 意味着鼓励员工自由地、主动地开发他们自己的创意和技能，并将之融入规范的或僵硬的、可带来收益的、他们为之服务的公司行动计划中去，这将带来变革的不畅或障碍，乃至冲突。

事实上，员工管理策略很大程度上受到组织战略与组织价值系统的双驱动。拟成功实现 IE 和连续创业，就需要关注情绪障碍，尤其是员工间破坏性情绪对 HRM 实践和组织绩效的负面影响，以及非生产性行为和活动。而在继续集体主义创业的同时，在员工之间倡导信息共享与资源交换、无缝隙合作以解决历史与现实问题，构建社会化团队和良性的社会性

---

① Zhe Zhang, Ming Jia, "Using Social Exchange Theory to Predict the Effects of High-performance Human Resource Practices on Corporate Entrepreneurship: Evidence from China", *Human Resource Management*, Vol. 49, No. 4 (2010), pp: 743 –765.

组织网络，乃至共享心智与创意的非正式组织，则有助于消除情绪障碍，有助于创业理念生产性的发挥，使得 IE 成为组织自觉，这进一步强化了 IE 对组织绩效的驱动作用，以及 HRM 对组织绩效的促进和保障作用。

（五）绩效排警

对 HRM 的非生产性进行预警，发挥 HRM 的生产性功能，并排警绩效风险，是成熟期得以更新的机制性必需行为。风险预警的强度反映出 IE - HRM 互动状态，这将反馈到 IE 的意愿。风险排警能显著提高系统效能，而积极有效的基础 HRM 安排也有助于风险排警，并由此提高了业务单元创造新组织机制的能力，而这成为成熟期更新的重要依托，并为竞争预谋、衰退期延迟争取时间。

三、人力资源管理促进成熟期更新的概念框架

在以上规范性分析的基础上，建立面向传统行业中成熟期更新机理的概念模型，如图 3 - 3 所示。

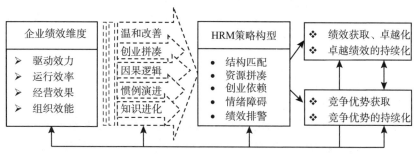

图 3 - 3 内创业情境下 HRM 促进企业成熟期更新的机理

图 3 - 3 勾勒了本书的研究思路，更重要的是指明了传统行业中企业成熟期更新的机理，它始于企业绩效的全面认知，彰显以温和改善为核心的 HRM 构型的丰富内涵，以及 HRM 的当下作为。所有这些，以竞争优势和组织绩效为归宿。

第四章

扎根理论研究：绩效的获取机理

第一节　质性研究范式

一、所遵循的逻辑

就学理而言，质性研究从本体论层面是对商业事实的认知，旨在进行知识的开发和建构；从认识论层面，强调尊重商业事实的客观性和事先注定，研究者并不介入商业运行，以此对商业实践进行解释，而不是进行实证；在方法论层面，强调进行构念架构研究、探索性研究、逻辑关系研究、因果关系研究和描述性关系研究等。

事实上，质性研究的目的在于识别现实生活中社会现象的基本特征，适合于对问题的诠释，研究结论或理论贡献需要从经验数据中慢慢地浮现出来。质性研究遵循的是"自下而上"的逻辑，是从今天的结果去还原往日的历史，再从往日的历史中归纳富有启发性的学说。案例研究是质性研究的形式之一，而通过案例研究构建理论是指运用一个或多个案例、根据案例中的经验数据创建理论构念、命题和/或中层理论的一种研究策略①。

事实与数据是特定的、具体的，不是自明的，而是经由基于特定的技术手段被发现的、被建构的。遵循归纳模式的研究通常从观察结果入手，

---

① Kathleen M. Eisenhardt：《由案例研究构建理论》；见李平、曹仰锋：《案例研究方法：理论与范例——凯瑟琳·艾森哈特论文集》，北京大学出版社 2012 年中译本。

通过归纳推理提出理论①。

二、抽 样 原 则

质性研究遵循立意抽样②或者是理论抽样逻辑③，而不是样本抽样原则④，在大样本假设检验研究中数据的获取采用随机抽样和分层抽样原则，并且追求样本信息的丰富度。亦即：选用案例是基于理论构建的需要，从能够提供理论见解的可能性中选取，根据它们是否特别适合发现和扩展构念之间的关系和逻辑来决定的⑤。

这要求对进入视野的案例进行扫描，最后确定案例样本，尤为重要的是在理论的涌现过程中，能明确一致的数据分析单元和研究情境。来自不同行业、不同生命周期的企业，需要有值得反思的业内绩效和典型的运营特征，这是刻画管理情境的依托，也是划定理论边界的依据。

三、案 例 数 量

案例数量决定着数据采集与编撰、数据分析的不同方法和技术，这直接影响着理论构建的效度，以及理论的强健性和普遍性。案例数量的多少以实现数据饱和为标准。两者共同构成了数据分析单元的不同维度。

（一）单案例研究

它要求案例能带来不同寻常启示的极端典范或不寻常的研究机会⑥。它关注一家颇具启发性企业的纵向演变和经营过程，从历史的长度来观察企业在不同阶段的决策选择和发展动态，采集企业在不同阶段的时间序列数据，乃至细节，试图围绕所研究的主题书写一个完整的故事。典型性是其固有的基本属性，该案例体现了某一类别的现象或共有的性质，而不论

---

① Chalmers, A. F. *What is this thing called science?* (*3rd ed.*), Australia: University of Queensland Press, 1999.

② Lincoln, Yvonna, S., Guba, Egon, G. Naturalistic Inquiry. SAGE Publications, 1985.

③ Kathleen M. Eisenhardt：《由案例研究构建理论》；见李平、曹仰锋：《案例研究方法：理论与范例——凯瑟琳·艾森哈特论文集》，北京大学出版社 2012 年中译本。

④ Eisenhardt, K. M., Graebner, M. E., "Theory Building from Cases: Opportunities and Challenges", *Academy of Management Journal*, Vol. 50, No. 1 (2007), pp: 25 – 32.

⑤ 毛基业、李晓燕：《理论在案例研究中的作用——中国企业案例研究与质性论坛（2009）综述与范文分析》，载于《管理世界》2010 年第 2 期。

⑥ ［美］罗伯特·K. 殷：《案例研究方法的应用》，周海涛译，重庆大学出版社 2013 年版。

其所覆盖的范围大小。

（二）双案例研究

相比之下，双案例更适合进行比较研究，理想的情况是：从两个案例的生产要素、运行过程、外部环境、经营业绩等几个方面，构成比较，在样本的验证与否证中得出富有启发性的分析结论，即命题和假设构型。

Collins（2011）[①] 的"配对案例研究"是一种独特又颇具成效的经验研究方法，即找出在某一维度上（如长期绩效）有显著差异的成对组织，通过分析其历史行为的差异来解释绩效差异的原因。

（三）多案例研究

采取多案例（≥3）设计可以形成良好的理论构建，有助于从中发现和归纳共同的逻辑与规律，可进一步提高结论的适用性，以可靠性和合理性确保研究过程的严谨性。

多案例研究追求形成一致的结论，以形成极化类型为核心要求，可以采取两两配对的方式，以案例数据之间的逐项复制和验证形成相同的结果，或者以形成竞争性解释和反证为结果；也可以至少有一个企业的数据很丰富、翔实，而它是进行逐项复制、差别复制和（或）扩展复制的蓝本，也是进行显分析或提炼场景的依据；否则，会明显增加数据多重迭代的工作量。

最大变动抽样用于多案例研究，其核心是：重视复现逻辑，实现"类别内的逐项复制"和"类别间的差别复制"[②]。

四、研究方法

工商管理学科中的质性研究方法移植于社会学的研究方法，是系统地对田野资料进行分析和逐层编码、抽离、认知和提炼，进行概念化、理论化，最后来建构理论的一个系统的研究方法论。管理的实践问题涉及"5W2H"。但由案例构建理论的研究一般在回答未开发研究领域中那些

---

① Collins, J., Hansen, M. T.. *Great by Choice: Uncertainty, Chaos, and Luck—Why Some Thrive Despite Them All*, Harper Collins Publishers, 2011.

② Eisenhardt, K. M., Graebner, M. E., "Theory Building from Cases: Opportunities and Challenges", *Academy of Management Journal*, Vol. 50, No. 1 (2007), pp: 25–32.

"如何"和"为什么"式的研究问题时特别有效[1]，两者在理论构建中属于机制方面的内容。"如何"经常以命题和推论的形式来总结构念间的关系；"为什么"经常以一致性的假设构型来刻画和显示机制或机理。

Bansal 和 Corley（2012）[2] 从编撰实践的角度认为，笼统的研究方法涉及三个层次的内容：①方法论，即指导研究开展的思想体系、哲学假设、理论取向与传统、逻辑与范式等；②研究方式与范围，即贯穿于整个研究过程的问题、构念的厘清与界定等；③研究技术，即在研究的某一阶段、某一程序中所运用的技巧和具体的方法。长期以来，学者所开发的分析策略则有助于实现理论建构及其解释力，如模式匹配[3]、竞争性解释[4]等。近10年来，国内学者在分析商业现象、构建理论方面表现出了比较深厚的功力，但是每篇论文对于现象的揭露方法却各有侧重。

五、信度效度确保策略

从研究设计开始，质性研究就应该努力进行理论的严谨性、逻辑的严密性和过程的规范性控制，最大限度地降低主观色彩，并结合每一步的研究策略进行信度和效度的保证，争取符合4个标准[5]。后实证主义者的策略组合，见表4-1。

表4-1　　　　　　　　确保研究成果信度和效度的策略

信效度指标	所采用的研究策略	策略的阶段性
构建效度	8种2类数据的三角验证，避免回溯偏差	数据收集、数据编码
	依照明确和令人信服的逻辑建立和展现完整的证据链，即原始数据—条目—场景—一阶概念—二阶范畴—主范畴—核心范畴—命题—假设构型	数据编码
	交由4家企业的受访人员审核编码结果	数据编码

---

① Amy C. Edmondson，Stacy E. McManus；李文静、王晓莉：《管理学实地研究的方法契合》，载于《管理世界》2011年第5期。

② Bansal，P.，Corley，K.．"From the Editors，Publishing in AMJ—Part 7：What's Different about Qualitative Research"，*Academy of Management Journal*，Vol. 55，No. 3（2012），pp：509 – 513.

③ Trochim，W.，"Outcome pattern matching and program theory"，*Evaluation and Program Planning*，No. 12（1989），pp：355 – 366.

④⑤ ［美］罗伯特·K．殷：《案例研究方法的应用》，周海涛译，重庆大学出版社2013年版。

续表

信效度指标	所采用的研究策略	策略的阶段性
内在效度	进行命题、假设构型和研究结论与理论预测模型的模式匹配	研究发现、研究结论
	使用逻辑模型	研究发现、研究结论
外在效度	将既有的文献，作为线索引导单案例研究	研究设计
	遵从差别复制逻辑，进行案例对比研究	研究设计
	与先前相对立的文献进行比较	理论贡献
	与先前相似的文献进行比较	理论贡献
信度	采用扎根理论方法的研究范式，并进行严格的程序设计	研究设计
	建立 CTHBs 案例研究数据库，以确保重复研究能得到相同的结论	数据搜集、场景提炼
	引用访谈原话	研究发现、理论贡献
	检验和计算 3 个成员的内容分析相互同意度和分析者信度	数据检验

注：策略的阶段性，见二级标题或一级标题所对应的内容。

资料来源：郭会斌：《温和改善的实现：从资源警觉到资源环境建构——基于四家"中华老字号"的经验研究》，载于《管理世界》2016 年第 6 期。

第二节　自然主义方法论

一、简介

自然主义方法论，滥觞于学者对自然科学研究方法论、基础假设和范式的巨大成功，旨在构建"迷你理论"[1]，并与传统的实证主义相区隔。它由美国学者古巴（Guba Egon G.）于 1978 年创建，随后其博士研究生林肯（Lincoln Yvonna S.）加入。其后，有大量的拥簇者和追随者，尤其是有工科背景的研究者比较痴迷。自然主义方法论主要有以下

---

[1] Lincoln Yvonna S., Guba Egon, G. . Naturalistic Inquiry. SAGE Publications, 1985.

主张。

（1）自然主义研究特别强调"客观"与"真实"。这样，就使得人文社科的研究成果，最大限度地隔离研究者个人的基础、积累、偏好、偏见与倾向性，从而更接近"客观"的现实。

（2）自然主义研究与质性研究不可通约。因为质性研究范式中，仍存在大量的实证主义范式倾向或后实证主义范式倾向，这在美国学者的质性研究中比较明显。其次，质性研究还包括民族志、叙事史等研究方法，它们与自然主义研究也有距离。

（3）自然主义研究决然不同于实证主义研究。正是因为其产生背景是反对当时在社会科学研究中流行乃至泛滥的状况，其所用的语言、思维和范式明显不同于实证主义。

（4）自然主义研究的本质仍然遵循了诠释主义的哲学倾向。

（5）自然主义研究接近于客观的建构主义研究。

二、研究的质量维度及其保证策略

Weick（1989）[1] 很早就倡导：在做理论建构时，对于任何解释，都应该持有一种诚实的企图和态度。商业事实是人为建构的，研究范式或研究方法是选择的，理论又是在此基础上进行解释、建构的，因此研究伦理就成为质性研究过程中的一个非常重要的问题，其核心是研究者和研究主体间的适配与融合。

自然主义方法论的原创者和追随者，对于研究质量和研究伦理高度重视，其目的是：为增进对商业行为和事实的"真实"和"可靠"的理解[2]。其中，欧兰德森等（2007）[3] 建议提高和保证研究质量的策略组合。它们在作者系列研究中的应用情况，见表4－2[4]。显然，这明显不同于后实证主义者的信效度确保策略。

① Weick, Karl, E., "Theory Construction as Disciplined Imagination", *Academy of Management*, No. 14 (1989), pp. 516–531.

② Lincoln, Yvonna, S., Guba, Egon, G.. Naturalistic Inquiry. Sage, 1985.

③ ［美］大卫·A. 欧兰德森、［美］埃德沃德·L. 哈里斯、［美］巴巴拉·L. 史克普、［美］史蒂夫弗·D. 艾伦：《做自然主义研究：方法指南》，李涤非译，重庆大学出版社2007年版。

④ 郭会珍等：《工匠精神的资本化机制——一个基于八家"百年老店"的多层次构型解释》，载于《南开管理评论》2018年第2期。

表 4 – 2 研究的质量维度及其保证策略

维度		所采用的策略	策略的阶段性
可信度	可信性	三角验证：从 5 种来源，用 2 种方法获得资料，相互核对、剔除，直至一致	数据收集
		成员核对：访谈过程中或结束后，相互核对；进行内容分析相互同意度和分析者信度计算和对比	数据编撰与分析
		同侪报告：邀请同事、业内人士等进行相互启发	引言、研究方法、研究发现、理论贡献与理论边界、实践启示、研究局限与未来建议
	可转移性	深描：引用受访人员的原话	数据编撰与分析、研究发现
		立意抽样：实现案例饱和最大变异抽样，以揭示多角度的商业事实	研究样本
	可靠性	审计跟踪：对素材、条目和场景进行多次验证，将编码结果向受访者反馈	数据编撰与分析
	可确认性		全过程
真实性	公平性	作者在研究过程中，公平而平等地参与	全过程

第三节　扎根理论方法

一、主要范式

扎根理论方法是以真实的商业实践和现象为数据，通过提炼与比较，最终形成新理论。它属于现象驱动型研究方法，而不是理论驱动型研究方法[①]；也是目前标准化程度最高、发育最完善的质性研究、案例研究方法之一。

不同于"自上而下"的定量实证研究范式，扎根理论方法是"自下而上"地运用归纳逻辑，在经验资料的基础上建构实质理论的一种实证研

---

① Eisenhardt, K. M., Graebner, M. E., "Theory Building from Cases：Opportunities and Challenges", *Academy of Management Journal*, Vol. 50, No. 1 （2007）, pp：25 – 32.

究方法，是对以往自上而下定量实证研究方法的一个很好的补充。它尤其适合于探寻过程机制类型的研究①，擅长于回答"是什么"和"怎么样"的两类问题②。在研究过程中，颇具"突生"和"涌现"的属性。

1967 年以来，扎根理论已经形成了三个既有联系又相互竞争的版本：即以格拉泽（Glaser）为代表的经典扎根理论学派；以施特劳斯（Strauss）为代表的程序化扎根理论学派；以卡麦兹（Charmaz）为代表的建构型扎根理论学派③。

二、数据搜集的渠道

案例研究是通常基于多途径数据来源、对于某种现象的具体表现进行丰富的、实证性的描述④。随着网络技术和社交媒介的发展，数据来源丰富化，数据类型也变得多样化，数据来源见表 4 – 3。

表 4 – 3   数据来源

种类	渠道	
一手数据	参观企业（含企业内部资料、非正式观察记录等）	
	企业内部受访者	管理者受访
		员工受访
	企业外部受访者，即利益相关者，含行业管理者、消费者等	
	问卷（开放性）调查辅助	
二手数据	企业的官方网站、微博和微信公众号等	
	地方志等官方档案	
	硕博论文、会议论文、研究报告、本书、期刊论文、报纸等	
	统计年鉴、行业数据库等	
	网络资料（微博、微信等评论）	

从多种来源所获得的数据，可能存在冲突，此时尤其需要作者更精细地辨识、选取和多次三角验证，同时葆有对客观性的追求。

---

① ② ④ ［美］罗伯特·K. 殷：《案例研究方法的应用》，周海涛译，重庆大学出版社 2013 年版。
③ 贾旭东、衡量：《基于"扎根精神"的中国本土管理理论构建范式初探》，载于《管理学报》2016 年第 3 期。

三、数据分析的一般流程

归纳式的案例理论强调和符合从数据中产生新的理论。案例研究通常是基于多途径数据来源、对于某种现象的具体表现进行丰富的、经验性的描述（Yin, 1994），以及深入的因果机制分析，而建立资料和理论之间的连接，形成经验和理论的论证与对话，是质性研究共同的研究旨趣[1]。

质性研究（案例研究）要求，证据链必须是明晰的、可追溯的、完整的，防止出现"解释的断桥"[2]，以接受读者的质疑、验证或讨论，在数据与数据、数据与理论的多重而往复的迭代中追求实现理论饱和与结论收敛。郭会斌（2016）[3] 建立了扎根理论方法的数据分析过程，如图 4 – 1 所示。

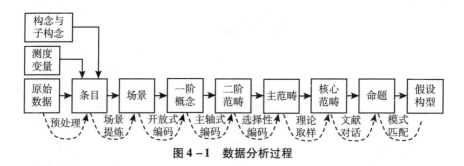

图 4 – 1　数据分析过程

四、数据检验

在后实证主义的视野中，对于数据的编码结果，一般是由几位名作者共同进行两项检验。

（1）理论饱和度检验。围绕所研究的问题，反复在所选定的样本企业，如多家 CTHBs 中，进行数据搜集和确认，并依次进行场景提炼、编码等分析程序，在数据、模型和既有文献间进行反复迭代，直到不能产生新的概念、范畴和新的理论构想为止。因此，该研究在理论上是饱和度。

（2）用计算公式检验信度。

$$C_n = \frac{nx}{\sum x_i}$$

---

①② 郑庆杰：《解释的断桥：从编码到理论》，载于《社会发展研究》2015 年第 1 期。

③ 郭会斌：《温和改善的实现：从资源警觉到资源环境建构——基于四家"中华老字号"的经验研究》，载于《管理世界》2016 年第 6 期。

C_n 为 n 个编码的一致性程度，n 为编码总人数，x 为编码者一致的编码数，x_i 为第 i 个编码者的个数。在由概念到范畴的编码阶段，经过计算，3 位编码者的一致程度为 0.89，超过了 0.80 的可接受水平，将达到 0.90 的较好水平。

五、研究内创业驱动效应的流程与方法

围绕 CTHBs 等传统行业成熟期企业，如果理论构建只是进行数据和信息解读，并将历史文献和管理实践结合起来，有限地进行理论与运营数据的交互验证，所得理论的稳健性就不足，科学性也值得商榷。再者，一度流行的演绎式的定量实证研究方法只做到了揭示出一定条件下、一定范围内、一定被选样本情境下的特殊规律，从而完成完整的研究周期，没有进一步解释规律背后所蕴含的机理，而实现这一步需要有解释机制的理论[①]；更普遍地，它能做到的仅仅是在表面现象和事实片段上徘徊，而不是机理发现、机制解释或理论构建，触及完整的组织过程及其深层机理尚有难度，无法很好地阐释信息粘滞情境下，战略性 IE—职能性 HRM 的耦合形态，以及所诱发的驱动效应，因而不适于新理论的构建。

本书的研究对象 CTHBs 具有很强的我国情境化特征，而案例研究是探讨情境化较为合适的研究方法，它可以通过对典型案例的深入剖析，发现变量间的归因关系和路径依赖关系[②]，有助于增进理论的构建。其次，基于 CTHBs 真实情境描述的管理案例是对管理实践或现象的白描性记录，适合作为扎根分析的样本。再次，对 CTHBs 而言，既有的研究手段、进程和成果存在着量化的困难，以及细化概念和情境变量的困难，因而缺乏进行定量实证研究的基础。最后，多案例研究的"横向理论构建"可以面对海量的、只有通过多次编码才能明确的影响因素[③]。

重视科学积累与发现，以扎根理论质性研究方法为基础，将人文科学的逻辑与自然科学的规律结合，提出"界面张力—内驱力—约束力"三维分析框架，以揭示驱动效应。据此，从逻辑演化中，推演出 IFT 判别准则和成长矩阵。图 4-2 显示了研究内创业驱动效应的流程与方法。

---

① Abend Gabriel., "The meaning of 'Theory'", *Sociological Theory*, No. 2 (2008), pp: 26.

② Welch C., Piekkari R., Plakoyiannaki E., Paavilainen E., "Theorizing from case studies: Towards a pluralist future for international business research", *Journal of International Business Studies*, No. 42 (2011), pp: 740 – 762.

③ [美] 罗伯特·K. 殷:《案例研究方法的应用》，周海涛译，重庆大学出版社 2013 年版。

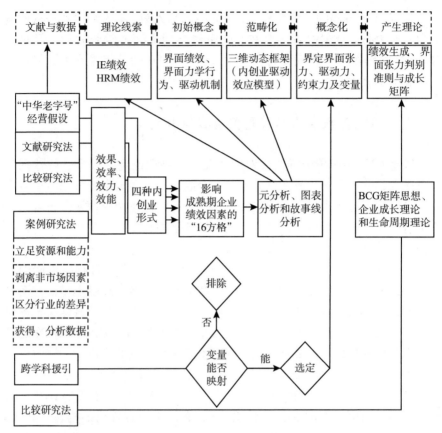

图 4 - 2　研究 IFT 体系构念的方法

第四节　多重视角的"中华老字号"多案例研究

一、传统商业伦理嵌入的服务整合图式[①]

微观组织嵌套在经济与社会环境中交互促进着彼此的发展。创业伊始，CTHBs 就与社区居民生活服务息息相关，并与所在社区和社会共同成

─────────

① 节选自：郭会斌等：《传统商业伦理在服务型企业的嵌入——基于六家"中华老字号"的扎根研究》，载于《案例研究与评论》2017 年 7 月。

长和沿革。它们是典型的服务型组织，在几百年的发展和演变过程中，铸就了其创造价值的独特模式。现在，即便是一些 CTHBs 已经转型为制造型企业，但服务构成元素依然是其价值创造的核心，尤其在销售环节。依托服务运营模式，卓越的服务品质仍然一脉相承，成为我国商业史中的奇葩。CTHBs 的生存、延绵和壮大，都与每家企业秉持一以贯之的哲理性、伦理性核心理念高度相关，这促使着企业与所在社区高度和谐，也形塑和发展着我国传统商业伦理。管理学与伦理学的有力结合，孕育了新的管理理念，为管理思想带来了深度变革①。

如何基于 CTHBs 的商业实践，思考和厘清传统商业伦理对服务构成元素和运营模式的嵌入、驱动和耦合，进而构建服务整合图式，已经是研究特色服务的迫切问题。

（一）理论抽样

为提高结论的适用性，扎根理论方法要求所选 CTHBs 必须源自典型行业的典型企业，描述典型的管理实践，并且运营情境要具有典型性。案例选择应符合以下标准。

（1）有合作研究的积极意愿，公司管理档案较完整，可以通过调研、访谈等方法获得一手资料，或二手资料有明确、可信的来源。

（2）在一定的地理区域乃至全国范围内，是领导性品牌，拥有良好的市场口碑，服务运营模式具有标杆价值。

（3）所在行业处于自由竞争状态，确保案例企业参与了激烈的市场竞争，在企业发展和演变过程中各级政府的作用不明显。

（4）在行业内，经营业绩领先或超过平均水平（主要关注单位员工的销售收入和市场占有率）。

（5）从历史（或某一阶段）经营业绩角度考察，样本企业间构成了行业内的可对比的典型。

如"同仁堂"和"乐仁堂"（创建于 1935 年）② 都是乐家老铺的后裔，前者是混合所有制的跨国企业集团，后者仍是单一所有制的省内企业；再如"全聚德"和"中和轩"（创建于 1920 年）③，前者的上市融资和连锁化

---

① 何素琴、卞艺杰：《基于管理伦理学视角的服务质量管理研究》，载于《江西社会科学》2015 年第 1 期。

② http：//www.sinopharmlrt.com/.

③ https：//baike.baidu.com/item/中和轩/7883557

两大战略将门店开遍长江以北的省份，后者的发展仍局限于省会城市；而"瑞蚨祥"的发展则呈现出剧烈起伏的态势，从 20 世纪 30 年代直到 1956 年，是其发展的黄金时期，随后直到 20 世纪 90 年代则一路萎缩、濒临倒闭。

基于以上标准，选择了具有普遍意义的医药业、餐饮业、批发与零售业等高交互性传统服务行业中的佼佼者，进而选择行业、所有制形式、规模以及资本构成四个维度，展开初步比较。为规避选择中的主观性，由三位作者共同对进入分析视野的 CTHBs 逐个进行了服务商品及服务传递的仔细比对、记录，最终确定了真实、典型、信息丰富和具有可比特征的六个研究样本。这符合了多案例研究最好选择 4~10 个案例的建议①，既保证了服务构成元素的广度和深度，也保证了服务运营模式分析的准确性和一般性，最大限度地保证研究结论的效度，尤为重要的是这些程序达到了理论饱和度的要求。案例的基本信息，见表 4-4。

表 4-4 案例的基本信息

案例编号	字号	创业年份	行业	所有制形式	规模	资本构成	典型运营特征
1	同仁堂	1669	医药业	混合所有制	大型跨国企业集团	劳动密集与资本密集兼有	从世代串铃行医到坐诊，从药店经营到药品生产、美容连锁和补品连锁，再到国药文化输出，高超技艺得以传承，服务模式得以复制与传播
2	全聚德	1864	餐饮业	股份制	大型企业集团	劳动密集与资本密集兼有	引进人才，创新起步，技艺传承；率先引入餐饮连锁机制，适度工业化；上市融资；口碑营销；文化传播
3	吴裕泰	1887	批发与零售业	股份制	中型企业集团	劳动密集	保证产品的纯正；推广质量"一票否决"；进行标准化和信息化改造，连锁加盟扩张，检验引入高科技；初试体验化；传播茶文化
4	瑞蚨祥	1862	批发与零售业	股份制	中型企业	劳动密集	行商变坐贾，首创连锁，沃尔玛的老师；一次购齐，保证品质，悦客，纳米级服务；成衣定制

① [美] 罗伯特·K. 殷：《案例研究方法的应用》，周海涛译，重庆大学出版社 2013 年版。

续表

案例编号	字号	创业年份	行业	所有制形式	规模	资本构成	典型运营特征
5	乐仁堂	1935	批发与零售业	股份制	大型企业	劳动密集与资本密集兼有	传承中创新，横跨多种业态，上下游的战略关系，供应链的效率，因应时代的持续变革，向物流企业的转型
6	中和轩	1920	餐饮业	国有独资	中型企业	劳动密集	"非遗"传承的规范化、程式化，营造"家"的气氛，对员工无微不至的关怀

注：在本书中，以注册商标代表企业和字号。

（二）数据编撰与分析

为了确保研究成果符合关于案例研究的信度、构建效度、内在效度和外在效度4个标准[1]，结合案例分析的归纳法，应用交互式研究策略，遵循多案例数据分析过程[2]，严格遵循了"提出概念（概念化）—形成范畴（范畴化）—构建理论（命题与概念构型）"的逻辑，以清晰、全面和完整地展示数据收集和分析过程，展现清晰而完整的数据链。代表性数据的编码过程，见表4-5。具体而言，对所搜集的素材依照以下程序进行整理和编撰。

首先，进行案例内分析。为了从不同的CTHBs中识别出服务的特色与本质，需要对各个企业的传统商业伦理践行情况、服务构成元素和服务运营模式进行统筹分析，通过数据搜集、思考、判断等程序，逐个对所搜集的基本数据进行叙述性精简[3][4]，并形成各自的"解释性真实"[5]，再进一步采用"关键事件法"，获得条目并提炼为初始概念，即初始编码[6]，亦如表4-5所示。

①　吕力：《归纳逻辑在管理案例研究中应用：以 AMJ 年度最佳论文为例》，载于《南开管理评论》2014 年第 1 期。

②　Yvonna S. Lincoln, Egon G. Guba. *Naturalistic Inquiry*, SAGE Publications, Inc. 1985

③　Langley, A. , "Strategies for Theorizing from Process Data", *Academy of Management Review*, Vol. 24, No. 4 (1999), pp: 691–710.

④　Shan L. Pan, Barney Tan, "Demystifying Case Research: A Structured – Pragmatic – Situational (SPS) Approach to Conducting Case Studies", *Information and Organization*, No. 21 (2011), pp: 161–176.

⑤　Suddaby, R. , "From the Editors: What Grounded Theory is not?", *The Academy of Management Journal*, Vol. 49, No. 4 (2006), pp: 633–642.

⑥　[美]凯西·卡麦兹：《构建扎根理论：质性研究实践指南》，边国英译，重庆大学出版社 2013 年版。

表4-5 构念、范畴的代表性数据及其编码举例

构念	关键词	数据（条目）	初始概念	场景	一阶概念	二阶范畴
传统商业伦理	传统伦理、核心员工、归罪于手外、关系界面、心理契约、跨界行为、团队气氛、职业发展、员工激励、和谐组织、岗位职责、区域责任制、员工之间的矛盾	把中华民族的传统文化和美德，熔铸于企业的经营管理之中（条目1-8）。凡是走进同仁堂的员工，必须接受集团公司对企业文化、企业发展史等基本知识的培训，使之尽快融入企业中来（条目1-9）。倾全力打造"金字塔人才工程"（条目1-10）。依托"人尽其才"这一主线，员工在发展机会、管理标准、考核机制方面逐渐相同（条目1-11）	传统伦理、心理契约、职业发展			
		全而无缺，聚而不散，仁德至上（条目2-2）。"全聚德"兴，则我兴我我荣，"全聚德"衰，则我劳我耻；情系"全聚德"，命系"全聚德"（条目2-3）。信息精确快速，构建和谐企业（条目2-4）	传统伦理、和谐组织	组织内部环境的构建，依赖于良好而又有力的心理契约，实现员工与企业的共同成长（场景2）	人和	商业伦理
		清末，在吴裕泰创始人吴锡卿去世前，准备将所有产业平分成五份，分别写了"仁""义""礼""智""信"五个闸（条目3-8）。四、五、六房3兄弟将各自分得的商铺，房屋等重新合并，仍然共同居住，共同经营"礼"（条目3-10）。三兄弟互谅互让，和衷共济（条目3-9）。智信兄弟公司（条目3-10）	传统伦理、和谐组织			
		瑞蚨祥要求员工以企业为重，用个人形象来塑造企业的形象（条目4-4）。用严格、精细的规章制度把员工培训成一流的"商业大师"（条目4-5）。使员工与企业共同成长（条目4-6）	心理契约、职业发展			
		乐仁堂以核心理念统领一切，教化员工（条目5-6）。实施业务员轮岗，既保证了员工的满意，又防止了业务关系的个人化（条目5-7）。严格按生产要素进行分配，注重个人投入与业绩（条目5-8）	传统伦理、员工激励			
		多年来，对员工家庭生活无微不至的关怀，保证了良好的员工关系（条目6-5）。不辞退员工，给员工以安全感（条目6-6）。管理者首要遵循善于，擅长做员工的思想工作（条目6-7）	心理契约、和谐组织			

续表

构念	关键词	数据（条目）	编码程序和结果			
			初始概念	场景	一阶概念	二阶范畴
服务元素	物质资源、理念资源、市场资源、政府资源、社会资源、资源流量、战略采购、原材料定制、原产地域保护、供应链效率	1706年，乐凤鸣在官廷秘方、民间验方、祖传配方基础上进行总结，完成了《乐氏世代祖传丸散膏丹下料配方》一书（条目1－20）。1975年，在借鉴西药生产技术的基础上，中药提炼厂正式成立，开创中药西制的先河（条目1－22）。1997年7月，同仁堂股票在上海证券交易所所上市（条目1－21）	理念资源、市场资源	从多种渠道、多类市场、市场与非市场、市场与政府、与社会、获得物质资源或富有启发性的经营理念，借以更新或扩大企业的资源流量（场景6）	博采	价值创造
		20世纪80年代，全聚德董事长姜俊贤资就得出了结论——餐饮业要做大做强，无非两条路径：一是依靠资本运作（条目2－22）。1994年初，姜俊贤正式提出：学习麦当劳、肯德基等标杆企业的规模化、连锁化机制（条目2－23）。与"邮政速递185"合作，共同推出"185速递全聚德烤鸭"业务（条目2－24）	理念资源、资源流量			
		吴裕泰在浙江、云南、广西、福建等地建立了自己的基地，从源头上保证茶叶质量（条目3－19）。2001年，总经理孙丹威借助"外脑"，正式实现信息化管理（条目3－20）。2007年，邀请专业设计公司完成了对所有连锁店进行重新设计装修的改造（条目3－21）	市场资源、战略采购			
		创始人孟洛川17岁总理商务后，通过兼并其他成员的资产、于洋务运动前夕成功地完成了初始积累，后成为中国北方最大的民族商业资家（条目4－21）。集全国各地丝绸精品和各民族货物的花色新颖，瑞蚨祥店里便备有数百作，方便顾客挑选；为保证货物的花色新颖，派人专门从南方各省份进货；并成批进口洋货的独家代理（条目4－22）	市场资源、战略采购			

续表

构念	关键词	数据（条目）	初始概念	场景	一阶概念	二阶范畴
服务元素	物质资源、理念资源、市场资源、政府资源、社会资源、资源流量、战略采购、原材料料定制、厂产地域保护、供应链效率	乐仁堂与国内超过2000家优秀医药生产厂家建立了长期、稳定、密切的战略合作伙伴联盟；合资企业95%以上的产品皆产自河北省境外代理销售企业（条目5-21）。与国内外物流企业对标，提高供应链的效率与效益（条目5-22）。与市政和房地产公司建立密切关系，在连锁店的选址方面早于竞争对手（条目5-23）	市场资源、战略采购	从多种渠道、多类市场，市场与非市场、政府与社会，获得物质资源或富有启发性的经营理念，借以更新或扩大企业的资源流量（场景6）	博采	价值创造
		宽视野遴选原材料，突出当地特色（条目6-18）。与供应商建立稳定的采购关系（条目6-17）。在薪酬不具备竞争力的情况下，稳定优秀员工队伍，降低客流失率（条目6-19）	市场资源、战略采购			
运营模式	管理制度、市场口碑、一线员工、服务保证、服务承诺、服务补救、投诉渠道、顾客期望、顾客偏好、营销网络、品牌内化、难以模仿的顾客、规模、标准化、贯标	配方独特、选料上乘、工艺精湛、疗效显著（条目1-34）。同仁堂对特殊药材还采用特殊办法以保证其上乘的品质（条目1-35）。同心同德，仁术仁风（条目1-36）。为了您的健康与幸福，尽心尽意，尽善尽美（条目1-37）	管理制度、市场口碑、品牌内化	以严格的、完备的制度管理员工，进行品牌服务的内化，借口碑赢得市场口碑以提高顾客的感知价值（场景10）	束己与悦客	选择空间
		全聚德对菜品的主料、辅料、调料进行了具体到毫克的量化，制定了精确的投料标准（条目2-31）。深挖服务细节，细化了岗位服务职责，使顾客享受的"物超所值"（条目2-32）	管理制度、市场口碑、标准化	以严格的、完备的制度管理员工，进行品牌服务的内化，赢得市场口碑，借高顾客的感知价值（场景10）	悦客	
		制之惟恐不精（条目3-29）。一切为了顾客，为了一切顾客（条目3-30）。倡导人性化服务，把消费者当作亲人（条目3-32）。关秦检测标准比四项国标多出12项（条目3-31）	管理制度、市场口碑、标准化			

续表

构念	关键词	数据（条目）	编码程序和结果			
			初始概念	场景	一阶概念	二阶范畴
运营模式	管理制度、市场口碑、一线员工、服务保证、服务承诺、服务补救、投诉渠道、顾客期望、顾客偏好、营销网络、品牌内化、难缠的顾客、规矩化、标准化、贯标	瑞蚨祥漂染工艺严格，刚出染房的布匹禁立即上市，须包捆好在窖里存放半年以上，待染料慢慢渗透每根纱线，方可出售（条目4-31）。至诚至上，货真价实，童叟无欺（条目4-32）。无论是什么季节，售货先生都要一律穿长衫；不能吃生冷异味的食物，如葱蒜之类，不准在顾客面前搔痒子；不得与顾客聊天，吃零食，吸烟等（条目4-33）	管理制度、品牌内化、市场口碑	以严格的、完备的制度管理员工，进行品牌服务的内化。		
		暗室无人见，存心有天知（条目5-29）。精、细、严、实、快、恒（条目5-30）。恪守祖训，严格实行质量一票否决制度（条目5-31）	管理制度、品牌内化		束己与悦客	选择空间
		历来重视主材和辅材的采购，尤其是肉类全部来自品牌供应商（条目6-28）。"非遗"清真蒸饺的制作工序极其严格，这保证了外形（保证口味不变（条目6-29）。馅料样合，尽管实现了机械化，但仍严格遵循既有的程序（条目6-30）	管理制度、市场口碑、机械化	赢得市场口碑，借高顾客的感知价值（场景10）	悦客	
	习惯做法、管理流程、员工培训、"非遗"传承、师徒制、程序化文件	代顾客煎药是同仁堂药店的老规矩，尽管煎药岗位上的操作工换了一茬又一茬，但从未发生任何事故（条目1-98）。坚持中医药"师傅带徒弟"传承，口传心授的传统育人理念，再辅以多岗培训，派出进修、竞赛比武，自学奖励机制（条目1-99）。集团明确规定：每名师傅最多可以带第4名徒弟，师傅要订带徒协议（条目1-100）	习惯做法、程序化文件	追求现代企业的管理模式，将经验管理上升到科学管理。（场景14）	惯例程序化	发展动力

续表

构念	关键词	数据（条目）	编码程序和结果			
			初始概念	场景	一阶概念	二阶范畴
运营模式	习惯做法、管理流程、员工培训、"非遗"传承、师徒制、程序化流程、师徒制、程序化流程文件	用国际标准抓服务，重新修订和印发了《全聚德餐厅服务规范》，规范了操作程序（条目2-70）。每到年终，都会召开总结大会，每一项指标只取第一名进行表彰。但与一般企业做法不同的是，公司的先进不是大伙儿"评"出来的，而是统计数字（经济技术指标）"算"出来的（条目2-71）。烤鸭的老技师傅经验丰富，新厨师都必须经过严格的培训考核（条目2-72）	习惯做法、程序化文件			
		自采、自管、自营（条目3-78）。吴裕泰由传统的师徒制、完善为定期对员工进行规范化的业务培训（条目3-79）。总经理孙丹威认为，完全为凭借经验的传统经营方式无法保证品质，遂将每间门店都纳入了计算机网络，实现了连锁经营的"六统一"（条目3-80）	习惯做法、程序化文件			
		端蛛祥制定客人，精细的营业程序，并不折不扣地执行，教员员工学会留住每一位客人（条目4-68），成交时，如果直接地交给顾客手中（条目4-69）。在加工展示中东方女性和中国丝绸特有风韵的旗袍上，一款一式妙不可言，曾荟得服装饰品的定制唯一"中国驰名商标"，今天含数字技术，还进行高端服装、饰品的定制（条目4-70）	习惯做法、程序化文件	追求现代企业的管理模式，将经验管理上升到科学管理。（场景14）	惯例程序式化	发展动力
		将药品销售与现代物流技术结合（条目5-80）。细化批发店运作，展开连锁零售，向物流运营商转型（条目5-81）。集团客户管理制度精细化（条目5-82）	习惯做法、程序化文件			
		师徒制的"传承"，面临着现代化的创新，我们优先考虑：口味不变，参照国内优秀餐饮企业的管理标准，制定了服务质量标准化文件（条目6-74）。师徒制不仅得以保留，更在原有基础上，规范化和细化了培训制度和流程（条目6-75）	习惯做法、程序化文件			

注：引用数据表末尾的条目序号表示编码的结果，如条目1-3表示案例1中的第3个条目；场景编号表示基于条目间的比较而提炼的典型场景代码。

其次，按照案例对比研究的聚焦原则①，进行跨案例分析，构建场景。通过数据决定和解释等程序，对上述六个 CTHBs 的案例数据进行压缩，完成单案例所得条目向多案例分析所需场景的转换。为此，需要优先确定所涉及构念的维度和关键词等，在此引领下，进行一般化抽象，场景则作为进一步编码的基础依据，见表 4-5。

再次，保持一颗"无知的心灵"②，参照凯西·卡麦兹的三级编码次序③，完成概念化、范畴化和理论升华。

最后，使用图表分析法，可视化研究结果，显实编码的结果。

（三）研究发现

1. 数据结构

经由以上的资料编码，形成初步的数据结构。如图 4-3 所示。

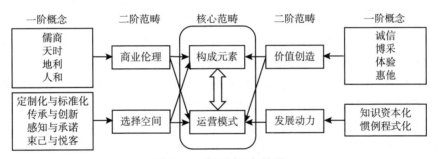

图 4-3 编码过程与结果

2. 命题

以上的扎根研究折射出：传统伦理中的一些构念已经嵌入民族企业；在 CTHBs 的企业文化、经营理念、商业伦理中，存在着与传统伦理构念建立连接的学理。传统文化中"修身、齐家、治国、平天下"的理想主义色彩非常浓厚；CTHBs 也普遍重视社会习惯与道德在企业内的输灌，尤其是儒家学说的厚德、自律、亲善、权变等东方伦理元素，构成了我国文化的深层次结构和认知图式，它们已经内化为历代创业者和继任者的人格特

① Eisenhardt, K. M., "Building Theories from Case Study Research", *Academy of Management Review*, Vol. 14, No. 4 (1989), pp: 532-550.

② ［美］罗伯特·K. 殷：《案例研究方法的应用》，周海涛译，重庆大学出版社 2013 年版。

③ ［美］凯西·卡麦兹：《构建扎根理论：质性研究实践指南》，边国英译，重庆大学出版社 2013 年版。

质，进而固化为企业共有的心智模式，成为企业实现生存和延绵的方法论，如同仁堂所秉持的"同修仁德，济世养生"。法无定法①，CTHBs 的历代管理者重视时机把握和机会创造，时常左右逢源，提高应对市场模糊性和非预测性事件的能力，企业自身也因而具备了抗风险能力。CTHBs 妥善应对企业内外的管理界面、张力和利益纠葛，在实现社会价值的过程中追求商业价值，因而企业与社区、社会和时代融为一体；"家""和""义""仁"是非常有共识的伦理隐喻，所有者、管理者与员工共荣发展，鲜有剧烈的劳资冲突，实践着：人类最主要的关系是情感关系，而不是工具性的关系②；比较而言，西方企业更重投资人商业价值的追求和实现，因此，寿命超过 200 年的企业凤毛麟角。这些也印证了：服务质量与顾客感知价值关系存在一定的民族文化情境依赖③。由此得到以下命题。

命题 1：儒商、天时、地利及人和，是服务运营的商业伦理支撑。

CTHBs 的历代管理者秉持诚信理念，物有所值、童叟无欺等是永恒的普遍性商业法则，如"同仁堂"的"炮制虽繁必不敢省人工，品味虽贵必不敢减物力"，再如"胡庆余堂"恪守"戒欺"，这些在营销信息传输摩擦成本高昂的时代非常有助于市场口碑的打造和传播，也有助于商业价值的推升。在"吴裕泰"恪守"采之惟恐不尽"，海纳百川，获取独特的物质资源；CTHBs 尤其重视社会资本的生产性，依靠关系网络，从广泛的社会资源中获得有价值的信息和活跃的商业理念，并择优将其物化为企业的核心资源，借以存量化企业的战略资源；又例荣宝斋源源不断地获取存世精品，不仅擅借社交资源成功地处置了几次濒临倒闭，还实现了名店与名人的共同成长。CTHBs 极其重视顾客在接受服务过程中主观性、差异性的体验，如"瑞蚨祥"秉持"诚信筑基，悦客立业"，并以此固化消费者的独特体验，确保服务品牌与顾客体验的一致性④。CTHBs 在演变中，不仅仅满足顾客的当期需求，更重要的是分析其偏好和期望，以及转移趋势，达到长久惠他的目的，如"全聚德"借助"银钩常挂百味鲜"实现着"金炉不断千年火"。可知，在 CTHBs 中，传统或特色服务的构成元素与传统伦理进行了完美融合和相互嵌入。由此，得到以下命题：

---

① 赵纯均：《中国式企业管理研究的九个发现》，载于《企业管理》2013 年第 2 期。

② 罗家德、曾明彬：《中国人的管理学》，吉林出版集团有限公司 2010 年版。

③ Harris, S. G., "Organizational Culture and Individual Sensemaking: A Schema-based Perspective", *Organization Science*, Vol. 5, No. 3 (1994), pp: 309 – 321.

④ Chernatony de L., Drury S., Segal – Horn S., "Identifying and Sustaining Service Brand's Value", *Journal of Marking Communications*, Vol. 10, No. 2 (2004), pp: 73 – 93.

命题2：诚信、博采、体验和惠他，是价值创造的四个轮子。

以 CTHBs 为代表的我国传统服务型企业，例如影楼、诊所、眼镜店等，普遍重视定制化，以及简约理念的灵活落地，确保服务品牌（字号）颂语的一致，如"同仁堂"恪守"修合无人见，存心有天知"，这与西方企业以标准化起步，以及周详而细致的管理制度制定和规范执行有迥然的差异。不过，在扩张过程中标准化成为餐饮业、药业规模化迈不过去的坎儿，例如同仁堂嫁接和开发中药西制技术。CTHBs 普遍地秉持"温和改善"的经营哲学，在价格足够低和质量足够好之间进行取舍，而非两者兼顾①；致力于渐进性创新②，在传承中实现创新，创新后传承，因而动态能力持续更新，企业得以实现历久弥新，例如"东来顺"首创汉民涮羊肉之先河，复古中创新，始终保持着"中华第一涮"的市场位势。大多数 CTHBs 起步于利基市场，在吸引和保留顾客方面，恪守祖训，重视服务的个性化和移情性，结合顾客对于产品和服务的感知，提供苛刻的质量承诺和畅通的投诉渠道。在培训员工方面，束己与悦客同修，束己的目的是为了悦客，坚守"师徒制"，对员工精深的教育和员工品牌化行为为提供持续的纳米级服务奠定了基础，如中华人民共和国第一面五星红旗的提供者、连锁元老的"瑞蚨祥"致力于提高顾客与员工的交互质量。这些商业实践是服务"端点学说"③ 这一本体论在 CTHBs 的再现。此外，企业发展中极其重要的维度——时间，已经在历史长河中淡化了其意义，因企业已经实现了其延绵。由此，得到以下命题：

命题3：定制化与标准化、传承与创新、感知与承诺，以及束己与悦客，构成价值选择的四维空间。

市场信息的获取和价值化、独有知识的传承与保护等持续为企业创造着价值，因而带有资本的属性，例如"全聚德"的挂炉烤鸭技术，适度和有选择地将管理经验进行科学化改造和提升，在经验管理与科学管理之间进行调和，丰富和演变创造价值的过程机制。由管理经验和管理程序而凝结的组织惯例，以及随后应变而进行的规范化和程式化等管理文件、制度

---

① ［美］大卫·A. 欧兰德森、［美］埃德沃德·L. 哈里斯、［美］巴巴拉·L. 史克普、［美］史蒂夫弗·D. 艾伦：《做自然主义研究：方法指南》，李涤非译，重庆大学出版社 2007 年版.

② Andriopoulos, C., Lewis, M. W., "Exploitation-exploration Tension and Organizational Ambidexterity: Managing Paradoxes of Innovation", *Organization Science*, Vol. 20, No. 4 (2009), pp: 696 – 717.

③ 秦立公等：《基于商业伦理的快递服务质量有效性评价》，载于《物流技术》2014 年第 8 期。

和程序，逐渐凝结为企业的核心能力，成为组织发展的另一个引擎，又如20 世纪"东来顺"所建立的"八个统一"等。商业事实显示，知识资本化和惯例程式化是传统民族服务型企业发展的长效动力，它们的协同作用确保了企业的延续和成长。由此，得到以下命题：

命题4：知识资本化和惯例程式化，是企业发展的双引擎。

3. 概念构型

运用扎根理论方法分析了六家 CTHBs 的服务构成元素和服务运营模式，为了更清晰地总结服务图式，提出一个整合的概念模型，即服务整合图式，如图 4 - 4 所示。

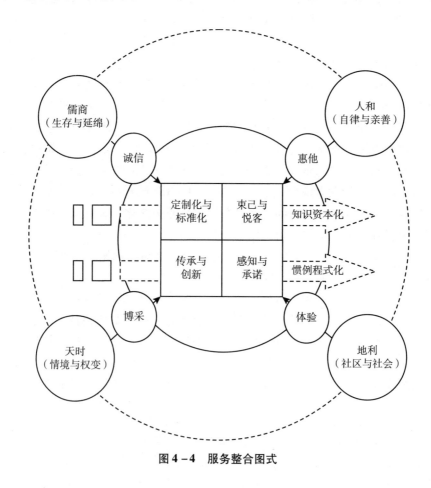

图 4 - 4　服务整合图式

图 4 - 4 形象地勾勒出四个命题之间的相互关系，并将服务构成元素

和服务运营模式紧密地融合在一体。我国服务型企业在漫长的历史演变中，与西方主流的商业实践相比，管理者对于服务构成元素、服务运营与传递模式的理解和操作存在很大的特色与差异。尤其是，历代管理者将传统人文哲学、商业伦理等"宏大理论"融入企业运营的方方面面，创造着持续而永恒的社会价值与经济价值。

（四） 理论贡献

其理论贡献主要表现在以下四个方面。

（1）沿袭了服务管理学研究以服务质量为核心的学术传统。以 CTH-Bs 群体为样本研究我国服务的特质，超越了现有成果局限于某一类企业，或某一阶段进行服务构成元素和服务运营某一维度的探讨，从而挖掘出一般化的服务运营模式。

（2）进行管理理论的情境化研究。从我国传统商业伦理视角，实现了管理学和伦理学的结合[①]，建立了研究的新范式。当然，这基于服务是"人与人的游戏"[②]，相比于有形商品，它具有很强的人文特征，也与我国消费者深厚的历史文化底蕴相关。相信沿着这一思路，就会深入分析我国企业的特色管理机制、机理和规律，因而具有启发意义。

（3）归纳出了特色服务的整合图式，提供了解决问题的模板[③]。这将丰富作为"形式理论"的社会心理学和服务管理学，有助于从国家文化、传统伦理和道德视角解读和阐释服务型企业的管理者行为、员工行为和消费者行为。

（4）顺应方法论的国内应用转向。本书不是嫁接西方成熟的服务营销和服务管理理论去比对、定量实证研究我国的特色商业运营，采用成熟的扎根理论研究方法，去归纳价值创造的逻辑和机理，这在一定程度上更能把握服务整合图式的本质，推进情景化理论的构建。

（五） 实践启发

首先，将企业运营扎根于我国社会经济现实，尤其应该重视传统伦理

---

① 何素琴、卞艺杰：《基于管理伦理学视角的服务质量管理研究》，载于《江西社会科学》2015 年第 1 期。

② ［美］詹姆斯·A. 菲茨西蒙斯、［美］莫娜·J. 菲茨西蒙斯：《服务管理：运作、战略与信息技术》，张金成、范秀成译，机械工业出版社 2003 年版。

③ Harris, S. G., "Organizational Culture and Individual Sensemaking: A Schema-based Perspective", *Organization Science*, Vol. 5, No. 3 (1994), pp: 309–321.

对于我国消费者和企业的影响，以实现经营"百年老店"的职业理想；其次，在面对外来品牌攻城略地的现实中，把握本土服务运营的特质，永续进行组织更新。此外，对政府主管部门的意义在于，研究结果表明传统商业伦理对于我国服务型企业发展具有嵌入和引导作用，因此，舆论主管部门应该加强此方面的自信宣传，积极传播我国独具特色的商业文明，将传统商业伦理与企业运营结合起来，兼顾其经济价值和社会价值，这对于CTHBs 及其他民族企业的发展将起到推动作用。

二、温和改善的实现[①]

外部因素，以及故步自封、等靠要惯性等内部因素使得其曾有的优势资源消失殆尽，或者既有的资源优势不再，或者已受漠视的资源烟消云散，资源警觉的钝化、资源基础的持续恶化使得大批企业日渐衰落或随之退出市场。然而，在资源的重重约束中，仍有一批 CTHBs 浴火而凤凰涅槃，呈现出温和改善的态势，成为我国传统行业中的翘楚。这些成熟期企业如何警觉行将消失的战略性资源，如何激活被沉淀的杠杆资源，进行商业价值回归，如何将被贬值、边缘化、碎片化的资源等进行集约拼凑，在创新资源环境中续写温和改善，这是既有成果尚未有效解释且很少被研究的现象和事实，也是 CTHBs 类企业发展中的重要命题。

在新理论的突破过程中，现有理论出现了两难的窘境：一则，作为一个高度接近实践层面的温和改善哲理，在学术研究上处于幕前，缺少经验数据和实证数据的支撑，一直没有进行深度理论化，但对于企业管理实践而言，一直处于幕后，因空泛而受阻于管理实践的使能化；二则，日渐独立的渐进性创新理论、资源视角的组织进化学说和资源环境观，相互间的启发和交融尚有足够空间。另外，一些颇具潜力的新思想、新理论，如创业新组拼理论、战略创业思想，出现了两个桎梏，或者，尽管揭示了企业成长的机理，但对企业成熟期如何延续的内在逻辑和机制关注不足；或者，仅限于概念性、思辨性探讨，对后续的研究具有启发价值，对商业实践的指导价值则明显不足。而以生命周期的研究路线进行系统性探索，则

---

① 节选自：郭会斌：《温和改善的实现：从资源警觉到资源环境建构——基于四家"中华老字号"的经验研究》，载于《管理世界》2016 年第 6 期。

有助于揭示潜在的机理性问题①。对于温和改善，接下来需要进一步研究以下科学问题。

（1）能不能以 CTHBs 为数据源，从相关理论的发展脉络中寻找线索，用商业数据和事实说话，从理论构建层次深度解读温和改善的实现依据？

（2）如果能，那么刻画温和改善的相关变量是什么？资源警觉和资源环境建构的动态性程序又如何挖掘和实现？

（3）如果能，如何运用理论比较的方法，借鉴和发展创业新组拼理论、战略创业思想的逻辑和构念，进而建立成熟期企业中温和改善实现的机制框架？如果不能，就应从本体论层面再思考所观察到的商业事实，从认识论层面再探究所界定的科学问题。

（一）理论抽样

基于所掌握的 CTHBs 社交资源和可行研究机会的考虑，在保定市发展和改革委员会、石家庄市商务局和湖南省湘菜产业促进会的协助下，对两省内的部分 CTHBs 进行了"计划性搜索"②，并取得了 21 家公司的研究许可。考虑到所研究的主题，以及不同案例在行业、规模、单位员工所创造的价值（人均销售收入）、财务业绩、"非遗"传承与创新、温和改善是否成功等方面的可比性，以实现类别内的逐项复制和类别间的差别复制③或扩展的差别复制④，最后选定 4 个"会说话的猪"⑤⑥为研究样本，其基本信息见表 4-6。它们所触及和确定的构念能够被清晰定义和测量，案例数量已经足够，从中发现有趣的问题，进而试图分析资源运行对温和改善的左右或支持。

CTHBs 大多数集中在餐饮业和食品制造业，所选的这 4 家企业都长期在市场中浸润和成长，它们反映出不同时期对待存量资源的不同态度和温

---

① 杜小林：《互联网金融模式发展及其对传统银行模式的影响探讨》，载于《现代商业》2015 年第 17 期。

② Pettigrew, A. M., "Longitudinal Field Research on Change: Theory and Practice," *Organization Science*, Vol. 1, No. 3 (1990), pp. 267 – 292.

③ ［美］罗伯特·K. 殷：《案例研究方法的应用》，周海涛译，重庆大学出版社 2013 年版。

④ Eisenhardt, Kathleen M., "Making Fast Strategic Decisions in High Velocity Environments", *Academy of Management Journal*, Vol. 32, No. 3 (1989), pp. 543 – 576.

⑤ Suddaby, R., "From the Editors: What Grounded Theory is not?", *The Academy of Management Journal*, Vol. 49, No. 4 (2006), pp. 633 – 642.

⑥ Nicolaj Siggelkow, "Persuastion with Case Studies", *Academy of Management Journal*, Vol. 50, No. 1 (2007), pp: 20 – 24.

和改善的不同程度和深度，这遵循了案例对比研究的聚焦原则①。案例 1 和案例 3、案例 2 和案例 4 从单位员工所创造的价值维度分别构成了业内的极化类型；案例 4 则是 CTHBs 中销售收入增长率的卓越者，尤其是 2010 年被兼并后。此外，在与它们第一次接触时，项目团队就明确地提出了研究目标、所需资源等，并征得高层管理者的支持和配合。

表 4 - 6　　　　　　　　　样本企业基本特征描述和跨案例比较

案例编号	1	2	3	4
创业年份	1557	1875	1920	1126
所在行业	餐饮业（正餐服务、快餐服务）	其他农副食品加工（豆制品制造）	餐饮业（正餐服务、快餐服务）	酒、饮料和精制茶制造业（白酒制造）
战略性资源	火庙文化	德理念	清真蒸饺"非遗"	千年窖池
销售收入/万元	9900.0	650.0	2980.0	52000.0
员工数量/人	520	130	300	860
财务业绩	10%	10%	11%	83%
人均销售收入/万元	19.0	5.0	9.9	60.4
样本企业的入选依据	文化的社会价值，与商品、服务的经济价值完美结合的全国典范	未能因应内外环境变迁进行资源重塑和扩大资源供给	资源警觉不足，存量资源固化；既有优势正遭受侵蚀	创业精神活化了曾经边缘化的资源，实现了高速增长
温和改善的跨案例比较	效率高、决策中、变革成功	效率中、决策快、变革失败	效率中、决策慢、变革基本成功	效率高、决策快、变革成功

　　注：①考虑到可能给个别企业带来负面影响，隐去了企业字号和商标；②销售收入和员工数量是 2014 年末的数据；③财务业绩，仅考察了 2010—2014 年销售收入平均增长率；④表中温和改善的定性评判主要考虑近 5 年的状况，采用了 3 级评分法。

（二）数据编撰与分析

1. 场景提炼

遵循多案例数据对比分析的次序，对案例数据进行定性的预处理后，

　　① Eisenhardt, Kathleen M., "Making Fast Strategic Decisions in High Velocity Environments", *Academy of Management Journal*, Vol. 32, No. 3 (1989), pp: 543 - 576.

就可以"从数据中获取存在的解释"。此过程依据了 3 条线索：①基于资源约束，创新创业对于竞争优势的重塑；②组织变革对于温和改善的支持；③企业资源对于价值创造的必要性支撑，以及自身的发展和开发。

从操作上，分四步进行：第一步，遵循独立性原则，对从每个 CTHB 案例中所获的原始数据，结合构念的相关变量和支撑性问题，以及测度变量，进行"三角验证"，后进行叙述性精简①，初步编码时作为条目，共计 135 个。这样，也可以避免过多数据所引起的操作不便②。第二步，对 4 个"会说话的猪"采用分析归纳的思想和持续比较的原则，审视所获得的数据并在不同条目的语句描述间进行比较，抽象其共同元素和普遍特征（至少在两个案例中出现）。第三步，遵循显著性和适切性原则，将符合多重类别的条目，划归到最适切的场景中。第四步，选择 4 家 CHTBs 中最具代表性的条目作为场景。以此，从中提炼了 59 个相对完整、语义涵盖确定的条目并作为场景，此即"解释性真实"③。对于含义模糊或企业个性化的条目，就直接删除。此时，每一个场景能显著地刻画温和改善的某一活动或某一方面，是一个相对完整的关键事件且没有语义重复。它们也是接下来编码分析的基础单元。

表 4-7 举例说明了本书关键构念及子构念、测度变量、代表性数据及其编码的对应情况。

表4-7　　　　　　　　　关键构念的代表性数据及其编码举例

构念	子构念	关键词	代表性数据引用	编码结果（一阶概念）
温和改善	有中生新	功能增强	近几年，公司投入大量资金进行营业环境的改善，不仅突出"火庙文化"的传统元素、名人效应，还突出了市场元素（条目1-8；场景1-4）	消费者驱动型创新
	新颖程度	产品种类	公司产品一直主打浓香型白酒，为满足不同顾客的口味，推出了中高低不同度数的白酒（条目4-8；场景4-2）	丰富商品结构

①　Langley, A., "Strategies for Theorizing from Process Data", *Academy of Management Review*, Vol. 24, No. 4 (1999), pp: 691–710.

②　Shan, L. Pan, Barney Tan, "Demystifying Case Research: A Structured – Pragmatic – Situational (SPS) Approach to Conducting Case Studies", *Information and Organization*, Vol. 21 (2011), pp: 161–176.

③　Suddaby, R., "From the Editors: What Grounded Theory is not?", *The Academy of Management Journal*, Vol. 49, No. 4 (2006), pp: 633–642.

续表

构念	子构念	关键词	代表性数据引用	编码结果（一阶概念）
温和改善	冒险程度	隐患处置	面对公司产品成本比小作坊高40%、市场上以次充好、公司难以改变（条目2-6；场景2-2）	风险偏好
	感知机会	宏观把握	长期以来，董事长和总经理者投身到时代变革的大潮中，善于分析错综复杂的经济和社会关系，从中寻找有价值的机会（条目4-13；场景4-4）	概念技能
	创新频率	旧品退出	公司的定位是：小吃王国、湘菜首府。与此相适应，在小吃方面我们推出了大排档、快餐方式，以节约用餐时间（条目1-15；场景1-7）	缓慢淘汰
资源警觉	竞争预谋	竞争对手	近5年，公司业绩相当好。但是，5年前，公司困于当地小酒坊的假冒商品，打击无力、没有章法，曾经生存困难（条目4-9；场景4-5）	超前行动
	资源搜寻	冗余资源	公司高层领导曾认为"火庙文化"已经大众化，老百姓也对花鼓戏、弹词习以为常，不会吸引顾客进而带来营业额（条目1-3；场景1-2）	被贬值的资源
	资源积累	新资源	公司的发展思路还是比较陈旧的，难以将信息资源、新的技术吸纳进来，线上交易还未开展，网点铺设难度加大（条目2-12；场景2-5）	非传统资源
资源环境建构	机会响应	即刻行动	近年清香型和绵柔型市场不错，公司组织员工随之进行研发，推出新品（条目4-9；场景4-5）	即刻行动
	资源活化	社交网络、活跃的商业理念	高层管理团队成员，每个人都有庞大的社交圈，与商业伙伴和各类朋友谈判和沟通是它们的主要工作，这些高端人群彼此分享有价值的商业信息（条目4-14；场景4-6）	理念获取
	能力塑造	市场资源、互联网资源	微博、微信等在销售方面，所提供的顾客需求信息越来越多，公司的运作流程也随之改变（条目4-17；场景4-8）	技能丰富

注：引用数据末尾的条目序号表示编码的结果，如条目1-3表示案例1中的第3个条目；场景编号表示从条目提炼的典型场景代码，如场景1-2表示案例1中的第2个场景。

2. 数据编码

本书遵照托马斯·W. 李（1999）[①] 的研究方法对数据进行三级编码。

（1）开放式编码。这是对场景进行区别、归类的"显分析"[②]。在此，遵循自然主义传统，既保持开放的态度，力求不受既有理论文献的束缚和个人偏见的干扰，又最大限度地忠实于所获得的原始数据、条目和场景，使每一个编码能反映一个相对独立的关键事件。随后，对每个场景逐字逐句进行抽象化处理，共得到 36 个一阶概念。

（2）主轴式编码。这是对一阶概念进行范畴化的过程，也是"潜分析"[③]，旨在发现数据间的深层结构。根据概念间的内在一致性，运用"条件（资源警觉）—行动/互动（温和改善）—结果/后果"（资源环境建构）的"典范模型"[④]；同时，在案例企业数据整理和既有文献间进行不断的迭代和归纳分析，将 36 个概念进一步归纳为 16 个二阶范畴（见表 4 - 8）。

（3）选择性编码。根据范畴间的逻辑关系，将它们进一步归结为 5 个主范畴，构建出初步的理论框架（见表 4 - 9）。再进一步，发现 1 个核心范畴（即温和改善），它能与每一个主范畴发生普遍性的联系，能解释所获取的大多数数据。

表 4 - 8 开放式编码和主轴式编码

编码的阶段性结果			场景的概念化含义
主范畴	二阶范畴	一阶概念	
资源警觉	竞争预谋	市场前摄	积极和善于发现顾客的新需求
		超前行动	总比竞争对手早一步关注市场趋势并介入
	资源搜寻	被贬值的资源	主观地认为已有或既有资源不会产生价值
		边缘化资源	曾经忽视的沉淀资源
	资源积累	杠杆资源	内部历史性的独有的、战略性资源
		非传统资源	网络、信息、知识和技术等非传统资源

---

① ［美］托马斯·W. 李：《组织与管理研究的定性方法》，吕力译，北京大学出版社 2014 年版。

②③ 潘绵臻、毛基业：《再探案例研究的规范性问题》，载于《管理世界》2009 年第 2 期。

④ ［美］凯西·卡麦兹：《构建扎根理论：质性研究实践指南》，边国英译，重庆大学出版社 2013 年版。

续表

编码的阶段性结果			场景的概念化含义
主范畴	二阶范畴	一阶概念	
组织情境	组织健康	组织结构完善	组织的运行结构适用、效能高
		惯例成熟	企业内的做事方式和行为方式稳定、一致，有章可循
		规避老化	克服组织变革的惰性
	创业自觉	创意市场	公司鼓励新创意的产生、保护和共享
		创业冲动	公司上下都愿意改变现状，实现新的成长或跨越
		试错意愿	对于创新失败的接受或抵制
	能力匹配	知识积累	企业内专有知识的积累速度和保护程度
		专有技术	流传的秘密技术是否老套和过时
		衰老缺陷	组织内部知识和信息传输的摩擦成本
温和改善	有中生新	消费者驱动型创新	消费者偏好、口感转移
		技术驱动型创新	业内的技术进步推动企业进行技术和工艺创新
	新颖程度	维持性创新	产品或服务有限而持续地改良、改进
		丰富商品结构	产品或服务的结构能满足偏好和购买力不同的顾客
		复制性系统创新	围绕公司的技术平台（或服务流程）进行创新
	冒险程度	风险偏好	担当风险的意愿和能力
		有所不为	提供"足够好"而非完美、"足够全"的产品或服务
	感知机会	概念技能	高层管理者善于在错综复杂的环境中应对和寻找商机
		把握机遇	能够把握改革政策所带来的红利
	创新频率	不确定性容忍	不盲目行动，而是静观其变
		缓慢淘汰	传统产品退出市场的速度很慢
资源环境建构	机会响应	机会搜寻	积极寻找新的商业机会和机遇
		即刻行动	一旦机会来临，就毫不犹豫
	资源活化	理念获取	高层领导者拥有庞大而稳定的关系网，重视活跃而又有价值理念的获取
		集腋成裘	公司重视少量战略性资源的衍生和衍射价值

续表

编码的阶段性结果			场景的概念化含义
主范畴	二阶范畴	一阶概念	
资源环境建构	能力塑造	技能丰富	在获取资源方面，公司越来越重视市场的意义，以及非传统方法（如互联网）
		内外协调	对于有价值的商业理念，公司会积极调动可能的资源将其转化为销售收入的增长
竞争优势持续	先发优势	主动性	公司总是比竞争对手早一步推出新产品（或新服务）
		愿景	高层管理者立志成为业内领导者
	市场位势	持续的竞争优势	保持比较高的利润率
		持续的卓越绩效	保持销售收入较高的持续增长

表 4 - 9   **选择性编码**

范畴机理	范畴内涵
资源警觉—温和改善—资源环境建构	在资源的重重约束情况下，善于积极主动地发现机会和资源，及其匹配，就为成熟期企业的温和改善提供了前提，而温和改善的成功实施，又可以丰富或活化战略性资源，进而重构新的资源环境
资源警觉—温和改善—竞争优势持续	温和改善借助机会敏感和边缘化资源、被贬值的资源等的发掘和拼凑，重新构建了新的异质性资源组合，最终将形成竞争优势持续化的依据和依托
组织情境—温和改善—资源环境建构	温和改善是组织行为，始于组织情境的支撑以及两者间的因果互动，依托组织进化形成新的资源环境
组织情境—温和改善—竞争优势持续	温和改善与组织情境的动态演化，将形成新的组织惯例和动态能力，并以此推动竞争优势的持续化

（三）研究发现

1. 数据结构

在以上三级编码的基础上，将 4 家 CTHBs 温和改善的"故事线"归纳为一个比较清晰的数据结构，如图 4 - 5 所示。它比较完整地反映出数据编码的结果。

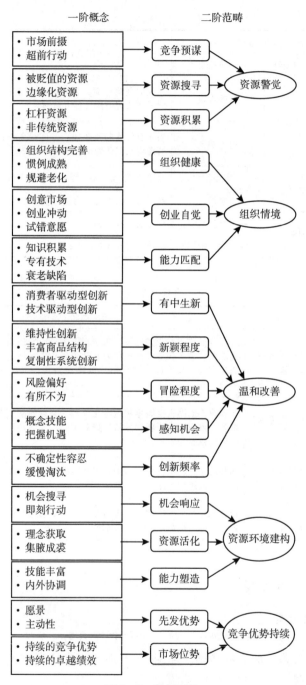

图 4 – 5 数据结构

2. 命题

（1）温和改善的实现机理。案例 1，及时发现"火庙文化"所粘滞的潜在商业价值，即刻行动进行社会价值的回归和重塑，回应了消费者的期待，在 300 多种散布全省的既有小吃中生新，并创新和丰富传统菜系，加之进行产品和服务的集成与深度开发，企业的资源存量、总供给及其结构得以改进，进而推动价值创造[①]，因而持续了竞争优势；与之相悖的是，碍于传统的思维定式，案例 2 的领导者缺少商业机会的敏感性，漠视资源警觉的驱动意义，对正在趋弱的市场和技术等资源难以"构建资源新组合"[②]，无意中进行着价值元素的非正常"精简"[③]，最终使得企业损失变革时机和效率，尽管正在试图扩张，改变竞争的劣势和被动局面，近几年现金流受到影响也是不争的事实。案例 3，长期依赖"非遗"的口碑价值，忽视房租、员工等关键生产要素的供给结构变化和价格上涨等因素，随之企业扩张和发展举步维艰。案例 4，充分理解和把握"千年窖池"对于白酒消费者的吸引，"厚化"[④] 其价值，进行组合资源以实现新的目的[⑤]，大胆而有节奏地进行了工艺技术工艺平台复制和创新，战略性资源的价值得以丰富，加之持续进行"战略更新"[⑥]，实现了营收的一路凯歌。表 4 - 10 中"来自现场的声音"[⑦] 作为证据引述（Pratt，2008）。由此，得到以下命题。

命题 1：资源警觉驱动着温和改善得以实现，并助推了资源环境的构建。

---

① Ireland，R. D.，Hitt，M. A.，Sirmon，D. G.，"A Model of Strategic Entrepreneruiship：the Construct and it's Dimensions"，*Jouranl of Management*，No. 29（2003），pp：963 - 989.

② David G. Sirmon，Michael A. Hitt，R. Duane Ireland：《在动态环境中管理企业资源以创造价值：打开内部机制的黑匣》。载于张志学、贾良定主编：《〈美国管理学会评论〉优秀论文集萃》，北京大学出版社 2014 年中译本。

③④ Nicolaj Siggelkow：《迈向组织匹配的演化》。载于徐淑英、梁洪滨主编：《〈管理科学季刊〉最佳论文集萃》，北京大学出版社 2012 年中译本。

⑤ Senyard，J.，Baker，T.，and Steffens，P.，"Bricolage as a Path to Innovativeness for Resource-constrained New Firms"，*Journal of Product Innovation Management*，Vol. 31，No. 2（2014），pp：211 - 230.

⑥ Covin，J G & Miles，M P. Corporate entrepreneurship and the pursuit of competitive advantage. *Entrepreneur-ship Theory and Practice*，Vol. 23，No. 3（1999），pp：47 - 63.

⑦ 潘绵臻、毛基业：《再探案例研究的规范性问题》，载于《管理世界》2009 年第 2 期。

表 4 – 10 温和改善实现机理的代表性数据

主范畴	二阶范畴	一阶概念	数据引录
资源警觉	竞争预谋	超前行动	由于坡子街拆迁的难题，公司也错过了不少扩张的良好机会，在积极游说相关部门后，得以抓住机会两次扩大营业场地（条目 1 – 7；场景 1 – 3） 除高层管理者外，员工们等的心态很重，这使得公司在面对竞争方面，迟了一些，这是当前最着急的（条目 2 – 8；场景 2 – 3） 忽视房租、薪水上涨等因素，导致开新店受阻，招录新员工困难（条目 3 – 5；场景 3 – 2） 客观地说，2010 年以来，公司一直积极进取，我们甚至有些不适应（条目 4 – 36；场景 4 – 17）
温和改善	新颖程度	复制性系统创新	在"湘菜首府"陆续开设了"名人间"，没啥变化，但结果就是不一样。有时，需要提前半月预订（条目 1 – 13；场景 1 – 5） 公司一直严格恪守豆干的制作工艺，没有进行机械化改造（条目 2 – 30；场景 2 – 14） 公司的几个店面仍然按照传统程序进行生产（条目3 – 25；场景 3 – 12） 第二条生产线建成后，最大的难题是如何保证酒基的品质和口感与"千年窖池"生产的一致。在窖池设计与建设、窖泥复制、菌群复制方面，投入了巨大的人力和物力，依赖传统的老技师、现代的工程师完成了我国白酒生产史上第一次生产线的成功复制。但是，由于区域空气中菌群的差异，千年窖池和新窖池所产的酒基还是有一点点儿差异。我们还将继续努力（条目 4 – 23；场景 4 – 10）
资源环境建构	机会响应	即刻行动	在 2006 年，一旦公司领导发现"火庙文化"、庙会能聚集顾客时，就毫不犹豫恢复了戏台杂耍、评弹、湘曲等，尽管刚开始时，纯粹是补贴，我们已做好心理准备（条目 1 – 14；场景 1 – 6） 我们是名品，政府将优惠给予场地。我们也有信心走出困境（条目 2 – 9；场景 2 – 4） 限于国资体制，公司一直在推着走（条目 3 – 21；场景 3 – 10） 现在的公司上下顺畅，形成共识、决策后绝不迟疑（条目 4 – 7；场景 4 – 3）

（2）温和改善实现的因果。技术创新是组织适应力的核心动力[①]，组

[①] Tushman, M. L., Nelson, R. R., "Introduction: Technology, Organizations, and Innovation", *Administrative Science Quarterly*, Vol. 35, No. 1 (1990), pp: 1 – 8.

织内的知识传导和惯例形成提供了保障。在确保菜肴口感没有大的变化的前提下，案例1对烹饪环节进行适度的工业化改造，"增补"其"火庙文化"的口碑或品牌核心要素，从而提升了组织对于市场变化的适应力。案例2的领导者未能充分发掘核心资源的生产性和衍生性价值，未能"活用手头资源"，历史性资源的价值发挥受阻，一味"滑行"，因而举步维艰，衰老缺陷正在逐步显现。案例3，固守经典的产品和服务流程，殊途同归。案例4，依赖其创业精神的勃勃活力实现着竞争优势的再造和持续化，对于四川省泸州市场的开拓可谓经典之作。典型的商业事实，略。由此，提出以下命题。

命题2：对战略性资源的警觉及其开发，是实现温和改善的前提。

对于成熟期企业而言，有中生新意味着较高的内外接受度、可行性和成功率，较低的成本和风险，而无中生有（Di Domenico et al.，2010）、脱胎换骨、破坏性创新①等极端模式，因受制于公司传统和组织文化、惯例、规则和资源约束等，在许多情况下困难重重，乃至不可行。由此，提出以下推论。

推论2-1："有中生新"是温和改善的核心内容。

（3）组织情境对温和改善的促进。组织惯例与动态能力的成熟，奠定了温和改善的基础，这是获取持续竞争优势的组织依托，也是组织变革的基本要求和取向。案例1，不屈从于约束（Di Domenico et al.，2010），管理层焕发勃勃生机、营业场地持续扩大、营业环境持续改善、烹饪技术节节攀升、服务品质日臻提高，组织环境也得以更新，温和改善随之成为现实。案例2，创新创业氛围不足，交易成本持续高昂，持续再造受阻②，产品口味和口感固守经典。案例3，在资源弱势的情境下，恪守主业，秉持传统，抵御"即兴创作"（Di Domenico et al.，2010）的冲动，消极中被迫稳扎稳打。案例4，创业精神持续发酵，善思、响应和善用现代媒体资源和传播方式，适时地、大胆地进行"领域重定"③，成功开创蓝海，丰富和开拓"千年窖池""万亩酒林"的体验价值，因而焕发出勃勃生机，温和改善得以实现和延续。支持性数据，略。由此，提出以下命题。

命题3：组织情境为温和改善提供前置因素，组织情境的演化与温和

---

① ［美］克莱顿·M. 克里斯坦森、［美］迈克尔·E. 雷纳：《困境与出路：如何制定破坏性增长战略》，容冰译，机械工业出版社2004年中译本。

②③ Covin, J. G., Miles, M. P., "Corporate Entrepreneurship and the Pursuit of Competitive Advantage", *Entrepreneur-ship Theory and Practice*, Vol. 23, No3（1999），pp：47-63.

改善交互促进。

（4）温和改善的实现场域。组织年龄的计算不仅是看一个企业运营经验的长度，而且还要看其暴露于环境变化中的持续时间[1]，即参与市场竞争并持续获胜或与竞争对手交互、共存的时间。案例1，在大众市场与小众市场同时深耕，并与竞争者差异定位，公司内部各部门联动、相互配合，组织情境变革积极。案例2，对曾有的内部运作模式食古不化，部门利益区隔、官僚化日趋严重，这些致使提升核心团队的生产力提升受阻。案例3，对于外部市场运行的忽视、内部资源变化的漠视，使得企业惯例刚性化，核心竞争力成长受阻。案例4，在规模和市场急剧膨胀的背景下，"物质资源拼凑"和"创意资源拼凑"[2] 实现有机和有效融合，在原有战略性资源的基础上续写新的篇章。支持性数据，略。由此，提出以下命题。

命题4：活性的组织情境是温和改善的依托，竞争优势持续是两者衍生的必然结果。

案例1，集湖南省小吃、大菜于一体，集地方评弹、庙会于一体，并进行适度的工业化改造，商圈辐射持续扩大；案例3，恪守经典，秉持传统，不越雷池一步，仅限省会市域，扩大市场覆盖困难重重。随之两者的财务业绩和市场业绩的差距在明显地拉大。由此，提出以下推论。

推论4-1：商品的新颖程度形塑着组织竞争优势的持续化。

3. 概念构型

本书所界定的3个科学问题，以及所界定的支撑性问题都在4家CTHBs的商业实践中比较理想地找到了答案。而以往文献中所阐释的资源警觉与组织情境变革的共演机制，没有找到理想的证据支持；此外，资源环境建构对竞争优势的持续化具有直接的支撑作用。随之，建立假设构型，如图4-6所示。

图4-6意味着：（1）温和改善的实现需要五个方面的协同推进。（2）在温和改善的实现过程中，资源警觉是前因变量，组织情境是调节变量，资源环境建构是结果变量。它们协同地发挥着作用。（3）温和改善的实现，直接带来了资源环境的重构，最终带来了竞争优势的持续化。（4）资源警觉和组织情境沿着各自的路径对温和改善的实现发挥作用，是平行关系。

---

① Jesper B. Sorensen，Toby E. Stuart：《老化、过时和组织创新》，《〈管理科学季刊〉最佳论文集萃》（第二辑），北京大学出版社2012年中译本。

② Senyard, J., Baker, T., and Steffens, P., 2014, "Bricolage as a Path to Innovativeness for Resource-constrained New Firms", *Journal of Product Innovation Management*, Vol. 31（2），pp: 211 - 230.

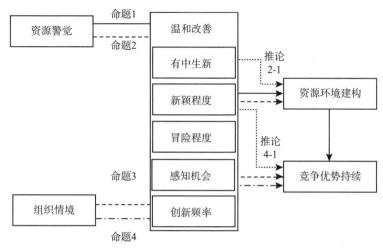

图 4 - 6　假设构型

（四）理论贡献

1. 刻画温和改善的变量

刻画温和改善有五个维度，它们从不同侧面揭示出其本质，且有主次之分。其中，感知机会是先导，有中生新和新颖程度处于主导地位，冒险程度和创新频率处于从属地位。这是因为对于大多数成熟期企业而言，持续塑造现金牛才是常态，尽管风险管控机制早已成熟，但也不能忽视隐患，创新节奏以企业能接受为前提。本书由技术轨道①和累积性知识②的渐进性创新，深探到战略性资源、杠杆资源、被边缘化资源的警觉及其拼凑，这些深化了渐进性创新理论。将创业研究领域的核心构念——机会发现，向内延伸到资源警觉，不仅仅由关注机会警觉转向资源警觉③，更强调机会—资源发现。此处，有中生新，是指产品或服务的改进、改良和完善，是成熟期企业追求"足够好""足够全"④使然，这明显地区别于创业

①　Mary J. Benner, Michael L. Tushman：《开发、探索和流程管理：再论生产力困境》，《〈美国管理学会评论〉优秀论文集萃》，北京大学出版社 2014 年中译本。

②　Jesper B. Sorensen, Toby E. Stuart：《老化、过时和组织创新》，《〈管理科学季刊〉最佳论文集萃》（第二辑），北京大学出版社 2012 年中译本。

③　Ted, Baker, Reed, E. Nelson, " Creating Something from Nothing: Resource Construction through Entrepreneurial Bricolage", *Administrative Science Quarterly*, Vol. 50, No. 3 (2005), pp: 329 - 366.

④　［美］唐纳德·F. 库拉特科、［美］迈克尔·H. 莫里斯、［美］杰弗里·G. 科恩：《公司创新与创业》，李波等译，机械工业出版社 2013 年版。

新组拼理论中的"无中生有"（Di Domenico et al.，2010），也不是"创造新的市场、提供新的服务"①。显然，这向后扩展了创业新组拼理论的边界。

2. 温和改善的实现机制

温和改善的实现，依赖于由资源警觉到资源环境构建的过程，其中，有中生新是核心支撑、新颖程度决定创新的生命力和可持续性。显然，这丰富了创业新组拼实现的内在机制，也从资源基础论视角进行了进一步抽象，初步清晰了资源警觉、资源环境重构与商业价值创造的因果逻辑，也对解决资源拼凑的不稳定问题②提供了思路和依托。

温和改善的实现，还取决于资源警觉和组织情境，也是两者的共演，以此才能完成资源环境的构建，进而实现竞争优势的持续化。尤其是组织健康、惯例、知识体系和动态能力等对于温和改善的实现是一套机制保障。这变革了以往研究渐进性创新独立沿着技术轨道（如克里斯坦森、雷纳，2004）③或组织惯例支撑的套路。同时，增补了核心要素，是 Siggelkow（2008）④ 等资源视角的组织进化学说的具体化、丰富化和深化（Wager & Berger，1985）。

3. 温和改善的实现模式

本书将温和改善哲理与战略创业的四种模式建立了连接，温和改善的五维变量与战略创业的 4 种实现形式得以进行交互印证和相互嵌入，为每种战略创业形式找到了商业数据的支撑和佐证，两个学术思想进而得以初步理论化。对于成熟期企业而言，温和改善的实现模式与战略创业的实现形式得以统一。

（五）实践启发

从以上针对 4 家 CTHBs 的扎根研究可以看出，温和改善的实现结果参差不齐，但都反映出共同的机理和机制。案例 1 充分发掘已经存在 400 多年的"火庙文化"集聚顾客的商业价值，借助湖南省传统小吃、正餐做法的收集和供给，以及敏感而积极地扩大营业场所，将消费者分众化，分

---

① 方世建、黄明辉：《创业新组拼理论溯源、主要内容探析与未来研究展望》，载于《外国经济与管理》2013 年第 10 期。
② 张建琦等：《企业拼凑模式选择对创新结果的影响——基于领域双元的研究视角》，载于《科技进步与对策》2015 年第 6 期。
③ ［美］克里斯坦森·M. 克莱顿：《困境与出路：企业如何制定破坏性增长战略》，容冰译，机械工业出版社 2004 年版。
④ Nicolaj Siggelkow：《迈向组织匹配的演化》。载于徐淑英、梁洪滨：《〈管理科学季刊〉最佳论文集萃》，北京大学出版社 2012 年中译本。

类经营、打包供给，完成了文化价值和商业价值的双重提升与组合实现；案例2在恪守"德"文化的同时，未能因应市场形态和消费者的变化，以及员工诉求的变化，最终使得企业行将游离出时代的背景和发展，商业价值难以实现"得"；案例3在产品和服务方面有所为有所不为，但资源警觉钝化，未能妥善应对营业场地供给机会的不确定性和员工的心态波动等，因而成长遇阻；案例4挖掘千年古窖的商业价值，创新创业改进了资源环境，随之焕发出勃勃生机。

启发1：温和改善是企业基于资源和能力的积极行为。如果是被动而为则改变资源结构的成本会变得很高，这对于CTHBs变革而言会带来很大的传承压力、成本压力和营收压力。

启发2：资源的价值在于及早发现、掌控和运用。为此应保持高度的敏感性；依托杠杆资源、战略性资源的重新组合会带来新的绩效、催生新的竞争优势，并延续竞争优势。

启发3：温和改善的价值在于推动构建新的资源环境，实现历久弥新。

三、互联网赋能下的组织惯例重构[①]

"开放、平等、协作、分享"的互联网精神[②]，在催动企业更新既有生产力的基础上，其赋能作用正在发酵，并对传统行业的企业，尤其是对CTHBs的运营产生重大影响，如组织边界被极大地重塑，创新创业的范式发生新的嬗变，企业竞争力的支撑行将重构，等等。随之，"互联网赋能—组织惯例重构—组织能力"这一逻辑关系正在凸显。这些，既对企业的转型与升级提供了契机，也对理论界的企业战略管理探索和组织行为与管理研究提出了挑战。

本书在接受Feldman和Pentland（2012）[③]组织惯例的"二分法"本体论、卡耐基学派对组织惯例个人[④]、群体[⑤]和组织[⑥][⑦]的解构脉络，以及

---

① 节选自：郭会斌等：《互联网赋能与组织惯例重构——基于六家"中华老字号"的解释》，载于《中国人力资源开发》2017年第6期。

② 李海舰等：《互联网思维与传统企业再造》，载于《中国工业经济》2014年第10期。

③⑦ Feldman, Martha S., Pentland, Brian T.：《组织惯例的重新定义：灵活性和变革性的来源》，载于徐淑英、梁洪滨（编）：《〈管理科学季刊〉最佳论文集萃》，北京大学出版社2012年版。

④ March, J. G., Simon, H. A., *Organizations*. 1958：2, 105 – 132.

⑤ Gersick, C. J. G., Hackman, J. R., "Habitual Routines in Task-performing Groups", *Organizational Behavior & Human Decision Processes*, Vol. 47, No. 1 (1990), pp：65 – 97.

⑥ Winter, S. G., Nelson, R. R. *An Evolutionary Theory of Economic Change*, Belknap Press of Harvard University Press, 1982.

陈彦亮和高闯（2014）① 融合个人、群体和组织三者学说的同时，也发现这些先前理论与事实的鸿沟，乃至悖论并未引起学界的注意，尤其是从界面耦合视角进行探索。基于此，扎根于 CTHBs 实践，采用多案例研究设计，从内外界面耦合视角和跨层次界面耦合视角，揭示互联网赋能对组织惯例重构的影响机制。

现有成果对解释互联网赋能情境下的组织惯例重构这一问题尚缺乏相应的解释力，主要表现在三个方面。

（1）尽管商业实践丰富而多彩，关于互联网赋能的学说还处于前理论化阶段。对于互联网转型的核心特征、促进转型的关键因素和机理，仍存在理论上的盲点，尤为重要的是，尚未深探到组织惯例重构这一基础层面的内容。为此，本书不仅关注互联网现象，更关注互联网对 CTHBs 等传统企业的生产力及其衍生价值，尤其是对于惯例重构的赋能价值。亦即，互联网赋能的构念是什么？

（2）关于组织惯例的本体论显示出一条明显的更新轨迹，即由基于大生产时代的机械型组织向迎合信息时代的有机型组织蜕变。这也印证着：惯例的改变通常是外部施加的提高绩效的压力的结果，互联网构成了企业变革和获取竞争力的外部力量。作者在接受这些本体论的同时，还将深入思考：既有学说对活跃于互联网时代的类 CTHBs 传统制造型企业是否具有概推性？非摩擦经济又会带来哪些组织惯例的更新？亦即，组织惯例重构的构念以及动力与前因是什么？

（3）重构组织惯例的前因是如何协同作用的？互联网嵌入、互联网赋能如何推动组织惯例的重构或更新？组织内外如何耦合、运行中企业内部层次之间如何耦合？互联网如何促动 CTHBs 的升级与转型，进而为动态能力的塑造做出贡献？亦即，互联网赋能惯例重构的机制是什么？

（一）理论抽样

选择案例企业时，兼顾其典型性、数据可得性和完整性，尤其关注了每一家 CTHB 对于互联网思维的认知、互联网赋能的程度，组织惯例的演变方向、程度和路径，以及互联网赋能与组织惯例重构是否一致，是否存在差异，能否可对比，亦即从机制方面，这些 CTHBs 是否构成了模式匹配，是否构成了一系列独立的实验。案例的基本信息，见表 4-11。

---

① 陈彦亮、高闯：《组织惯例的跨层级演化机制》，载于《经济理论与经济管理》2014 年第 3 期。

表4-11

案例基本信息

案例编号	字号	创业年份	所在地区	主要产品	所在行业	所有制形式	员工数量/人	销售收入/千万元	所得税前利润/千万元	典型运营特征
1	荣欣堂	1895	山西	太谷饼	食品制造业	泛家族所有制	约160	过2	约0.5	线上销售收入迅猛增长；生产线高度依赖经验；由大众零食转移到"95—族"的套餐；有零食数据的广泛介入
2	龙牌	1740	湖南	酱油	食品制造业	泛家族所有制	约200	约13	约2	线上销售收入开始增长；格守传统，拒绝数字化生产；惯例老套，变革困难；仅仅供给结构有所调整
3	颐高	1922	山西	糕点	食品制造业	国有所有制	约600	约4	约0.1	漠视互联网的广泛嵌入人性和生产性，固守传统；惯例刚性很强；组织运行全面老套，远离数字经济；举步维艰
4	山桥	1894	河北	钢桥梁、铁路道岔	装备制造业	股份制	约4300	433	30	钢桥、道岔行业的排头兵，推进智能制造；实现初步分享，进行大规模定制；由"现代部落"向现代企业转型，进行"大数据"改革，触摸"工业云"
5	九芝堂	1650	湖南	中药	医药制造业	股份制	3800	872	471	低风险运营；以信息化、互联网技术改造实现规模化，提升标准化，任生产线尽力推广数字化"老字号"
6	郭元益	1867	台湾	糕点	食品制造业	泛家族所有制	近600	过30	约1	变革成为延续的核心支撑；供给结构随时代、商品所承载的主流价值文化因时代变迁而缓慢演进；成为我国食品业"老字号"的典范

注：尽管案例4和案例6，没有获得"中华老字号"的牌匾，不过，按照国家商务部2006年的认定条件，两家企业都能满足，随之，本书将两者视作CTHB；员工数量、销售收入和所得税前利润均为2015财年的数据（对于中国台湾的企业，按当时的汇率将新台币折算成人民币）。

它们既有"阳光带"① 的（案例 5 和案例 6），也有"积雪带"的（案例 2 和案例 4），还有"锈病带"的（案例 1 和案例 3），这有助于提高案例研究的情境性，案例成对出现也有助于实现数据的迭代和对比，还有利于区分企业对于互联网赋能的不同感知和组织惯例重构的深度。它们既有装备制造业的企业（案例 4），也有日用消费品制造业的企业（案例 1、案例 2、案例 3、案例 5 和案例 6），这有助于从行业差异中探究共性，有助于从外部宽广的视角去把握互联网赋能与组织惯例的关系，也有助于提高结论的外部效度。它们既有公众上市公司（案例 4 和案例 5），也有泛家族企业（案例 1、案例 2 和案例 6），还有国有独资企业（案例 3），这有助于从不同投资主体角度满足叙事复杂性的要求，有助于提高案例材料本身的张力。它们既有业内实现基业长青的佼佼者（案例 6），也有今天沉疴累积、举步维艰的企业（案例 3），这有助于从经营业绩角度去分析信息平台化对于组织惯例重构的方式、沿革和结果。可以看出，这些案例中互联网赋能的方式、渠道和程度不同，组织惯例的重构方向、目标和模式有异；所选 CTHBs 之间足以互相印证和丰富，这将有助于落实复现逻辑。其次，它们的多重配对构成了强烈的对比性，构成了典型的"两极模式"②。再者，这些来自不同行业、不同所有制、不同市场发育地域的案例，有助于实现理论饱和，以构建具有概推性的迷你理论，进而助益组织惯例理论的深入研究。

（二）数据编撰与分析

在多案例数据分析方面，沿用了郭会斌（2016）③ 的程序，以清晰和完整地展示证据链，如图 4 - 7 所示。

在此过程中，本书重点把握了以下关键环节。

（1）进行单案例的显性分析。对所获得的数据依据所搜集、检索的关键词进行预处理、浅层次分析和贴标签，得到条目和一个（或多个）初始概念。

（2）进行跨案例的潜性分析。考虑到进入分析视野的案例较多，本书以案例 5 数据中所获得的条目为蓝本，进行案例间的持续比较，在含有相同或相似初始概念条目的基础上，运用关键事件编写技术，提炼场景，

---

① ［美］罗伯特·K. 殷：《案例研究方法的应用》，周海涛译，重庆大学出版社 2013 年版。
② Eisenhardt, K. M., Graebner, M. E., "Theory Building from Cases: Opportunities and Challenges", *Academy of Management Journal*, Vol. 50, No. 1 (2007), pp: 25 - 32.
③ 郭会斌：《温和改善的实现：从资源警觉到资源环境建构——基于四家"中华老字号"的经验研究》，载于《管理世界》2016 年第 6 期。

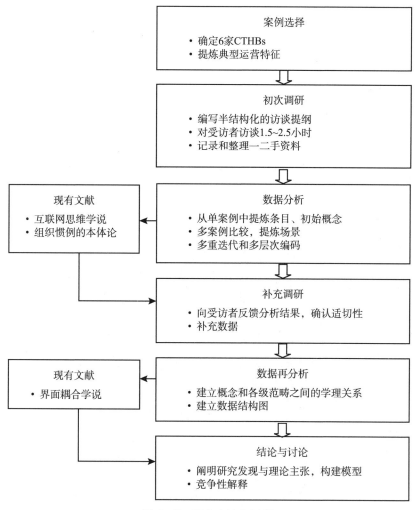

图4－7　研究方法与过程

此即"解释性真实"①，见表4－12。

（3）进行多次序编码。经过不断重复案例数据、理论和意义三者之间的对话和迭代，直至达到数据饱和与理论饱和，以及收敛趋同。依次对场景进行开放编码、主轴编码，以及选择编码，分别获得一阶概念、二阶范畴和主范畴。表4－12是编码过程示例，表4－13显示了编码结果。

① Siggelkow, N., "Persuasion with Case Studies", *Academy of Management Journal*, Vol. 50, No. 1 (2007), pp: 20－24.

表4-12 代表性数据、跨案例比较过程及其编码举例

构念	关键词（子构念、测度变量）	个案数据（条目）	比较及结果		编码程序和结果	
			初始概念	场景	一阶概念	二阶范畴
互联网赋能	信息挖掘、互联网思维、处理能力、信息共享、智能制造、客户个性化、企业平台化、员工创客化、组织活化、信息不对称	自介入线上交易以来，销售收入爆发式增长，然而传统的生产线制约着进一步扩大战果，生产力有待释放（条目1-1）	销售改进、生产力释放			
		我们仅限于财务方面的电算化，信息技术应用于生产似乎离我们还很遥远，当家人不学习，对数据价值的潜力重视不够（条目2-4）	互联网思维、数字化生产			
		尽管当地政府主管部门一再呼吁，限于资金投入和经验限制我们还没有介入深度介入互联网，仅限于日常办公，数字化生产可望而不可即（条目3-5）	数字化生产	对信息数据的敏感与商业运用，对个别或全部生产单元/的节点的工序进行数字处理，分工精细、合作极致，并与供应商、上下游实现数据共享，进行供给的创新（场景18）	智能制造	界面交互
		信息化给企业带来了生机与活力，在日常办公、对外联络、生产管理（尤其是个别车间、个别工区）等，其强大的生产力正在逐步显现（条目4-9）	信息共享、生产力释放			
		随着大健康、移动医疗时代的来临，企业不仅在销售终端，尤其是连锁药店进行数字生产，更重要的是进行数字生产，以信息技术和互联网技术改造企业的各方面，各环节运行（条目5-8）	供给创新、数字化生产			
		门店之间、门店和总部已经实现了信息的充分交互，生产线也开始尝试智能制造（条目6-12）	信息共享、数字化生产			

续表

构念	关键词（子构念、测度变量）	个案数据（条目）	比较及结果		编码程序和结果	
			初始概念	场景	一阶概念	二阶范畴
惯例重构	信仰结构、组织取值图示、价值取向、组织惯性、惯例刚性、商业流程、运营程序、交易成本、温和改善、终极判断、能力结构	线上销售和线下销售有明显的不同，前者做拉，后者做推。线上交易流程给企业曾有的传统销售模式带来了挑战，我们只有实施程序方面的变革（条目1-7）	商业流程、运营程序			
		传承是企业的使命，但也不能太过老套。该与时俱进（条目2-11）	组织惯性、信仰结构			
		长期以来，传统思想极其严重，面对门店房租上涨，消费者选择渠道增多，对于提高销售额我们现在无能为力，强忍着委缩（条目3-8）	组织惯性、信仰结构	与组织假设相一致，以惯例刚性的降低为指向，将个人和群体的习惯做法形成新的组织惯性图示，并被员工广泛认知和接受，经历由不习惯到习惯的漫长的过程（场景31）	惯例合法化	内部运营效率
		作为百年企业，温和改善一直在持续，我们非常重视改变员工的习惯做法，防止有害惯性的延续思维方式，以及已经日积月累的习惯（条目4-1）	温和改善、惯例刚性			
		相信和执行风险内控，低风险偏好和低调做事，文化价值和社会价值第一位的（条目5-1）	组织惯性、信仰结构			
		尽管公司的产品是标准化的，门店采取的也是连锁加盟的运营机制，在顺客个性化的今天，我们还是鼓励各个门店因地而异扩大销售（条目6-6）	尽力授权、客户个性化			

表4-13

编码结果

核心范畴	主范畴	二阶范畴	一阶概念	场景
互联网赋能	平台化	信息基本取向	速度	即时发布信息，以往所存在的信息滞留现象正在消失，信息即时创造价值，在企业内创造速度经济性
			简约	信息严格的标准化、格式化，以往随意的纸质质量审鉴方式不复存在，交互界面清晰，一目了然，人人很快熟知
			极致	信息传输不留死角，员工在信息共享中得到快乐，以往所存在的"小圈子"正在消失
		信息结构	对等	在交互沟通中，尽可能平等而无势能差异地进行信息的交换成为常态，以往个别人所依仗的信息优势现象正在消失，势能差异现象正在消失
			无中心	商业运营信息广泛地分布到企业中的每个角落和环节，经授权人人都可以发布，人人都可以共享，死角正在消失
			跨界	信息不仅跨越组织的物理围墙，强调跨越组织经营系统和理念的边界，更强调跨越组织经营的资源边界
			共享	创客的平台化、创客空间的平台化，组织运行的平台化，乃至供应链相关者的平台化
		内部社会化	透亮	借助于应用软件实现信息开放，经授权人人都可以无成本、无障碍地获得内部商业运营信息，以往所存在的信息不对称现象正在弱化
			整合	以信息资源为纽带，实现资源获取渠道的多样化与开放化，资源整合的活化，以资源的网络化为背景
			冲突	企业中既有的组织信仰、假设与价值观，组织既有惯例变革的次序，以及轻重缓急，流程性的冲突
	内部推进	触摸脚本	步骤	在互联网推动下，组织既有的管理程序、流程，制度和标准应对数据化，信息技术
			节奏 适用性	严格序贯性、流程性的管理程序和工艺程序等组织惯例，对于互联网和信息技术，数字经济运行的节奏适应性
			范围	与互联网、信息技术进行对话，进而实施重构的组织惯例在个人、群体（团队）和组织的表现

续表

核心范畴	主范畴	二阶范畴	一阶概念	场景
互联网赋能	内部推进	介入方式	资源流量	以数字技术和信息技术为工具，多渠道、多来源获得新的资源，以扩大资源流量
			资源存量	抵御资源刚性的形成，数字技术将所沉淀有的活性资源唤醒，传统等既有的活性资源唤醒，延展其使用价值
			能力建构	信息技术与企业的核心竞争力建立联系，以数据更新动态能力的技术与知识结构，改进物流运行体系，以"百年老店"的存续为归宿
	界面交互	执行惯例	销售改进	立足小众市场，线上与线下交易同行，尤其是以购物体验驱动网络口碑的传播，改进物流运行体系
			智能制造	对信息数据的敏感与商业运用，对个别或全部生产单元的工序，节点和技术标准进行数字化处理，分工精细、合作极致，并与供应商、上下游实现数据共享，进行供给创新，适时引入工业机器人，以此完成生产力的释放和再造
		明示惯例	全价值链	嫁接信息技术，与上下游和利益共同体践行"活在时代里"，向网络型企业迈进
			基础假设	企业所秉持的核心理念、信仰与愿景，在时代发展中应进行变革，抵御惯例性的形成
			界面障得	组织中的部门之间对于惯例的理解与互动，涉及绩效反馈，对招聘雇用程序的意见，预算编制等
惯例重构	触动惯例	回应方式	主动调适	认识到以互联网为载体的信息技术的革命性生产力，进而调动资源积极应对
			被动应对	漠视以互联网为载体的信息技术的革命性生产力，消极应对
		行为层级	个体行为	充分尊重个体的偏好和兴趣
			群体行为	以群体、团队和部门为单位，强化程序的无缝对接，建立创客空间
			组织行为	将企业平台化，尤其在组织文化和信仰方面，使之成为驱动粘性力量
			网络行为	打开门户和利益区隔，企业与其上下游、利益相关者等，构建良好的商业生态

续表

核心范畴	主范畴	二阶范畴	一阶概念	场景
惯例重构	建立目标	外部竞争力	动态能力	追求产品的"足够好"而不是最好的,以及成本的"足够低"而不是最低,致力于在质量与成本之间取得有竞争力的平衡
			组织边界	在商业理念、可调动资源等方面突破组织的范围,运用市场、社会联系的手段获得多种支持
			交易成本	协调上下游资源,进行供应链的整合,进行市场交易与企业内部交易的比较,取得市场交易条件下的最低
		内部运营效率	惯例合法化	与组织假设相一致,以惯例刚性的降低为指向,将个人和群体的习惯做法形成新的组织性图示,并被员工广泛默认和接受,经历由不习惯到习惯的漫长过程
			惯例制度化	兼顾当前与未来,形成可传承的管理流程、程序、标准和管理制度等显性知识
			惯例基因化	历经沉淀与提炼,形成可复制的、一定时期内有生命力的管理规则和模式
	实现重构	重构路径	惯例传递	新惯例在个人间、部门间通过正式的渠道进行传递
			惯例扩散	新惯例在组织内通过正式与非正式的渠道得到广泛的认可与切实的执行
			惯例模仿	放宽视野,选定业内标杆,考虑其惯例的适用性,有选择地进行改造,实现定点超越
			惯例颠覆	因应时代的要求,对惯例进行大胆改造,在业内树立标杆,继续"百年老店"愿景的实现
		重构结果	温和改善	始于"健康的不满",创新或创业秉持全面向前的渐进性,尤其是规避不可计算与应对的风险和不可预估的不确定性
			引爆行业	以某一方面的突破性创新,引领业内趋势,树立标杆,颠覆业内的成熟范式

（4）进行故事线分析。从表4-13可知，这些概念、范畴凸显出一条明朗的故事线：互联网以其鲜明的平台化、内部推进与界面交互，驱动着组织惯例的重构，它依次经历触动惯例、建立目标和实现重构三个过程。

（5）可视化结果。

（三）研究发现

1. 数据结构

图4-8呈现出数据、概念和范畴间的结构与关系，即互联网赋能过程与组织惯例的重构过程，在不同的范畴间存在明显的交互、耦合关系。6家CTHBs，都提供了不同程度、不同侧面的例证。

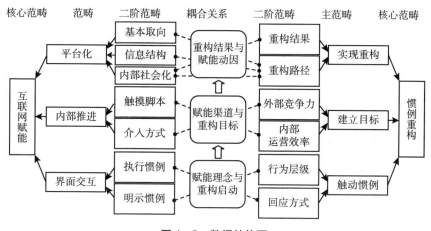

图4-8　数据结构图

2. 命题

（1）互联网赋能的构念。由信息技术推动的互联网正在改变企业所处的内外部环境，互联网与经济社会中的大众在持续地相互影响，因而对消费者新型需求的关注和信息分析，是企业永续的法宝（条目6-1）。首先，信息化正与工业化紧密结合，在企业的演变中，我们致力于改进生产力，进行着一系列的、多彩的变革（条目5-9），既有的经营理念和盈利模式等随之演变，它来自战略创业的实施与推动①，并由此而更新和升级

---

① Covin, J. G. , Miles, M. P. , "Corporate Entrepreneurship and the Pursuit of Competitive Advantage", *Entrepreneur-ship Theory and Practice*, Vol. 23, No. 3（1999）, pp: 47-63.

着组织的活力。其次，互联网对于既有资源的触动和习惯做法的冲击，将在企业内部推动一系列的变革行为，这是回应时代的要求和外部环境的压力。由于决策层对于学习的忽视，使得企业在嫁接信息技术、互联网方面的努力很有限，生产率和竞争力难以提高就在情理之中了（条目 2 - 7），由此而损失效率和成长机会，重要的是将不得不面对更大的商业风险①。再者，互联网推动的转型需要克服外部环境——组织、企业内部一系列的管理刚性和资源刚性②，此时尤其需要研讨企业—外部环境的界面互动，进行商业学习③，充实和更新竞争力构成要素，在执行惯例和明示惯例间进行界面交互，从而重构组织惯例。由经验管理迈向科学管理，致力于把公司建成基于信息化的创新型智慧企业，而办公软件的广泛应用、智能生产软件的有选择应用，"系统 + 生产"明显地降低了企业的管理成本，提高了产出，不过，在此过程中公司上下投入了很大的精力进行适应、培训和学习（条目 4 - 13）。这些事理和学理得以反映，由此，提出以下命题。

命题 1：互联网赋能，即赋予企业在互联网时代新的活力和动态能力，其直接驱动着企业供给效率的变革，通过平台化、内部推进和界面交互来完成。

（2）组织惯例重构动力与前因。惯例往往是为特定问题做出准自动响应的解决方案④，这需要企业行为的呼应和配合。互联网已经改变了公司开办以来的挣钱套路，变化太快，公司上上下下都在紧紧追赶，现在最重要的是：让大家尝到互联网所带来的甜头，而不仅仅是默默奉献、按部就班地操作；即便是一线生产人员也不再死板，在提高产量的基础上实现灵活，但质量不能降低、外形不能变（条目 1 - 21）。从学理分析也可以看出，组织惯例在重构实现之前遵循由外到内的界面耦合机制，更多时候是沿着互联网赋能—既有执行惯例—层级传导与回应—既有明示惯例的路径，而不是明示惯例和执行惯例先入性的、结构化的二元"理论剪刀"。

---

① Anneke, V., Roland, Van, D., "Managing the Design - Manufacturing Interface", *International Journal of Operations & Production Management*, Vol. 23, No. 11 (2002), pp: 1326 - 1348.

② Gilbert, C. G., "Unbundling the Structure of Inertia: Resource versus Routine Rigidity", *Academy of Management Journal*, Vol. 48, No. 5 (2005), pp: 741 - 763.

③ Vidal - Salazar, M. D., Cordón - Pozo, E., Ferrón - Vilchez, V., "Human Resource Management and Developing Proactive Environmental Strategies: The Influence of Environmental Training and Organizational Learning", *Human Resource Management*, Vol. 51, No. 6 (2012), pp: 905 - 934.

④ Feldman, Martha S., Pentland, Brian T.：《组织惯例的重新定义：灵活性和变革性的来源》，载于徐淑英、梁洪滨（编）：《〈管理科学季刊〉最佳论文集萃》，北京大学出版社 2012 年版。

相反，对外界变化的漠视，以及企业内外的掣肘等，会使得组织惯例重构困难重重，此时，印证着：组织惯例是组织惰性的来源①，目标迷失，既有的组织惯例恰恰影响了企业的发展②。从自身方面，对产业政策和行政资源的依赖，当然也因为政府的过度介入，使得我们所制订的新计划经常胎死腹中，无奈中存活，也顾不上考虑下一步是什么，企业运转总是老套，每一步变革都很困难（条目 3 - 17）。由此，提出以下命题。

命题 2：组织惯例重构，即明示惯例和执行惯例的结构性变革，其深层次是企业信仰和假设的重塑，它通过触动惯例、建立目标和实现重构来完成。

（3）互联网赋能组织惯例重构的机制。随着互联网广泛而深度的嵌入，企业在此环境压力下，界面交互得以启动和实施，这间接有助于动态能力的形成与更新，也推动着组织惯例的变革。首先，进行线上销售后，就迫使企业对物流运作、收款等各环节进行适应和调整，而不是历史上的金字塔式的销售体系（条目 1 - 28），这是在日常运行的行为层面，而这也意味着组织惯例重构的启动，亦即明示惯例与商业行为之间存在着链接。其次，组织惯例是跨层级演化的，存在着"连接桥"③，其重构需要企业中各层次的参与和交互，并在此过程中实现商业学习④，它遵循由个体行为、群体或组织信仰，到组织生态的界面传导机制，亦即执行惯例与回应方式存在链接。最近几年，随着移动终端的普及，一线人员发现"低头族"更追求轻松、休闲的交谊等，曾经作为庆生、嫁娶喜庆物的喜饼和糕点正转化为休闲食品，逐步向体验化消费过渡，这些是深层次经营理念的变化，它由低层—高层反映出，再由高层—低层来推动实现（条目 6 - 35）。再次，尽管成熟期企业存在着官僚制的多重界面障碍⑤，不过，互联网以其信息的标准化，在快速推动着社会化的进

---

① Hannan, M. T., Freeman, J., "Structural Inertia and Organizational Change", *American Sociological Review*, Vol. 49, No. 2 (1984), pp：149 - 164.

② Gersick, C. J. G., Hackman, J. R., "Habitual Routines in Task-performing Groups", *Organizational Behavior & Human Decision Processes*, Vol. 47, No. 1 (1990), pp：65 - 97.

③ 陈彦亮、高闯：《组织惯例的跨层级演化机制》，载于《经济理论与经济管理》2014 年第 3 期。

④ Vidal - Salazar, M. D., Cordón - Pozo, E., Ferrón - Vilchez, V., "Human Resource Management and Developing Proactive Environmental Strategies：The Influence of Environmental Training and Organizational Learning", *Human Resource Management*, Vol. 51, No. 6 (2012), pp：905 - 934.

⑤ Verbeke, A., Yuan, W., "The Drivers of Multinational Enterprise Subsidiary Entrepreneurship in China：A New Resource - Based View Perspective", *Journal of Management Studies*, Vol. 50, No. 2 (2013), pp：236 - 258.

程，变革着既有资源的形态和价值创造潜力，界面规则和系统集成规则正在重新书写，产品分工组合不仅沿着产品分类，还要在产品供应链的各个区段上进行。"互联网+"思维推动传统制造企业的服务化转型，供应链内的信息交互与共享成为公司竞争力成长的重头戏，在数据的格式化、标准化方面我们一直在努力，集成创新、服务创新的成果在逐步显现，进而提升全价值链创造价值的能力（条目4-8）。由此，提出以下命题：

命题1：由互联网赋能的组织惯例重构，是互联网—企业外环境界面耦合、供应链的区段耦合，以及内部多层次纵向界面的多次往返传导过程。

毫无疑问，互联网技术发展极其快速，对我们的冲击还是很大的，甚至是全方位的，因此我们能做的是，如先开展年份酱油的网络销售，结果是销量提高很快，但生产技术改进滞后，谈不上数字化、自动化，仍然是极其传统的工艺技术和流程，导致有时脱销（条目2-30）。惯例使官僚制度有效地组织专业技能并执行权力①。作为主动性力量的互联网，其推进的渠道不同、介入方式不同、对脚本的触摸程度不同，就决定着组织惯例调适和重构的内外目标不同，因两者间存在着"惯例即漂移动态"②的学理。作为国家重点中药企业，中药提取、综合制剂等生产环节要求严格的流程化，还是需要按部就班，自动化技术、数字化生产的改进应该在既有规模化、标准化和机械化的基础上循序渐进，事实上也可能全部实现（条目5-35）。既有的资源和能力，是互联网赋能的依托，信息技术的应用和介入在改进企业资源结构的同时，也在决定着企业的能力结构，在此过程中存在着"试错"学习机制③。今天，互联网首先改变的是消费者的生活形态和消费方式，这对企业构成了"拉力"，决策层意识到以后，积极调动公司资源进行配合，这就形成了"推力"，进而形成新的竞争力，这是我们得以存活、壮大的重要原因（条目6-41）。由此，提出以下命题。

---

① Feldman, Martha S., Pentland, Brian T.：《组织惯例的重新定义：灵活性和变革性的来源》，载于徐淑英、梁洪滨（编）：《〈管理科学季刊〉最佳论文集萃》，北京大学出版社2012年版。

② Chen, J. E., Pan, S. L., Ouyang, T. H.. "Routine Reconfiguration in Traditional Companies' E-commerce Strategy Implementation: A Trajectory Perspective", *Information & Management*, Vol. 51, No. 2 (2014), pp: 270-282.

③ Rerup, C., Feldman, M. S., "Routines as a Source of Change in Organizational Schemata: The Role of Trial-and-Error Learning", *Academy of Management Journal*, Vol. 54, No. 3 (2011), pp: 577-610.

命题2：在组织惯例的重构过程中，互联网赋能的渠道与惯例重构目标之间互为因果，对脚本的触摸将影响内部运营效率，介入方式的不同将影响竞争力的获取。

首先，组织惯例是人类组织的核心特点①，其重构诱因是互联网所推动的企业信息平台化，它取决于信息的基本取向和结构，以及内部的社会化程序，进而追求组织整体的改进，而不是某一方面、某一板块或某一领域，从而实现企业内外的交融。相反，如果企业只进行办公的信息化、销售的线上与线下互动，对企业进步的意义就不明显，信息技术的优势也就微乎其微（条目3－29）。其次，互联网赋能行为是连续性的，而这需要企业内部一系列的社会化过程，它左右着惯例重构的结果；组织惯例具有基因的特征②，它存在于企业运营的各个通道与环节中，而信息的结构和取向影响着惯例重构的路径和方向，因此互联网赋能与组织惯例重构存在着互动与耦合关系。我们追求把公司建成基于信息化的创新型智慧企业，引领行业发展趋势；不过，工业数字化系统与管理信息化系统两部分尚没有开始真正融合，企业职能部室中使用的各类管理平台与生产车间中使用的先进装备仪器各自独立运行，管理信息与实时生产数据各自形成孤岛，李克强总理提出的"新型两化融合"尚没有真正开始，不过这些将在"十三五"时期初见成效或得以扭转（条目4－39）。再者，互联网在赋能正能量的同时，也可能带来负能量，进而可能改变企业的既有偏好和假设。以互联网为载体的大健康、移动医疗将成为企业未来的发展方向，作为A股上市公司，此时尤其需要进行风险内控，继续坚持低风险偏好的惯例，低调做事，否则，一旦出现危机事件，在互联网"36524传播"的背景下企业受伤极大，也就难以续写"百年老店"的传奇（条目5－38）。由此，提出以下命题。

命题3：组织惯例重构的结果是融入互联网社会并产生交互、耦合和相互形塑，企业自身实现"活在时代里"。

（4）理论贡献。本书沿着"互联网赋能—组织惯例重构—组织能力"的逻辑进行了案例归纳，其学术价值主要体现在两个方面。

①基于互联网赋能和组织惯例重构在CTHBs中的进展与演变，初步

---

① Feldman，Martha S.，Pentland，Brian T.：《组织惯例的重新定义：灵活性和变革性的来源》，载于徐淑英、梁洪滨（编）：《〈管理科学季刊〉最佳论文集萃》，北京大学出版社2012年版。

② Winter，S. G.，Nelson，R. R. *An Evolutionary Theory of Economic Change*，Belknap Press of Harvard University Press，1982.

界定了互联网赋能和组织惯例重构两个构念。陈光锋（2014）①、卢彦（2015）② 和吴义爽等（2016）③ 在互联网思维与传统企业再造方面做了大量的工作，更多的是对于商业实践的白描，还没有明确地深入到组织惯例及其重构层面。实质上，比起个体对于技能的依赖，组织对其常规的依赖更严重④；组织惯例是许多被我们广泛接受的理论中的一种机制解释⑤。本书正是在互联网赋能与组织惯例重构方面，进行了情境的概化。李海舰等（2014）⑥ 提出了互联网思维与传统企业再造的内在逻辑，不过所宣称的案例研究方法与范式的运用值得商榷；而本书则严格地遵循了自然主义研究传统，规范地运用了扎根理论范式，在方法论方面提供了保证。从平台化、内部推进和界面交互再造由浅入深、由实践到理论的三个层面诠释互联网赋能的过程机制，从触动惯例、建立目标和实现重构三个步骤归纳组织惯例重构的程序，这些深化了互联网价值和组织惯例的学理认识，尝试性将相关文献向理论化方向推进了一步，为接下来更深入的研究做了可能的铺垫。

②将界面耦合学说作为元理论，解释了互联网赋能组织惯例重构的机制。通过提供全新的理论视角，在两个构念间增加了新的理论关联⑦，从而得到了新的理论洞见⑧。经过归纳，发现互联网赋能的三个递进层面与组织惯例重构的三个步骤之间，分别存在明显的耦合关系：界面交互必将触及组织惯例，既有的惯例也必将做出回应，以此启动互联网赋能下的惯例重构；互联网内部推进与惯例重构目标存在动态的适配，这恰恰反映出外部环境—企业界面的双向互动；惯例重构结果与平台化所存在的因果互动关系，使得企业与所处的经济社会和技术环境相互促进，实现交替进步。然而，既有的文献对以上耦合关系尚未涉猎，如 Winter 和

---

① 陈光锋：《互联网思维：商业颠覆与重构》，载于《中国科技信息》2014 年第 7 期。
② 卢彦：《互联网思维 2.0：传统企业互联网转型》，机械工业出版社 2015 年版。
③ 吴义爽等：《基于互联网＋的大规模智能定制研究——青岛红领服饰与佛山维尚家具案例》，载于《中国工业经济》2016 年第 4 期。
④ ［美］温特·悉尼：《构建经济学和管理学的演化理论》，载肯·G. 史密斯、迈克尔·A. 希特（编）：《管理学中的伟大思想》，北京大学出版社 2016 年版。
⑤ Feldman，Martha S.，Pentland，Brian T.：《组织惯例的重新定义：灵活性和变革性的来源》，载于徐淑英、梁洪滨（编）：《〈管理科学季刊〉最佳论文集萃》，北京大学出版社 2012 年版。
⑥ 李海舰等：《互联网思维与传统企业再造》，载于《中国工业经济》2014 年第 10 期。
⑦ 魏江等：《中国战略管理研究：情境问题与理论前沿》，载于《管理世界》2014 年第 12 期。
⑧ Nicolaj Siggelkow，"Persuastion with Case Studies"，*Academy of Management Journal*，Vol. 50，No. 1（2007），pp：20 – 24.

Nelson（1982）[1] 对信息技术可能引起的变化尚未关注，Gersick 和 Hackman（1990）[2] 的本体论与当今的商业实践存在或多或少的背离，Zollo 和 Winter（2002）[3] 的思想对组织惯例中的信仰、假设等保持着缄默，而 Feldman 和 Pentland（2012）[4] 也以传统的大规模生产时代为背景，分析了明示惯例和执行惯例的相互关系。

上百年来，CTHBs 已经演化出了共同特征，如企业的存续比产品的更新换代更重要，创新与变革经常是渐进性的，普遍存在着资源刚性和惯例刚性，温和改善是主流的演化范式，企业存续的意义相比于企业更强更大的意义更加重要，普遍追求在位优势，鲜少追求先发优势，如此等等。因此，相关结论适用于传统制造业的中型企业或大型企业。

（5）实践启发。将给一线实践带来三点借鉴。

①CTHBs 类传统制造型企业在互联网时代的转型，起步于外部技术环境的压力，由此推动深层次的组织行为的重塑，以及组织信仰、假设和愿景的变革，即深入到组织惯例重构这一战略层面，是战略创业的过程。

②在互联网赋能的组织惯例重构过程中，存在外部环境—企业，个人、群体、组织和网络的多角度、多层次界面耦合，只有在互动和相互适配中才能提高生产力，因此，管理者，尤其是高层管理团队应积极降低各部门的"势能"，努力消除边际障碍。

③组织惯例重构的终极目的是企业发展与信息技术、互联网的进步合拍，而不是彼此脱节，因此，管理者，尤其是高层管理团队应认识到：CTHBs 类传统制造型企业要"活在时代里"，变革、重构、创新与创业应成为经营的主题和常态。

---

① Winter, S. G., Nelson, R. R. *An Evolutionary Theory of Economic Change*, Belknap Press of Harvard University Press, 1982.

② Gersick, C. J. G., Hackman, J. R., "Habitual Routines in Task-performing Groups", *Organizational Behavior & Human Decision Processes*, Vol. 47, No. 1 (1990), pp: 65 - 97.

③ Zollo, M., Winter, S. G., "Deliberate Learning ang the Evolulion of Dynamic Capabilities", *Organization Science*, No. 13 (2002), pp: 339 - 351.

④ Feldman, Martha S., Pentland, Brian T.：《组织惯例的重新定义：灵活性和变革性的来源》，载于徐淑英、梁洪滨（编）：《管理科学季刊》最佳论文集萃，北京大学出版社 2012 年版。

四、基于界面耦合的组织再生[①]

提高成熟期企业的运营效率，实现组织再生，一直是近年来研究的热点。学者们，仁者见仁，智者见智。CTHBs 是传统行业成熟期企业的典型，立足持续竞争优势和持续卓越绩效的获得，聚焦其战略性 IE—职能性 HRM 界面，探索信息粘滞、界面耦合对于组织再生的效应机理，有助于构建情境化的管理理论，并为一线管理者实施界面干预带来启发。

今天，IE—HRM 界面正成为后现代企业组织建构与更新的逻辑起点。以往的研究文献都是在各自的领域中提出主张，相互启发则困难重重。它们在为本书的研究提供了铺垫的同时，尚存在着一定的理论缺口，主要有三个方面。

（1）组织再生依赖组织运行效率得以改进的机理尚不清晰，即便是在 Covin 和 Miles（1999）[②] 的原创性文献中，也是含糊其词，后续的学者仍未提供实证数据的支持，局限于思辨研究层面。

（2）战略性 IE—职能性 HRM 耦合，在生成与左右公司绩效的特定机制和机理方面，理论和证据仍然十分欠缺，对于组织再生的路径问题，也处于前理论化阶段。

（3）对于 CTHBs 规避信息粘滞、内隐知识的显化和价值化，改进界面耦合的机理付之阙如。

针对研究进展的多重困境，本书试图从机制层面，探讨规避信息粘滞，实现界面耦合和组织再生的机理。

（一）理论抽样

所研究的主题决定了所选 CTHBs 必须源自传统行业的典型企业，运营情境具有典型性，管理经验具有复制价值，以此才能提炼普适性、稳健性的结论。随之，确立了案例选择的标准：①企业是在激烈的自由竞争中成长的，是非垄断性企业；②在区域范围内，字号具有良好的市场美誉度和传播度；③经营业绩领先，具有发展的潜力；④公司经营历史有据可

---

① 节选自：郭会斌等：《信息粘滞、界面耦合与组织再生：基于六家"中华老字号"的扎根研究》，载于《情报科学》2016 年第 7 期。

② Covin, J. G., Miles, M. P., "Corporate Entrepreneurship and the Pursuit of Competitive Advantage", *Entrepreneur-ship Theory and Practice*, Vol. 23, No. 3（1999）, pp: 47–63.

考、管理档案较完整，管理者有分享经验或教训的积极性。所选定的样本信息，见表 4 - 14。

表 4 - 14　　　　　　　　　　　样本企业基本信息

案例编号	创业年份	所在行业	销售收入/万元	员工数量/人	财务业绩	区域市场地位
1	1126	白酒制造业	100000.0	700	82.8%	追随者
2	1671	酱油、食醋及类似制品制造业	5800.0	560	8.8%	领导者
3	1869	肉制品及副产品加工业	2600.0	150	13.2%	追随者
4	1908	肉制品及副产品加工业	7800.0	580	17.8%	领导者
5	1931	米、面制品制造业	700.0	200	11.0%	追随者
6	1937	正餐服务业	5600.0	400	15.3%	领导者

　　注：销售收入和员工数量是 2014 年的数据；财务业绩，仅考查了 2010—2014 年销售收入平均增长率。

（二）数据编撰与分析

所建立的研究程序，如图 4 - 9 所示。

1. 场景提炼

质性数据的分析，始于案例内分析，及随后的跨案例分析①。遂对 6 个"会说话的猪"采用分析归纳的思想和持续比较的原则②，将信息粘滞、IE—HRM 界面耦合的典型表征，在不同案例描述之间进行比较，依据三条线索：①信息粘滞在组织运行中的表现；②IE—HRM 的互动形态；③组织再生过程中信息（或知识）价值的凸显，对案例数据进行定性的预处理，见表 4 - 15。进而抽象每个案例中所出现条目的共同元素和普遍特征，共提炼了 57 个相对完整的场景，即"解释性事实"，每一个场景是一个或一组关键事件，它们也是接下来编码分析的基础单元。

---

　　① Miles, M. B., Huberman, A. M. *Qualitative Data Analysis* (2*nd ed*), Sage, Thousand Oaks, CA, 1994.
　　② Suddaby, R., "From the Editors：What Grounded Theory is not?", *The Academy of Management Journal*, Vol. 49, No. 4 (2006), pp：633 - 642.

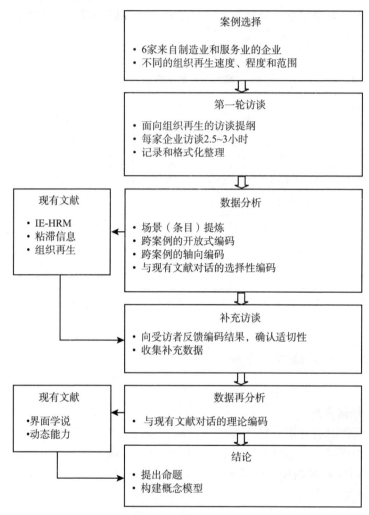

图 4 – 9   研究方法与过程

表 4 – 15   组织再生的跨案例比较

案例编号	组织再生（速度、程度和范围）	信息粘滞	IE – HRM 的界面互动		信息（知识）价值
			战略性 IE	职能性 HRM	
1	快速、高度和大范围	轻度	积极	积极	重视
2	缓慢、低度和小范围	重度	一般	消极	漠视
3	缓慢、低度和小范围	轻度	一般	积极	一般

续表

案例编号	组织再生（速度、程度和范围）	信息粘滞	IE - HRM 的界面互动		信息（知识）价值
			战略性 IE	职能性 HRM	
4	快速、一般和大范围	一般	积极	积极	重视
5	缓慢、低度和小范围	轻度	消极	消极	一般
6	缓慢、低度和小范围	一般	消极	一般	重视

注：表中的定性评判采用 3 级评分法；主要考虑 2005—2015 年的组织变革。

2. 数据编码

本书遵照凯西·卡麦兹的研究方法对数据进行四级编码[①]；运用三角验证法[②]，将所获得的一、二手资料进行交互验证，以提高研究的效度。

（1）初始编码。这是对场景进行区别、归类的过程。在此，最大限度地贴近商业实践，忠实于原文，使每一个编码成为一个相对独立的关键事件，并选用适切的概念；同时，保持开放的态度，尽量跳出既有的理论束缚，避免个人偏见的干扰。共得到 134 个编码、57 个场景（表 4 - 16 中，含义是对场景的浓缩）。

（2）聚焦编码。这是对每个场景逐字逐句进行抽象化处理的过程，共得到 30 个概念，见表 4 - 16 所示。

（3）轴心编码。这是对概念进行范畴化的过程。根据概念间的内在一致性，运用"条件（信息粘滞）—行动/互动（战略性 IE—职能性 HRM 界面耦合）—结果/后果"（动态能力、组织再生）的"典范模型"；同时，在案例企业数据整理和既有文献之间进行不断的迭代和归纳分析，将 30 个概念进一步归纳为 10 个范畴（见表 4 - 16）。

表 4 - 16　　　　　　　　　数据编码过程（举例）

主范畴	范畴	概念	含义
信息粘滞	信息处理	信息（或知识）的格式化程度	经过技术处理的信息规范化和标准化程度
		任务因素的一致性程度	组织任务的完成时间是否明确，员工的理解与管理者的要求是否一致

① ［美］凯西·卡麦兹：《构建扎根理论：质性研究实践指南》，边国英译，重庆大学出版社 2013 年版。
② ［美］罗伯特·K. 殷：《案例研究方法的应用》，周海涛译，重庆大学出版社 2013 年版。

续表

主范畴	范畴	概念	含义
界面耦合	主题契合	创新的氛围	在战略性 IE 的驱动和感召下,组织内各个部门、各个员工致力于改变现状、争取主动
		跨界合作的实质性共识	方向明确,严格地、完美地实现了流程性、跨职能运作
		预案	为应对风险和隐患进行了提前安排
动态能力	创造依托	职能部间的交互障碍	有效地化解部门间利益隔阂和职能界限
		组织运行的有序度	组织按部就班进行营利性活动
		组织的自我进化	企业主动地调适内外环境的变化,适当超前于趋势
组织再生	知识场域	单元之间的摩擦成本	不同职能部门、团队之间的信息和知识传输是否困难
		信息传输网络的完整性	渠道畅通,网络全覆盖、无死角
		信息分享渠道的合法性	信息传输的主渠道与副渠道的地位比较

（4）理论编码。根据范畴间的逻辑关系,将范畴进一步归结为 4 个主范畴,构建出初步的理论框架（见表 4 - 17）。

表 4 - 17　　　　　　　　　　　　理论编码

范畴的关系结构	含义
信息粘滞—界面耦合	信息粘滞、沟通不畅等现象总会存在,有效化解信息粘滞,就需要界面耦合,以挖掘数据价值的共识性主张,耦合产生商业价值并带来运营的高效和长远的稳定
信息粘滞—动态能力	信息粘滞的普遍化和严重化,将影响到市场机会的感知与获取,以及内外部资源的整合与重构、让渡,这将对动态能力具体化和可操作化的微观运行基础带来伤害,商业价值沉没
界面耦合—组织再生	战略性 IE—职能性 HRM 界面耦合,重塑了信息场,改进了组织职能活性和战略的有效实施,创造了效率方面的优势,因降低成本结构支持着总成本领先和组织再生的实现
动态能力—组织再生	源于战略性 IE 的机会感知、获取与威胁回避,以及依托职能性 HRM 进行资源整合、更新与管理模式合法化、惯例化,显著地降低着企业的交易成本,推动着竞争优势的持续化和卓越绩效的持续化

（三）研究发现

1. 数据结构

在以上四级编码的基础上，将 6 家 CTHBs 组织再生的"故事线"归纳为一个比较清晰的数据结构，如图 4 - 10 所示，它比较完整地反映出数据编码的结果。

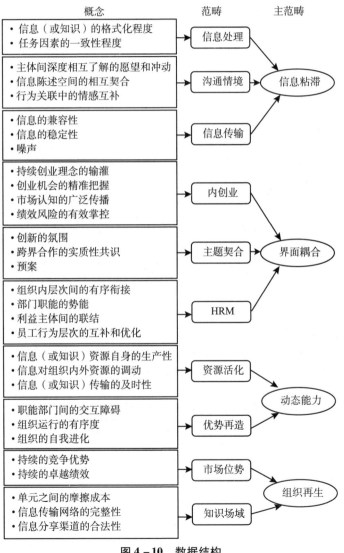

图 4 - 10　数据结构

2. 命题

（1）信息粘滞对于战略性 IE—职能性 HRM 界面耦合的塑造。

战略性 IE 和职能性 HRM 分别是独立的数据集和语义异构的信息源，如果依赖于传统条块分割的经验式管理，漠视信息（知识）的价值性以及传输的及时性，就会形成大量的粘滞信息，并由此导致信息粘滞和价值沉没，加之噪声的干扰，使得企业损失效率（如案例 2 所示）。典型的商业事实引录，见表 4 – 18。

表 4 –18 　　　　　　　　　信息粘滞的代表性数据

范畴	代表性数据（条目或场景）
信息处理	以表格说话，针对不同的日常业务，公司都制定了相应的标准表格，所需要的传输信息一目了然，这样就确保了各级员工不会产生误解（条目编码 3；场景 1 – 1）
沟通情境	在日常工作中，员工之间经常就某些实际问题进行探讨，并且形成了富有特色的语言环境，所得结论差不多也能复制到相似的环境中（条目编码 23；场景 2 – 9）
信息传输	我们公司非常重视负面信息、闲言碎语对于工作的影响，鼓励员工积极传达正面信息，自觉地抵制流言蜚语的干扰（条目编码 98；场景 4 – 5）

注：引用数据中条目序号 3 表示初步编码的结果；引用数据末尾的编号表示从条目提炼的典型场景代码，见案例 1 – 1 表示案例 1 中的第 1 个场景。下同。

交互主体主动性的界面耦合促进、建立起战略性 IE 和职能性 HRM 异构信息资源之间的语义关联，使各种理念性和操作性异构信息形成一个更加高效有序、顺畅衔接的有机整体，而不是语义相异的双面胶。即利用关联数据可以克服信息孤岛现象，实现信息资源在语义层次上的有效集成[①]，这就有助于消弭信息粘滞，降低摩擦成本，达成部门（或团队）之间跨界合作的共识（见案例 1 和案例 4），从而实现理想的组织再生，见表 4 – 19。

表 4 –19 　　　　信息粘滞对 IE – HRM 界面耦合塑造的代表性数据

范畴	代表性数据（条目或场景）
战略性 IE	空洞的创新口号宣传难以产生实实在在的效果，员工对这种方式也很厌倦（编码 11；案例 1 – 7）。"每天进步一点点，每天创新一点点"是企业所希望的（条目编码 24；场景 2 – 3）

①　陈菁华、吴泱：《关联数据驱动的企业信息资源集成研究》，载于《信息科学》2014 年第 10 期。

续表

范畴	代表性数据（条目或场景）
主题契合	全方面的温和改善已经成为所有管理者、所有员工的共识。他们以不同的速度、不同的方式在传统中有经典、创新中传承（条目编码92；场景4-8）
职能性HRM	创新和创业属于企业的核心问题，是高层管理者关注的核心问题。他们制定决策后，我们联合有关部门制订详细的实施方案和计划，并用HRM措施积极推动组织内各层次的有序衔接，其绩效考核是主要的抓手，依赖此办法使得员工的行动目标趋向一致（条目编码7；场景1-5）

命题1：信息粘滞取决于语义异构和部门边界，而界面耦合重塑着信息的传输空间。

（2）信息粘滞对组织再生的作用机理。

组织知识，尤其以个人、团队、组织的经验、印象、技术诀窍、组织文化、风俗等形式存在的隐性知识[①]，是高度经验化、个人化的知识，恰是CTHB长期差异性竞争优势的资源之一（如案例1和案例6所示）；而隐性知识的显性化可以为企业或者组织创造更大价值，隐性知识与显性知识作用的发挥依赖于知识转化过程[②]。再者，这些隐性知识具有难以规范化的特点，其信息的传输渠道具有一定的隐蔽性和保密性，这是形成信息粘滞的客观基础。支持性数据见表4-20。

表4-20　　　　　信息粘滞对动态能力重塑的代表性数据

范畴	代表性数据（条目或场景）
资源活化	技术秘密、绝密配方和传人的经验等是企业的看家宝，用文字书写出来并教给员工的确存在着困难。不仅如此，一旦公开，还存在着培养竞争对手的风险（条目编码51；场景3-2）。在企业发展过程中，如何让它们发挥最大作用，一直是我们思考的问题。当然，过多的保护也带来了负面影响（条目编码116；场景5-3）
优势再造	适度的信息闭塞、消极沟通、积极保护是有益的，我们采取的办法是：将它们分割成多个片段，让不同部门的不同员工只掌握一点点，充分利用沟通和共享中的阻隔（条目编码72；场景4-6）。我们最紧迫的问题是：解决绝技的传承问题。否则，企业难以在市场中立足和长远发展（条目编码129；场景6-6）

---

① 金明律：《论企业的知识创新及知识变换过程》，载于《南开管理评论》1998年第2期。

② Ikujiro Nonaka, Ryoko Toyama, Noboru Konno, "SECI, band leadership: A unified model of dynamic knowledge creation", *Long Range Planning*, Vol. 33, No. 1 (2000), pp: 5-34.

信息和知识的传输，以及价值创造，首先需要具有坚实而稳定的信息处理的技术基础、完整而稳定的组织系统结构，以及简便的发布方式，确保不易发生理解性歧义，能够将企业中各种完全自治的信息孤岛、隐性知识等通过关联数据链接起来，有效减轻整合企业异构信息资源的复杂性和异质性，并使之兼容，借此促进企业信息资源的共享和深度挖掘，以及综合利用水平。显然，这推动着动态能力的形成和构建。

命题 2：隐性知识及其转移构成了信息粘滞的重要归因，其向显性知识的处理再造着组织能力。

动态能力旨在整合、构建和重构当前组织内外部的资源与能力，以适应快速变化的外界环境。Teece[1] 提出了感知机会与威胁的能力、获取机会与威胁的能力，以及转换与管理危机和更新转换能力三个维度。这些旨在追求先发优势或在位优势的努力与战略性创业活动高度一致。隐性知识的社会化、显性知识的价值化，在组织的商业学习中得以实现，不仅如此，动态能力还改进着企业的惯例，由此创新和修正着操作及运营，提高组织的内外部胜任力。实质上，正是商业学习，以及惯例的社会化、合法化等一系列的 HRM 举措改变着组织的文化结构和观念结构，为组织变革提供着源源不断的源头活水，并由此形成新的知识场域。

命题 3：以竞争优势持续化和卓越绩效持续化为旨归的动态能力，在其构建和重构过程中推动着组织再生。

（3）战略性 IE—职能性 HRM 界面耦合对组织再生的效应机理。通过战略性 IE—职能性 HRM 界面沟通推动了交互主体间的相互了解，降低了内部张力生成的可能，而内部张力是损失运营效率的核心原因；通过界面协调对任务目标、工作制度、程序标准等任务因素进行统一化处理，则有助于实现界面表现的一致性和稳定性；在组织或系统的结构性层次进行界面融合[2]，使组织结构、流程结构、岗位结构、人员结构等保持有序的衔接，以化解各种界面障碍，防止职能的"边际化问题"，满足实现"多元信息交叉检验"的要求。进而，在工作行为层次进行界面协作，促进部门间、岗位间、人员间、任务间的行为配合，以推动交互工作的互补和优化。这些，将为获得市场位势奠定机制基础（案例 5 提供了相反的例证）。

---

① Abend Gabriel, "The Meaning of 'Theory'", *Sociological Theory*, No. 2 (2008), pp: 26.

② James C. Hayton, "Strategic Human Capital Management in SMEs: An Empirical Study of Entrepreneurial Performance", *Human Resource Management*, Vol. 42, No. 4 (2003), pp: 375 – 391.

创新过程就是知识的生产过程，创新的本质就是知识的生产①。界面耦合降低了 IE 战略策划和执行部门，以及 HRM 部门由部门利益区隔、利益最大化，乃至归罪于外界而形成的各自势能；界面耦合形成了巨大的关联数据网络，也形成了知识交互的新场域。代表性数据，见表 4－21。

表 4－21　　　　　　　　界面耦合对组织再生的代表性数据

范畴	代表性数据（条目或场景）
市场位势	长期以来，我们的产品是顾客的第一选择，其主要原因在于产品始终与当代消费者的口感、要求相一致，以此取得了竞争地位，销售收入节节攀升，这为企业的长远发展奠定了市场基础和物质基础，我们对未来的发展很乐观（条目编码 16；场景 1－8）
知识场域	个别部门和员工对沟通、协作的意义认识还不到位，企业中仍然存在着信息孤岛现象，也存在着指令积压的现象，有些员工是"徐庶进曹营，一言不发"，总之，信息在企业内顺畅、快速的传播还有困难；企业中培训、学习的氛围有些不足，对于未来的发展还是有些不明朗（条目编码 121；场景 5－6）

命题 4：界面耦合有效降低了部门的势能，活化了企业的信息和知识资源，强化了资源的获取能力，从而支持了组织再生。

3. 概念构型

从以上针对 6 个 CTHBs 的扎根研究可以看出，信息粘滞以及与之相伴生的界面耦合是自变量，动态能力是中介变量，组织再生是因变量，逻辑结构如图 4－11 所示。

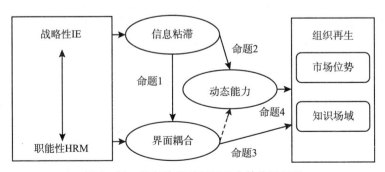

图 4－11　信息粘滞对组织再生的作用机理

---

① 张德著：《企业隐性知识沟通的动力机制研究》，载于《中国软科学》2011 年第 10 期。

图 4—11 意味着：①因市场位势和知识场域改进了组织的综合运行效率，从而实现组织再生。②战略性 IE—职能性 HRM 之间存在着信息粘滞的困扰，这给动态能力的获取带来负面影响，而界面耦合有助于改进竞争优势和卓越绩效，助推组织实现再生。③规避信息粘滞，在改进内隐知识的显化和社会化的过程中，实现界面耦合。

五、界面干预的使能工具

战略性 IE 耦合职能性 HRM，在生成与左右公司绩效的特定机制和机理方面，理论和证据、使能工具仍然十分欠缺，处于前理论化阶段。本书从 6 家"中华老字号"多样化的成功实践中，进行"立地式"探讨与分析，从事实描述迈向理论深度挖掘，旨在构建 IE—HRM 界面的耦合矩阵，正确地识别和判定企业所处的象限，以促进企业走出绩效管理困境，进行界面干预、适时深层次地预谋竞争和超前行动，预警衰退期的来临，在成熟期多次更新中实现卓越与永续。

（一）理论抽样

考虑到样本的典型性、数据的可获得性，以及时间和成本的约束因素等，本书选择河北省作为遴选区域。样本的选择依据为：①所在行业处于自由竞争状态，非寡头、非垄断，确保案例企业参与了激烈的市场竞争；②在一定的地理范围内，其产品或服务是领导性品牌；③在业内，经营业绩领先；④内创业战略实施的特征明显，有成熟的 HRM 职能实现流程；⑤其成功的模式可以在一定的条件下复制；⑥公司管理档案较完整，可以通过调研、访谈获得一手资料，或二手资料有明确、可信的来源，能形成三角验证[1]。

先选择了 15 家 CTHBs，但由于 9 家企业存在数据获得的障碍或合作研究的意愿不足等原因，最后确定了其中的 6 家作为分析的样本。这完美地落实了多案例研究最好选择 4～10 个案例的建议[2]，也保证了多案例研究所要求的最大变动抽样和信息丰富性，实现了"逐项复制"和"差别复制"[3]。案例的基本信息，见表 4—22。

---

[1][2][3] ［美］罗伯特·K. 殷：《案例研究方法的应用》，周海涛等译，重庆大学出版社2013 年版。

表 4－22 样本企业基本信息（2014 年）

案例编号	创业年份	所在行业	销售收入/万元	员工数量/人	绩效描述
1	1923	批发和零售业	78000	1200	在省内、业内销售收入占第一位，市场占有率40%左右
2	1946	酒、饮料和精制茶制造业	21027	3600	在清香型白酒和老白干香型方面，国内市场占有率在90%以上
3	1671	农副食品加工业	5600	500	在省内、业内销售收入占第一位，市场占有率70%左右
4	20 世纪20 年代	农副食品加工业	4500	580	在石家庄市销售收入和市场占有率占第一位，成为礼品的首选
5	1931	农副食品加工业	760	200	在唐山市销售收入和市场占有率占第一位，成为礼品的首选
6	1937	住宿和餐饮业	5800	400	在唐山市销售收入占第一位，成为婚宴、当地风味宴席的首选

注：所在行业，按 GB/T 4754—2011 划分；而不是"中华老字号"评定、公示时的分类，即食品及其加工、餐饮、住宿、医药、服务业、工艺美术、纺织、印刷等行业。

（二）数据处理

通过信息整理、提取及追问确认，获得了与 IE－HRM 界面要素相关的信息碎片。它们大多可以归类到理论分析所得要素中，见表 4－23。

表 4－23 访谈信息碎片归类

维度	一级要素	二级要素	访谈所得信息			
			内创业管理者	频次	HR 管理者	频次	总频次
内驱力	偏好感知	市场分割	顾客偏好调研	6	口感变化	6	12
		商品结构	潜在顾客成熟率	6	新顾客群、青少年顾客	6	12
	绝技领先	温和改善	产品线宽度、产品增强幅度	3	改进产品	4	7
		缓慢淘汰	传统产品退出	5	产品更新换代	4	9

续表

维度	一级要素	二级要素	访谈所得信息				
			内创业管理者	频次	HR 管理者	频次	总频次
内驱力	机会创设	愿景导向	行业洞察能力	5	行业发展趋势	6	11
		机会流失	摄取市场机会能力	4	把握机遇	6	10
	竞争预谋	先期预期	自我效能	4	自我估计	5	9
		平台产品	产品线延伸	4	全新产品	3	7
	网络能力	外部活跃理念	外部资源、关系网络的强度	3	资源外取、业务外包	2	5
		内部专业技能	SUB 创造新组织机制的能力	4	管理制度的改进完善	6	10
约束力	资源拼凑	杠杆资源	SUB 创造新业务的能力	4	部门资源的调配情况	6	10
		资源流量	SUB 资本增值	4	部门（系列）产值	5	9
	结构匹配	运营潜能	部门间纠纷的频率和强度	3	部门利益最大化	2	5
		创意市场	内创业者	2	鼓励新创意	3	5
	组织惯例	组织惯例	信息粘滞	5	沟通不畅	4	9
		风格传承	创业精神宣导	6	企业文化培训	6	12
	情绪障碍	创业认知	创业情感	6	"老字号"的自豪感	6	12
		职业成就	员工职业发展	4	核心员工（传人）忠诚度	6	10
	绩效排警	绩效反馈	风险预警年均次数	6	目标达成	6	12
		控制未知	内部控制预期的强弱	5	偏离目标	6	11

（三）矩阵构建

1. 两个维度的界定

结合以上归纳研究，以及对已有文献所进行的基础理论演绎推理，本书给出以下操作性定义。

内驱力，即内创业驱动力，是界面力学行为和界面耦合的"动力系统"；对于 CTHBs 而言，是企业自我更新、延长成熟期的依据。它所包括的变量有：偏好感知、绝技领先、机会创设、竞争预谋和网络能力。

约束力，反映资源和/或 HRM 能力的阀限，是界面力学行为和界面耦合的"制动系统"；对于 CTHBs 而言，甚至可能是"阻力系统"，并由此导致进入企业衰退期。它所包括的因素有：资源拼凑、结构匹配、组织惯例、情绪障碍和绩效排警。

2. 矩阵的构建

分析内驱力和约束力的比较与互动，就可以初步判断内创业和 HRM 在界面的摩擦、耦合结果。因此，就可建立并定位包含有 4 个象限的矩阵，如图 4 - 12 所示。

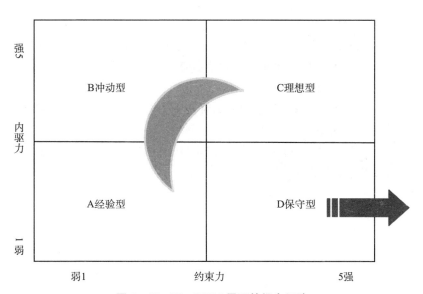

图 4 - 12　IE - HRM 界面的耦合矩阵

显然，"月牙布阵"是理想路径。它受 BCG 矩阵（Boston Consulting Group's Matrix）和 GE 矩阵（GE Matrix/Mckinsey Matrix）的启迪，并借鉴了企业成长理论和企业生命周期理论的思想。

3. 判别准则

基于"中华老字号"的运营实践分析及前期研究，解释 4 个象限具有以下含义（即判别准则）。

（1）A 经验型：由于资源异质性和知识分散性的存在，刻板的经验会导致"创业近视症",企业随之陷入"能力陷阱"。

（2）B 冲动型：如果因果过分模糊，就会导致内创业"承诺升级"，企业随之陷入"机会主义陷阱""内创业陷阱"。

（3）C 理想型："IFT—内驱力—约束力"的互动催动着企业持续地处在"成熟期""盛年期"，走上"百年老店"的坦途。

（4）D 保守型：由于资源和能力的约束，核心刚性的泛化，导致企业进入"贵族期"，乃至"官僚期"，随之陷入"成功陷阱"或"失败陷阱"；如不能处理"再生需要危机"，最终遭市场淘汰。

（四）矩阵的运用

商业实践中，一线管理者可以遵循以下步骤，并结合以上判别准则，对某一企业的 IE—HRM 界面耦合状况进行评价。

（1）结合观测变量（二级要素），将表 4 - 23 中的"一级要素"进行 5 级定义，使之可比较、可衡量，从高到低分别赋予分值 5～1。

（2）考察企业的断面数据。

（3）处理调研数据，确定内驱力和约束力的强弱分界线。一般地，将 2.5 确定为强弱分界线。

以此程序，就可定位内创业—HRM 界面的耦合状态，进一步找出未来实施组织变革的路径。

第五章

定量实证研究：绩效卓越化机理

第一节　结构方程模型研究方法

一、结构方程模型方法简介

面对经济、管理等社会科学研究领域中，多个原因、多个结果之间的关系，或者不可直接观测的变量（即潜变量）等问题，传统的统计方法不能很好地解决。此时，结构方程模型（Structural Equation Modeling, SEM）应运而生。它是一种建立、估计和检验因果关系模型的方法，一种融合了因素分析和路径分析的多元统计技术，是今天社会科学研究中一种非常好的方法。它在20世纪80年代就已经成熟。此后，迅速发展，已经成为多元数据分析的重要工具，可以替代多重回归、通径分析、因子分析、协方差分析等方法，清晰分析单项指标对总体的作用和单项指标间的相互关系。

其优点主要有：①同时考虑并处理多个因变量及其之间的关系。这对传统的回归分析或路径分析从实质上进行了改进。②承认和容许自变量和因变量在实测过程中所存在的误差。③因子与题目之间的关系和因子与因子之间的关系同时考虑。而不是传统的相互分离，逐步推进。④容许更大弹性和更加复杂的测量模型。传统因子分析难以处理一个指标从属多个因子或者考虑高阶因子等比较复杂的从属关系的模型。⑤估计整个模型的拟合程度。可以计算不同模型对同一个样本数据的整体拟合程度，从而判断哪一个模型更接近数据所呈现的关系，这是传统路径分析中所缺少的。

二、研究内创业驱动绩效卓越化机理的流程与方法

围绕 IE 与 HRM 的界面力学行为与绩效，以 SEM 为基础，进行定量研究。在此基础上，分别运用映射方法，推导出 IFT 指标体系和方程，如图 5 - 1 所示。

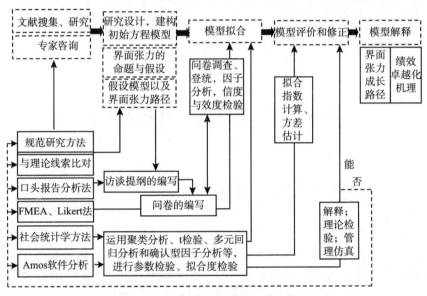

图 5 - 1 检验绩效卓越化机理的程序

注：失效模式和影响分析（Failure Mode and Effect Analysis，FMEA）、Likert（李克特量表法）。

第二节 研究设计和研究过程

一、耦合人力资源管理的创业驱动效应的要素主导逻辑模型

"中华老字号"的演变，具有"机会发现""创建新业务的冒险活动""组织更新"等本质特征，与创业优势、创业能力和创业资产等创业资源，以及组织自身的 HRM 能力等存在紧密的联系（Morris，2013），其中蕴含着巨大的张力空间，以及丰富而深邃的力学机制与效应机理。

已有成果对于内创业战略和 HRM 策略界面复杂性问题的分析缺少应有的解释力和适用性，距一致性的"界面张力观"尚有距离；前沿成果中，基于还原论、构成论，乃至突现论的要素均衡建模方法，尚未全面贯彻本体论、认识论和方法论，因而未能有效揭示界面的摩擦和耦合缘由，以及动力机制的规律性问题，"创造性嵌入悖论"还无解。拟深化管理界面在内创业驱动情境下运行规律的认识，系统透析其力学行为模式与作用机制，质性研究界面绩效在卓越化和持续化过程中的作用机理，就需要另辟蹊径。而围绕界面交互机制进行力学建模，已被证明是一种可行的方式，具有新颖的解决该问题的方法潜力；不同学科间的开拓、渗透与融合，为解决该问题的关键技术提供了新的视野、思路、理论和方法。

本书采用基于关系论、突现进化论的主导要素建模法，结合物理学界面张力理论的本质与应用现状，将界面力学行为以"IFT—驱动力—约束力"三维动态框架来描述，并围绕 IFT 这一主导要素，以及要素间的交互关系来构建要素主导模型（如图 5 - 2 所示，为规避重复研究，本书主要关注虚线内部分），则是当前比较恰当的选择。以此，就能够将内创业战略和 HRM 策略界面的微观行为与属性，以及整体动态效应有机结合。

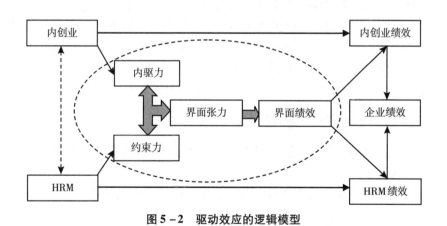

图 5 - 2 驱动效应的逻辑模型

在此基础上，就可以探索与开发界面运行的系统动力价值，继续探讨内驱力和约束力的耦合机制，深究 IFT 成长及运行规律的认识，以探寻公司绩效的卓越化机理。

二、公司绩效的卓越化机理检验

在"中华老字号"追求扩大化和规模化已有优势的进程中，成熟期才得以更新和延续，两者呈现出交替促进的关系。而内创业所追求的创造性、机会敏感性、动态性和风险性等，与成熟期企业 HRM 所要求的规制性、程序性、稳定性与和谐性等存在着持续冲突，其内部性原因在于：界面绩效、内创业绩效和 HRM 绩效之间存在着因果相生的关系；其深层次问题在于：IFT 的成长左右着路径依赖的发酵。

（一）IFT 形成和成长的检验

综合以上扎根研究，以驱动力和约束力为自变量，IFT 为因变量，提出以下命题。

在内创业驱动情境下，内驱力和约束力的交互作用影响着 IFT 的形成和成长，以及作用方式。它通过以下假设进行定量检验。

H1：受内驱力和约束力的影响，IFT 是一个多维度的构念，通过以下3 个假设进行验证。

H1 -1：内驱力是一个多维度的构念，与 IFT 正相关。

H1 -2：约束力是一个多维度的构念，与 IFT 负相关。

H1 -3：内驱力和约束力的互动耦合，决定着 IFT 的形成和成长。

为了深入把握 IFT 的形成与成长机理，初步构建界面力学行为的二阶因子分析模型，如图 5 - 3 所示，并在实证研究中检验。

（二）绩效卓越化机理的检验

内创业绩效、HRM 绩效分别与公司绩效的正相关关系，已被学者的研究所证实。

本书将遵循绩效行为观继续前探，视界面力学行为为界面绩效的自变量，它通过内创业绩效和 HRM 绩效的中介作用（如图 5 - 3 所示），左右着公司绩效。因此，绩效卓越化机理的研究，就简化或浓缩为以 IFT 为桥接的界面绩效获取研究。

内创业成功的本质特征在于，建立持久的经营机制（Hart & Moore, 1988；Holstrom & Tirole, 1989；刘健钧，2003；魏杰等，2009），它以市场效果和组织内绩效为指向（Covin & Miles, 1999），以内驱力为综合体现。

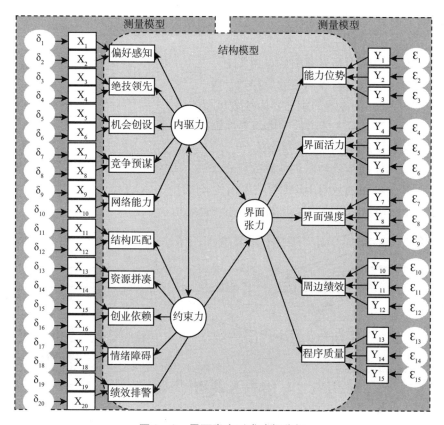

图 5 – 3 界面张力形成路径分析

HRM 以独特的资源组合为手段，关键的 HRM 是内创业的推进器（库拉特科等，2013），随着地位的上升，正成为一种实现公司战略的支撑性举措（Hornaby et al.，2009），对外则以应对环境不确定性的弹性，以形成非对称性资源和核心能力（Hamel，1990；Snell，2002）、提高竞争优势为旨归（Kleiman，1999）；对内则以提高合法性、行动一致性为主旨，确保有计划经营体系的运转，以抵御绩效风险，它以约束力为综合体现。

尽管证据有待丰富，学界已经接受：运营的无缺陷来自公司能力和界面程序（Kenneth et al.，2008），界面管理的有效性促进了创新的边际效率和成功率（徐丰伟，2011）以及企业绩效，界面绩效以驱动效力和交易成本为重要的评价指标。

综合以上规范研究和前人实证研究，提出以下命题。

在内创业驱动情境下，IFT 的形成和成长，以及作用方式，支持了界面绩效的最大化，支持着公司绩效的卓越化实现。

它通过以下假设加以验证。

H2：内驱力与界面绩效正相关。

H3：约束力与界面绩效负相关。

H3－1：资源的约束与界面绩效负相关。

H3－2：HRM 能力的约束与界面绩效负相关。

H4：IFT 与界面绩效正相关。

H5：界面绩效与内创业绩效正相关。

H6：界面绩效与 HRM 绩效正相关。

界面绩效的逻辑模型，如图 5－4 所示。

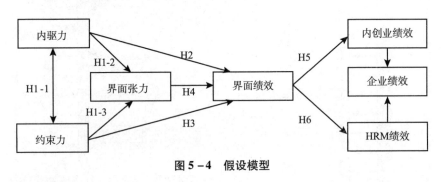

图 5－4　假设模型

（三）绩效卓越化模型

研究 IFT、驱动力和约束力之间的交互作用，以及界面绩效对公司绩效卓越化的机理，需要在 Lisrel 软件分析的基础上，确定显变量和潜变量间的回归关系，从而形成 IFT 成长结构验证模型的完全标准化解，以显示公司绩效卓越化的路径依赖。

第三节　研究方法

一、数据收集

（一）调研背景

本研究在全国各地民盟组织和政府商务管理部门、"中华老字号"企业管理者的帮助下，在国家自然科学基金项目（71472059）的资助下进行。发放了共计 788 份问卷，其中包含 548 份电子问卷和 240 份纸质问卷，收回问卷 788 份，其中有效问卷为 754 份，问卷有效率达 95.7%。满足了统计分析的要求。

（二）样本特征

从问卷的回收情况来看，调研区域主要分布在长沙、哈尔滨、成都、济南等地的"中华老字号"企业，所覆盖的范围具有广泛性。它们既有"阳光带"（殷，2014），也有"积雪带"，还有"锈病带"（殷，2014），有助于实现数据的迭代和对比。所覆盖的行业，包括酒、饮料和精制茶制造业、批发和零售业、住宿和餐饮业、农副产品加工业，这有助于从行业差异中探究共性，有助于从外部宽广的视角去探究"中华老字号"企业获取卓越绩效的机理，也有助于提高结论的外部效度。调研对象，包含各地的民营企业、家族企业、国有企业及国有控股、上市公司和非上市公司，这有助于从不同投资主体角度探究"中华老字号"绩效的获取机理，有助于提高结论的普适性。调研对象，既有业内实现基业长青的佼佼者，也有今天沉疴累积、举步维艰的企业，这有助于从经营业绩角度去分析结论。调研对象所在行业、经营投资主体、盈利情况、员工数量的不同，使样本具有一定代表性，基本上能够验证"中华老字号"企业的卓越绩效的获取机理，进一步增强结论的普适性。在全部 788 个样本中，从性别比例来说，男性所占人数为 286 人，女性所占人数为 502 人，其比例分布情况如图 5 - 5 所示。

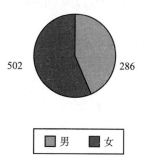

图 5 - 5　参与人员性别所占比例

在年龄方面，在 23 ~ 30 岁想法较为新潮、对于企业创新改革适应能力较强的人居多，占比达到41.9%。在受教育程度上，具有大专、本科学历的参与人员所占比例为76.7%。多数参与人员在企业工作的时间为2~5年，所占比重高达43.7%。在职位方面，参与人员中的高层管理者较少，一线员工、中低层管理者数量差异不大。具体详见表5－1至表5－4及图5－6至图5－9。

表5－1　　　　　　　　参与人员年龄情况（*N*=788）

	分类	样本量/个	比重/(%)
	22 岁及以下	49	6.2
	23~30 岁	330	41.9
年龄	31~40 岁	270	34.3
	41~50 岁	119	15.1
	51 岁以上	20	2.5

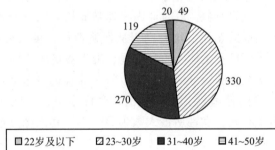

图5－6　参与人员年龄所占比例

表5－2　　　　　　　　参与人员受教育程度情况（*N*=788）

	分类	样本量/个	比重/(%)
	中专（或高中）及以下	158	2.0
	大专	304	38.6
受教育程度	大学本科	300	38.1
	硕士及以上	26	3.3

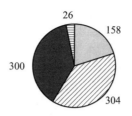

图5-7 参与人员受教育情况所占比例

表5-3 参与人员服务时间情况（N=778）

	分类	样本量/个	比重/(%)
服务时间	2 年及以下	130	16.7
	2~5 年	334	42.9
	5~10 年	178	22.9
	10 年以上	136	17.5

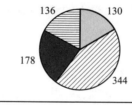

图5-8 参与人员服务时间所占比例

表5-4 参与人员职位分布情况（N=788）

	分类	样本量/个	比重/(%)
职位	一线员工	221	28.0
	底层（或一线）管理者	249	31.6
	中层（或部门）管理者	256	32.5
	副总经理级以上	62	7.9

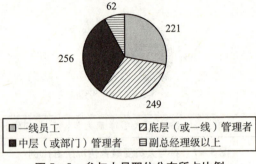

<figure>

62

221

256

249

| □ 一线员工 | ▨ 底层（或一线）管理者 |
| ■ 中层（或部门）管理者 | ▤ 副总经理级以上 |

</figure>

图 5 - 9　参与人员职位分布所占比例

二、量表的信效度检验

内驱力量表是在前人研究基础上编制的量表，共 20 个题项，包含偏好感知、绝技领先、机会创设、竞争预谋和网络能力 5 个维度。该量表的 Cronbach's α 为 0.842。约束力的题项有 20 个，包含结构匹配、资源拼凑、创业依赖、情绪障碍和绩效排警 5 个维度。该量表的 Cronbach's α 为 0.770。界面张力的题项有 20 个，包含能力态势、界面活力、界面强度、周边绩效和程序质量 5 个维度。该量表的 Cronbach's α 为 0.879。

三、小结

本节是实证研究对数据的预处理，一共包括两部分，对调查问卷描述性统计和对量表的信度检验。通过对数据进行描述性统计，使调查样本更具有代表性和普适性，量表的信度检验能够保证数据的质量，使其符合统计学方法的相关要求。

第四节　实证检验结果

一、内驱力、约束力与界面张力关系的实证分析

将界面力学行为以"IFT—驱动力—约束力"三维动态框架来描述，并围绕 IFT 这一主导要素，以及要素间的交互关系来构建要素主导模型。

在此基础上，用统计产品与服务解决方案（Statistical Product and Service Solutions，SPSS）软件将约束力、内驱力、界面张力和约束力与内驱力的交互项构建回归方程，探索与开发界面运行的系统动力价值，继续探讨内驱力和约束力的耦合机制，深究 IFT 成长及运行规律的认识，以探寻公司绩效的卓越化机理。使用"中华老字号"企业员工提供的数据进行进一步验证假设 H5 – 1、假设 H5 – 2 和假设 H5 – 3。

首先对约束力、内驱力和界面张力三个变量进行因子分析，再将其加总求和求平均数。将其保存为新的变量：标准化的约束力、内驱力和界面张力；随后形成约束力和内驱力的交互项，在 transform 中用 computer 设置一个新变量——交互项，让新变量等于约束力×内驱力。之后，做两次回归模型。第一个模型，先做标准化的界面张力对内驱力和约束力的回归；第二个模型，标准化的界面张力对内驱力、约束力及交互项的回归。

（一）因子分析

（1）对内驱力变量进行因子分析，所得结果见表 5 – 5。

表 5 – 5　　　　　　　　　KMO 与 Bartlett 检定

Kaiser – Meyer – Olkin 测量取样适当性		.919
Bartlett 的球形检定　大约　卡方		4440. 505
d*f*		190
显著性		. 000

内驱力变量 KMO 值为 0. 919，球形检验 P 值小于 0. 001，变量之间具有相关性，适合做因子分析，其因子载荷见表 5 – 6：将小于 0. 5 的题项删掉，即删掉有所为、网络范围两个指标所对应的题项。

表 5 – 6　　　　　　　　　组件矩阵

观测变量	元件		
	1	2	3
市场调研	. 615	. 065	– . 249
市场分割	. 591	. 225	– . 409
商品结构	. 591	. 206	– . 430

观测变量	元件		
	1	2	3
偏好契合	.542	.201	-.309
有所为	.422	-.071	.034
有所不为	-.109	.726	.219
温和改善	-.122	.718	.295
缓慢淘汰	.222	.548	.047
愿景导向	.624	.055	-.073
机会感知	.649	-.057	.087
捕捉机会	.691	-.055	.102
机会存在	.708	-.010	-.051
竞争预判	.641	-.173	.169
平台产品	.612	-.204	.177
三代同堂	.616	.082	.009
先期预期	.680	.054	-.061
理念获取	.706	-.010	.197
网络范围	.492	-.006	.478
技能丰富	.513	-.108	.305
内外协调	.644	-.104	.148

注：撷取方法为主体组件分析；撷取 3 个组件。

重新调整后，其结果见表 5 – 7 至表 5 – 9。

表 5 – 7 　　　　　　　　　**KMO 与 Bartlett 检定**

Kaiser – Meyer – Olkin 测量取样适当性	.921
Bartlett 的球形检定　大约　卡方	4059.401
df	153
显著性	.000

表 5 - 8 组件矩阵

观测变量	组件		
	1	2	3
市场调研	.622	.060	-.264
市场分割	.601	.216	-.477
商品结构	.597	.203	-.484
偏好契合	.549	.203	-.229
有所不为	-.109	.727	.229
温和改善	-.126	.720	.293
缓慢淘汰	.224	.546	.090
愿景导向	.622	.057	-.056
机会感知	.647	-.059	.077
捕捉机会	.692	-.057	.160
机会存在	.722	-.022	.030
竞争预判	.638	-.176	.248
平台产品	.614	-.209	.315
三代同堂	.625	.074	.117
先期预期	.687	.049	-.011
理念获取	.697	-.011	.180
技能丰富	.506	-.111	.210
内外协调	.646	-.108	.171

注：撷取方法为主体组件分析；撷取 3 个组件。

表 5 - 9 说明的变异数总计

组件	起始特征值			撷取平方和载入			循环平方和载入		
	总计	变异的/（%）	累加/（%）	总计	变异的/（%）	累加/（%）	总计	变异的/（%）	累加/（%）
1	6.094	33.856	33.856	6.094	33.856	33.856	4.397	24.430	24.430
2	1.596	8.866	42.722	1.596	8.866	42.722	2.812	15.625	40.055
3	1.046	5.811	48.533	1.046	5.811	48.533	1.526	8.479	48.533

续表

组件	起始特征值			撷取平方和载入			循环平方和载入		
	总计	变异的/（%）	累加/（%）	总计	变异的/（%）	累加/（%）	总计	变异的/（%）	累加/（%）
4	.947	5.258	53.792						
5	.850	4.723	58.514						
6	.828	4.599	63.113						
7	.774	4.303	67.416						
8	.691	3.841	71.257						
9	.662	3.678	74.935						
10	.612	3.401	78.336						
11	.588	3.266	81.603						
12	.561	3.118	84.720						
13	.521	2.897	87.617						
14	.510	2.836	90.453						
15	.458	2.542	92.995						
16	.445	2.470	95.465						
17	.425	2.360	97.824						
18	.392	2.176	100.000						

注：撷取方法为主体组件分析。

由表 5-7 至表 5-9 可知，调整后的内驱力变量 KMO 值为 0.921，球形检验 P 值小于 0.001，变量之间具有相关性，适合做因子分析，其题项所对应的因子载荷都大于 0.5。约束力变量能够提炼出 3 个公共因子，能解释原始信息 48.533%。

（2）对约束力这一变量进行因子分析，所得结果见表 5-10。

表 5-10　　　　　　　　　KMO 与 Bartlett 检定

Kaiser - Meyer - Olkin 测量取样适当性	.914
Bartlett 的球形检定　大约　卡方	3905.480
df	190
显著性	.000

约束力变量 KMO 值为 0.914，球形检验 P 值小于 0.001，变量之间具有相关性，适合做因子分析，其因子载荷如表 5－11 所示；将小于 0.5 的题项删掉，即删掉集腋成裘、交易成本、职业安全、职业成就、人力懈怠指标所对应的题项。

表 5－11　　　　　　　　　　　组件矩阵

观测变量	组件			
	1	2	3	4
杠杆资源	.569	.078	-.487	-.150
集腋成裘	.457	.427	-.315	.153
非传统资源	.615	-.016	-.265	.074
资源流量	.557	.046	-.209	-.292
交易成本	.318	.038	.343	.156
创意市场	.645	-.197	.005	.198
信息孤岛	.628	.022	.371	.141
组织效能	.656	-.061	.257	.007
组织惯例	.041	.760	-.134	.322
风格传承	.594	.062	.173	-.079
经验主义	.372	.572	.156	-.077
职业安全	.412	.359	.263	-.383
创业认知	.612	.057	.154	-.386
创业冲动	.641	-.090	.060	-.138
职业成就	.245	-.029	.370	.185
人力懈怠	.331	-.009	.037	.565
概念技能	.699	-.116	-.131	.065
绩效反馈	.694	-.209	-.071	.102
排解隐患	.666	-.233	-.146	.009
保障体系	.634	-.203	-.118	.082

注：撷取方法为主体组件分析；撷取 4 个组件。

重新调整后，其结果见表 5－12 至表 5－14：

表 5－12   **KMO 与 Bartlett 检定**

Kaiser－Meyer－Olkin 测量取样适当性		.912
Bartlett 的球形检定　大约　卡方		3342.550
df		105
显著性		.000

表 5－13   **组件矩阵[a]**

观测变量	组件		
	1	2	3
杠杆资源	.572	.092	.488
非传统资源	.628	.058	.231
资源流量	.562	.069	.361
创意市场	.656	－.137	－.079
信息孤岛	.617	.060	－.431
组织效能	.663	.017	－.385
组织惯例	.002	.774	.183
风格传承	.603	.200	－.255
经验主义	.353	.677	－.086
创业认知	.611	.075	－.172
创业冲动	.647	－.046	－.199
概念技能	.709	－.080	.154
绩效反馈	.705	－.188	.062
排解隐患	.678	－.227	.166
保障体系	.645	－.185	.154

注：撷取方法为主体组件分析；撷取 3 个组件。

表 5－14   **说明的变异数总计**

组件	起始特征值			撷取平方和载入			循环平方和载入		
	总计	变异的/（%）	累加/（%）	总计	变异的/（%）	累加/（%）	总计	变异的/（%）	累加/（%）
1	5.445	36.297	36.297	5.445	36.297	36.297	3.273	21.817	21.817
2	1.273	8.485	44.782	1.273	8.485	44.782	3.164	21.095	42.911
3	1.016	6.774	51.556	1.016	6.774	51.556	1.297	8.645	51.556

续表

组件	起始特征值			撷取平方和载入			循环平方和载入		
	总计	变异的/（%）	累加/（%）	总计	变异的/（%）	累加/（%）	总计	变异的/（%）	累加/（%）
4	.920	6.133	57.689						
5	.807	5.381	63.071						
6	.735	4.901	67.971						
7	.696	4.641	72.612						
8	.647	4.315	76.927						
9	.595	3.967	80.895						
10	.566	3.776	84.670						
11	.543	3.622	88.292						
12	.516	3.440	91.733						
13	.447	2.982	94.714						
14	.416	2.775	97.489						
15	.377	2.511	100.000						

注：撷取方法为主体组件分析。

调整后的内驱力变量 KMO 值为 0.912，球形检验 P 值小于 0.001，变量之间具有相关性，适合做因子分析，其题项所对应的因子载荷都大于 0.5。约束力变量能够提炼出三个公共因子，能解释原始信息 51.556%。

（3）对界面张力变量进行因子分析，所得结果见表 5 - 15。

表 5 - 15　　　　　　　　　　　KMO 与 Bartlett 检定

Kaiser - Meyer - Olkin 测量取样适当性。	.936
Bartlett 的球形检定　大约　卡方	5410.990
df	190
显著性	.000

约束力变量 KMO 值为 0.936，球形检验 P 值小于 0.001，变量之间具有相关性，适合做因子分析，其因子载荷见表 5 - 16：将小于 0.5 的题项删掉。

表 5 – 16 组件矩阵[a]

观测变量	组件		
	1	2	3
长期导向	.623	– .087	– .447
顾客忠诚	.607	.086	– .497
创新承诺	.634	.116	– .378
价值组合	.595	.296	– .217
内外匹配	.604	.357	.004
创业频率	.599	.346	.109
创新持续	.624	.402	.029
员工知觉	.622	.393	.191
能力匹配	.627	.185	.250
团队自治	.656	– .067	.067
激励契约	.326	.097	.179
风险接受	.654	– .164	– .113
自发行为摩擦	.674	– .140	– .006
归罪于外	.644	– .155	.330
跨职能合作	.629	– .081	.378
行动一致性	.621	– .303	.146
风险排警	.632	– .364	.084
控制未知	.653	– .368	.005
不确定性容忍	.558	– .389	– .194
模糊性容忍	.564	– .075	.132

注：撷取方法为主体组件分析；撷取 3 个组件。

重新调整后，其结果见表 5 – 17 至表 5 – 19。

表 5 – 17 KMO 与 Bartlett 检定

Kaiser – Meyer – Olkin 测量取样适当性	.935
Bartlett 的球形检定　大约　卡方	5343.294
d*f*	171
显著性	.000

表 5 - 18　　　　　　　　　　　　　组件矩阵

观测变量	组件		
	1	2	3
长期导向	.626	- .073	.442
顾客忠诚	.608	.098	.494
创新承诺	.635	.125	.375
价值组合	.595	.303	.209
内外匹配	.604	.361	- .019
创业频率	.600	.350	- .132
创新持续	.624	.403	- .042
员工知觉	.622	.393	- .210
能力匹配	.627	.185	- .269
团队自治	.656	- .067	- .068
风险接受	.654	- .164	.126
自发行为摩擦	.676	- .134	- .004
归罪于外	.645	- .156	- .340
跨职能合作	.628	- .088	- .377
行动一致性	.622	- .305	- .141
风险排警	.633	- .362	- .085
控制未知	.654	- .366	.001
不确定性容忍	.559	- .384	.205
模糊性容忍	.565	- .075	- .136

注：撷取方法为主体组件分析；撷取 3 个组件。

表 5 - 19　　　　　　　　　　　　说明的变异数总计

组件	起始特征值			撷取平方和载入			循环平方和载入		
	总计	变异的/（%）	累加/（%）	总计	变异的/（%）	累加/（%）	总计	变异的/（%）	累加/（%）
1	7.384	38.865	38.865	7.384	38.865	38.865	3.902	20.539	20.539
2	1.319	6.941	45.805	1.319	6.941	45.805	3.307	17.406	37.945
3	1.125	5.922	51.727	1.125	5.922	51.727	2.619	13.782	51.727

组件	起始特征值			撷取平方和载入			循环平方和载入		
	总计	变异的/（％）	累加/（％）	总计	变异的/（％）	累加/（％）	总计	变异的/（％）	累加/（％）
4	.865	4.551	56.278						
5	.850	4.475	60.752						
6	.806	4.243	64.995						
7	.722	3.798	68.793						
8	.651	3.426	72.219						
9	.635	3.343	75.562						
10	.565	2.973	78.534						
11	.560	2.949	81.484						
12	.548	2.882	84.366						
13	.506	2.666	87.031						
14	.464	2.441	89.473						
15	.461	2.428	91.900						
16	.446	2.349	94.249						
17	.390	2.054	96.304						
18	.354	1.864	98.168						
19	.348	1.832	100.000						

注：撷取方法为主体组件分析。

由表 5-17 至表 5-19 可知，调整后的内驱力变量 KMO 值为 0.935，球形检验 P 值小于 0.001，变量之间具有相关性，适合做因子分析，其题项所对应的因子载荷都大于 0.5。约束力变量能够提炼出三个公共因子，能解释原始信息 51.727%。

（二）分层回归分析

将内驱力、约束力、界面张力所得因子得分分别加总求平均，再将所得的内驱力和约束力相乘得到其交互项，做分层回归。第一层自变量为调整后内驱力、约束力，因变量为界面张力，第二层自变量为调整后的内驱力、约束力及内驱力和约束力交互项，因变量为界面张力。其分析结果见

表 5 – 20。

表 5 – 20　　　　　　　　　　　　模型摘要

模型	R	R 平方	调整后 R 平方	标准偏斜度错误	Durbin – Watson
1	.742[a]	.551	.550	.38748	
2	.745[b]	.555	.553	.38607	1.654

注：预测值：（常数），约束力1，内驱力1；预测值：（常数），约束力1，内驱力1，交互；应变数：界面张力1。

表 5 – 21 显示模型的拟合状况，调整后的 R 平方拟合优度为 0.550、0.553，拟合优度较好，说明约束力、内驱力及其交互项能够较好地解释界面张力。Durbin – Waston 检验统计量为 1.654，说明残差独立。

从表 5 – 21 中可以看出，回归平方和大于残差平方和。"回归平方和"表示反映变量的变异中的回归模式中所包含的自变量所能解释的部分。"残差平方和"表示反映变量的变异中没有被回归模型所包含的变量解释的部分。线性回归模型 1 和模型 2 解释了总平方和的 50% 左右。"F 统计量"的观测值为 460.983、311.731，概率值为 0.00，由于 0.00 < 0.01，随着"自变量"的引入，其显著性概率值均远小于 0.01，所以可以显著地拒绝总体回归系数为 0 的原假设，在显著性水平为 0.05 的情形下，通过模型 1 可以看出"内驱力""约束力""界面张力"之间存在着线性关系，通过模型 2 可以看出"内驱力""约束力""交互项""界面张力"之间存在着线性关系，见表 5 – 22。

表 5 – 21　　　　　　　　　　　　变异数分析

模型		平方和	df	平均值平方	F	显著性
1	回归	138.426	2	69.213	460.983	.000[b]
	残差	112.907	752	.150		
	总计	251.333	754			
2	回归	139.394	3	46.465	311.731	.000[c]
	残差	111.939	751	.149		
	总计	251.333	754			

注：应变数：界面张力1；预测值：（常数），约束力1，内驱力1；预测值：（常数），约束力1，内驱力1，交互。

表 5 -22 系数

模型		非标准化系数		标准化系数	T	显著性	共线性统计数据	
		B	标准错误	Beta			允差	VIF
1	（常数）	-4.647E-16	.014		.000	1.000		
	内驱力1	.311	.030	.311	10.437	.000	.673	1.486
	约束力1	.519	.030	.519	17.422	.000	.673	1.486
2	（常数）	-.013	.015		-.888	.375		
	内驱力1	.308	.030	.308	10.375	.000	.672	1.488
	约束力1	.516	.030	.516	17.371	.000	.672	1.488
	交互	.070	.027	.062	2.548	.006	.993	1.007

注：应变数为界面张力1。

由于常数项的 Sig 为（1.000 > 0.1）不具备显著性，所以，再看后面的"标准系数"，在标准化系数一列中，可以看到"常数项"没有数值，已经被剔除。再看最后一列"共线性统计量"，模型1中"内驱力"和"约束力"两个允差和 VIF 都一样，而且 VIF 都为1.486，且都小于5，所以两个自变量之间没有出现共线性容忍度和膨胀因子是互为倒数关系，模型2中"内驱力"和"约束力"两个允差和 VIF 都一样，而且 VIF 都为1.488，交互项 VIF 值为1.007，且都小于5。可以推出：自变量之间不存在多重共线性。

因此，得出以下结论。

（1）内驱力是一个多维度的构念，与 IFT 正相关。即企业的内驱力越高，其界面张力越强，进而促进其界面绩效的增长。其相关系数为0.311，其他条件不变的情况下，内驱力变动1个单位界面张力变动0.311个单位。所以，假设 H5 -1 成立。

（2）约束力是一个多维度的构念，与 IFT 正相关。其相关系数为0.519，其他条件不变的情况下，约束力变动1个单位界面张力变动0.519个单位。所以，假设 H5 -2 得到了验证。

（3）约束力和内驱力交互项影响 IFT，与其呈正相关。假设 H5 -3：内驱力和约束力的互动耦合，决定着 IFT 的形成和成长假设成立。

二、机理分析

（一）内驱力与界面张力的关系结果讨论

本书认为，内驱力与界面张力之间存在正向关系，即企业的内驱力越高，其界面张力越强，进而促进其界面绩效的增长。验证结果显示，内驱力与界面张力之间的影响关系显著，相应的路径系数为 0.67（$T = 12.48$，$p < 0.02$）。这是因为内驱力的核心和主导是由内创业决定的，而界面张力直接左右着界面绩效，进而影响内创业绩效、公司绩效，其中反映出的是内创业对于公司绩效的影响。

（二）约束力与界面张力的关系结果讨论

约束力与界面张力之间存在负向关系，即企业的约束力越低，其界面张力越强，进而促进其界面绩效的增长。验证结果显示，其对应的路径系数为 $= -0.26$（$t = -6.18$，$p < 0.03$）。这是因为约束力的核心和主导是由 HRM 决定的，而界面张力直接左右着界面绩效，进而影响内创业绩效、公司绩效，其中反映出的是 HRM 对于公司绩效的影响。

（三）内驱力与约束力的关系讨论

通过实证研究发现，约束力与内驱力之间存在相关关系，约束力和内驱力能通过互动耦合来影响界面张力，进而影响界面张力与界面绩效。

第六章

基模研究：卓越绩效持续化的保障

第一节　系统动力学研究方法

一、系统动力学方法的发展简介

20 世纪 50 年代中期，美国麻省理工学院福瑞斯特教授提出系统动力学（System Dynamics，SD）方法。该理论是研究系统动态行为的一种计算机仿真技术。

1968 年，福瑞斯特教授出版了《系统原理》，该书着重介绍了系统的基本结构；后于 1969 年发表了《城市动力学》一书，对美国城市兴衰问题的理论与应用研究成果进行了总结，从而为系统动力学的形成奠定了基础。20 世纪 70 年代初，福瑞斯特教授的学生梅多斯应用系统动力学的方法建立了世界模型，并在 1971 年发表了题目为《增长的极限》的研究报告，此后他们对世界范围内自然资源、人口、农业、工业和污染诸要素的相互联系、相互制约和相互作用以及可能产生的各种后果进行了深入的探讨，促使系统动力学在理论与应用研究中都得到了飞跃性的发展。

系统动力学作为系统科学与管理学的交叉学科，作为定性与定量相结合的有效研究工具，在其发展的初期主要用于工业管理。但是，随着系统动力学的理论与方法的不断深化，它已经成为社会、经济以及生态复杂大系统的"实验室"。目前，系统动力学趋向应用于复杂的非线性多重反馈环组成的社会系统发展，为研究社会经济系统问题提供了一种崭新的解决方案。

在彼得·圣吉的《第五项修炼》中，建立了"9 + 1"基模，以刻画商业行为与结果中的深层次因果关系。基模的目的在于：抽象实践中的反馈系统，反映动态系统运行的规则。有效的基模、应用系统对商业实践具有启发和指导价值。

二、Vensim 仿真软件

Vensim 软件是一种通过可视化视窗界面完成系统动力学建模的工具。在构建完成包含速率变量、水准变量、辅助变量、常量等要素在内的因果反馈图、流图之后，抽象关键变量和基模，可以通过 Vensim 软件提供的公式编辑器，编辑并输入变量方程，生成完整的模拟模型。经过系统后台的检验、调试后，就可以利用一系列分析工具对所模拟的系统行为机制进行深入的分析。

三、研究保障内创业驱动卓越绩效持续化机制的程序与方法

HRM 对 IE 具有支持与保障作用，逻辑化的 HRM 亚界面又是一个复杂的社会过程，带有明显的社会经济系统的高阶、非线性、多重反馈等特点，引入系统动力学方法是恰当的选择。围绕"绩效风险—IFT—HRM 亚界面"分别构建传统行业成熟期企业的 3 组假设回路，以把握卓越绩效持续化的核心逻辑，基模构建程序如图 6-1 所示。

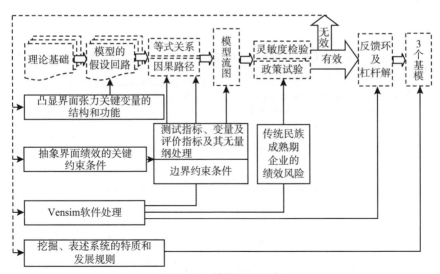

图 6-1　基模构建程序

第二节 心智模式共享基模[①]

一、模型的基本假设

创业精神是卓越绩效的源泉之一[②]已深入人心，但其衍生战略性绩效价值、创业团队中企业家精神传承的动态性研究才刚刚起步[③]，而创业团队治理[④][⑤][⑥]、时间透镜下的组织过程模型[⑦]等的应用，有助于强化 CTHBs 已有的创业氛围和组织文化，进行"企魂"的传承[⑧]，在创业自觉中实现连续创业[⑨]。由此，构建以下假设。

假设 6-1：创业精神的宣导节奏直接影响着摄取机会的能力。

假设 6-2：信息粘滞的比例与员工角色内行为存在正相关关系。

假设 6-3：商业学习投入年均增长率与内创业群体的规模存在正相关关系。

假设 6-4：员工职业需要调研投入塑造着内创业氛围，进而影响内创业者比例。

假设 6-5：员工职业安全氛围间接影响年新创意的数量。

---

① 单秋朵：《心智模式对创新行为的作用机制——基于系统动力学的建模与仿真》，河北经贸大学 2018 年硕士学位论文，有修改。

② James, C. Hayton, Donna, J. Kelley, "A Competency-based Framework for Promoting Corporate Entrepreneurship", *Human Resource Management*, Vol. 45, No. 3 (2006), pp：407-427.

③ 蒋重清，Phan Luu, "Learning and the Development of Contexts for Actions", 中国心理学会会议论文集.

④ Nicolai, J. Foss, Peter, G. Klein, Yasemin, Y. Kor and Joseph, T. Mahoney, "Entrepreneurship, Subjectivism, and the Resource-based View：Toward a New Synthesis", *Strategic Management Journal*, Vol. 30, No. 2 (2011), pp：73-94.

⑤ Hornsby, J. S., Kuratko, D. F., Shepherd, D. A., Bott, J. P., "Managers' Corporate Entrepreneurial Actions：Examining Perception and Position", *Journal of Business Venturing*, Vol. 24, No. 3 (2009), pp：236-247.

⑥ 石书德等：《影响新创企业绩效的创业团队因素研究》，载于《管理工程学报》2011 年第 4 期.

⑦ 刘鹏、席酉民：《和谐理论：系统视角与时间透镜下的组织过程模型》，载于《系统工程理论与实践》2012 年第 11 期.

⑧ 王少杰、刘善仕：《中国企业文化的演化模式探讨》，载于《管理世界》2013 年第 2 期.

⑨ 赵文红等：《连续创业研究现状评介与未来展望》，载于《管理学报》2014 年第 2 期.

二、因果图与流图

(一) 因果图

高阶管理者在企业生产经营活动过程中所形成的思维方式和行为习惯，构筑了其心智模式。它影响着企业家对战略的构想及管理行为的选择，也影响、改进企业员工的心智模式[①]。在组织中，通过创业精神宣导、培训等，管理者风格得以传承，有效性越高，政治行为会越少，员工间形成一种内在的"共同知识"与"共同愿景"，进而缩短认知差距，提高组织成员之间相互协同与合作的能力，最终使得员工创新行为能够迅速有效地开展与运行，内创业驱动效力增强，员工撰取机会能力提高，能够更有效地创新。

创新需要在错综复杂的市场变化中发现机会与潜在需求，需要良好的取得信息和处理信息的能力。组织沟通是一种重要的交互关系，但是如果组织间连接机制不完善，交互主体间就会存在信息隔阂、交流不畅等，形成粘滞信息和信息传输中的粘滞。信息粘滞的比例越低，员工隐性知识向显性知识转化障碍就越高，员工通过与他人共享知识能扩大自己获取知识的边界，也可让自身处在知识转移网络中的关键节点上，促进员工的自我效能上升。团队之间的权力距离缩短，团队自治效果就会加强，员工角色外行为就会加强。组织的集权化程度越高，则组织成员的整体创造性与组织创新均低；即相反地，组织成员拥有越高的工作自主性，则其创新性越高，所以会驱动内创业，进而采取措施，撰取机会能力，降低信息粘滞，形成一个反馈环。

组织无论在招聘新员工以及组织快速发展时期，都需要进行培训，对商业学习的投入费用加大，员工在此期间进行社会化行为，社会化倾向就越高，员工的创业情感持续时间就越长。此时，内创业群体的规模增大，内创业者比例随之提高。

员工不断地学习以提高自身能力，才能运用所学的知识和技能创造性地解决新任务中的困难，才能适应激烈的竞争环境。陶咏梅（2013）[②] 指出个体学习是个体创新行为产生的前提，即个体学习及个体学习能力的提高将促进个体创新行为的产生，并通过实证分析，得出个体学习能力对创

---

① 陈林菁：《21 世纪成功企业家的心智模式初探》，载于《绍兴文理学院学报（人文社会科学）》2007 年第 2 期。

② 陶咏梅：《组织创新气氛、个体学习能力和组织承诺、个体创新行为关系研究》，吉林大学 2013 年博士学位论文。

新行为的两个阶段均有显著正向影响的结论。威斯汀（Westin，1976）认为知识分享和心理安全是组织氛围的重要方面，员工的心理安全感能促进创造力。有研究（如 George & Zhou，2001）显示信息隐私权能够使员工不害怕批评，从而产生新的观点，也会使员工没有被监视感，进而提高员工的创造力。如果组织其本身文化支持创新性行为，则会使员工创新时感受到心理安全，工作自由度提高，员工会产生积极的角色外行为，自我效能感增强，进而提高员工创新行为（顾远东、彭纪生，2010）[①]。此时，内创业者比例会增加，团队的沟通与交流有利于创造性活动的开展，促进新创意的诞生，并对创造绩效有积极的作用。

综上分析，建立如图 6-2 所示的因果关系图。

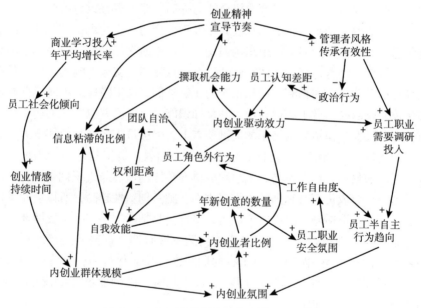

图 6-2　心智模式自主与共享模型因果图

（二）流图

系统动力学流图是系统动力学的基本变量和表示符号的有机组合。根据心智模式对创新行为的作用机制各因素之间的关系设计系统流图，其目

---

　　① 顾远东、彭纪生：《组织创新氛围对员工创新行为的影响：创新自我效能感的中介作用》，载于《南开管理评论》2010 年第 1 期。

的主要在于反映系统各因果关系中所没能反映出来的不同变量的特性和特点，使系统内部的作用机制更加清晰明了，然后通过流图中关系的进一步量化，实现心智模式自主与共享模型的政策仿真目的，如图 6 - 3 所示。

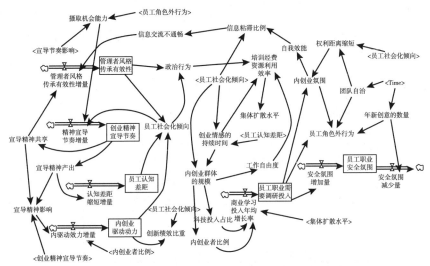

图 6 - 3　心智模式自主与共享模型系统流图

三、基　模

结合因果图以及流图抽象成基模，以此来表示该系统的特质和发展规则，如图 6 - 4 所示。

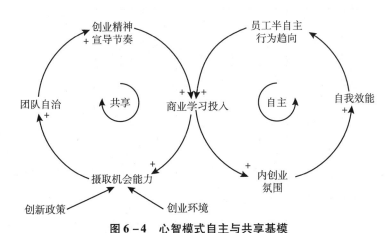

图 6 - 4　心智模式自主与共享基模

四、基模的数据仿真

本书在直观检验、运行检验和历史检验的基础上，在通过使用 Vensim PLE 5.4b 版本软件对系统动力学模型进行了构思、摸拟、分析和优化之后，选择"贵州茅台"股票在上交所成功上市（股票代码：600519）的历史数据进行仿真。

（一）心智模式共享阶段仿真模拟

根据相关数据，编制以下仿真模拟图形，如图 6 – 5 至图 6 – 10 所示。

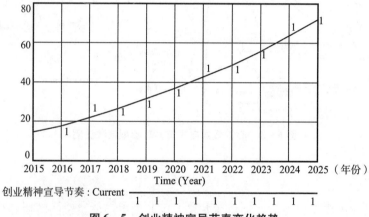

图 6 – 5　创业精神宣导节奏变化趋势

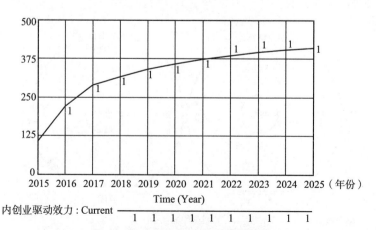

图 6 – 6　内创业驱动效力变化趋势

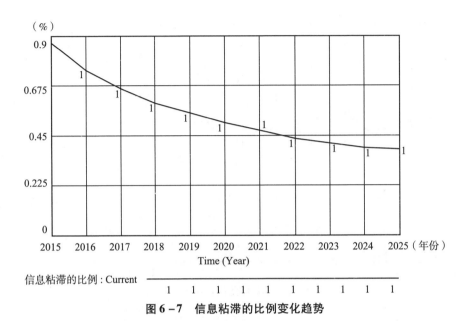

图 6-7 信息粘滞的比例变化趋势

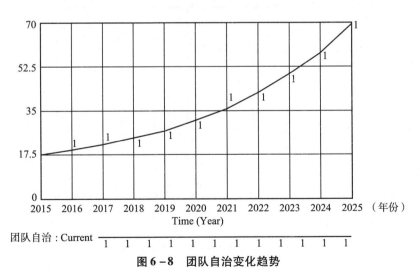

图 6-8 团队自治变化趋势

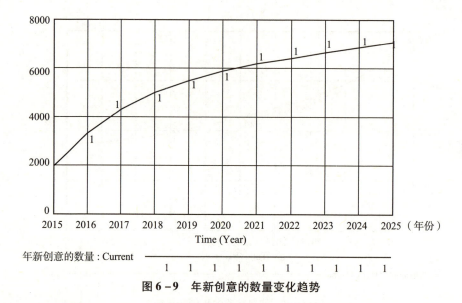

图 6-9 年新创意的数量变化趋势

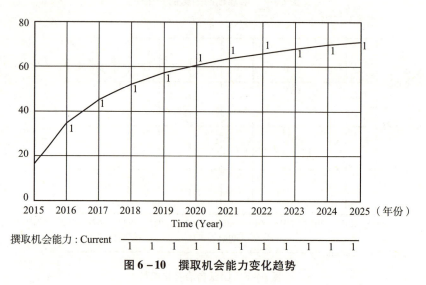

图 6-10 撰取机会能力变化趋势

（二）员工自主学习阶段仿真模拟

根据相关数据，编制以下仿真模拟图形，如图 6-11 至图 6-13 所示。

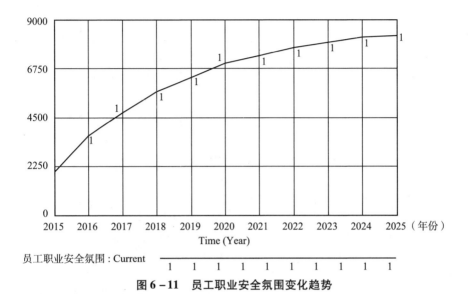

图 6 - 11 员工职业安全氛围变化趋势

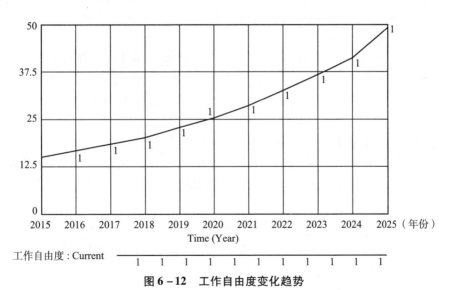

图 6 - 12 工作自由度变化趋势

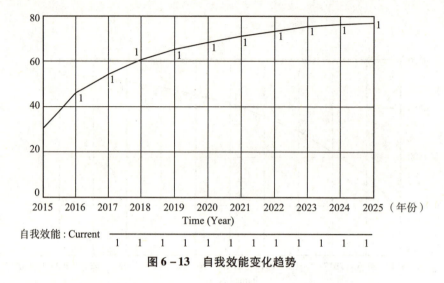

自我效能：Current

图 6 – 13　自我效能变化趋势

五、主要结论

（1）从系统角度出发，将员工心智模式对创新行为的作用阶段分为自主与共享两个阶段。这两个阶段相互联系、相互促进，形成了有机整体，共同推动员工创新行为的产生。

（2）促进创新行为是一个循环的动态过程。该过程涉及众多影响因素，不仅包括员工学习、自我效能、员工职业安全氛围、工作自由度、员工认知等员工自主动力因素，也包括创业精神宣导节奏、管理者风格传承、团队自治、员工社会化、商业学习投入等组织间共享因素。

（3）众多影响因素并不是孤立存在的，它们之间符合因果关系，并可以形成因果关系反馈环，这种反馈环是研究心智模式对创新行为作用机制的基础。仿真模型定量反映出各个影响因素及心智模式自主与共享模型系统之间的动态循环性。

（4）提出了培育利于员工创新行为的心智模式、提升团队共享与自治过程、加强组织内创业气氛、构建科学系统的员工创新绩效考评体系的建设与管理等建议。

第三节　绩效风险预警与排警基模

传统行业成熟期企业卓越绩效的持续化，始终引人关注。绩效风险的生成与化解，在企业优秀与延绵的实现中始终处于举足轻重的地位。如何从绩效风险的视角描述和分析企业延续的关键支撑，一直是困扰国内外该领域学者和业者的重要问题。依托职能性 HRM，一系列的经验性和战略性 IE 行为，在应对风险中，驱动着商业模式的变革；两者能动性地相互嵌入与促进始终左右着公司绩效；一系列的竞争预谋和界面干预始终驱动着企业成熟期的多次更新和延缓着衰退期的来临。立足该商业事实，从绩效风险的视角切入，结合物理学中 IFT 理论的成熟性、科学性与准确性①，选择 CTHBs 为样本，进行"特定情境和本土研究"②，以挖掘传统行业中成熟期企业卓越绩效持续化的关键支撑与一般模式，就具有很强的理论价值和实践意义。

一、模型的基本假设

在获取界面能力位势的过程中，受内创业驱动的 CTHBs 与外部环境进行着积极而良性的能量、资源与信息的交换，而绩效风险预警与排警是一套运营保障机制。业务—外部环境界面③与组织整合④、绩效风险的成因⑤、创业风险⑥等方面的成果，为本书的研究提供了理论基础。

逻辑化的 IE – HRM 界面是一个复杂的行为和互动过程，带有明显的社会经济系统的高阶、非线性、多重反馈等特点。显然，这是由多种因素构成的动态系统。其次，内部资源的集束拼凑，尤其是人力资源的调配与策略选择、安排，以及由此而引发的绩效风险预警与排警，则是组织运营的一套保障与应对机制，具有极强的统筹性，需要在较长时期内进行规划，而这带有信息反馈系统的典型特征。因此，引入系统动力学分析方法进行研究是恰当的选择。随之，依靠企业内部资源"流"的循环作用，对影响 IE – HRM 界面与组织运行的因子进行系统的分析，研究 IFT 运行的

---

① 书中，已经分析了该管理情景中的 IFT 与物理情景中的 IFT 所面对的共同结构和机制，随之进行了映射。

② 张玉利等：《基于中国情境的管理学研究与创业研究主题总结》，载于《外国经济与管理》2014 年第 1 期。

③ J. Alberto Aragón – Correa, Sanjay Sharma, "The Interface of the Top Management Team and Middle Managers: A Process Model", *Academy of Management Journal*, Vol. 28, No. 1 (2003), pp: 71 – 88.

④ 吴家喜、吴贵生：《组织间关系、外部组织整合与新产品开发绩效关系研究》，载于《软科学》2009 年第 11 期。

⑤ 师建霞：《员工内部创业风险控制研究》，郑州大学 2011 年硕士学位论文。

⑥ 李华晶等：《基于 CPSED 的创业活动影响因素实证研究》，载于《科学学研究》2012 年第 3 期。

内在机理并构建假设。

假设6-6：顾客偏好调研投入反映出竞争预谋和 IE 的驱动效应。

假设6-7：市场前摄和技术领先加大了市场距离、能力位势和绩效风险，并改变了内创业—HRM 界面强度。

假设6-8：绩效风险的预警与排警反馈着内创业的驱动效应。

假设6-9：依托 HRM 的资源集束和创业拼凑是促进 CTHBs 成熟期更新和衰退期延迟的主导方式，它依赖于 IE-HRM 界面程序质量的提高和界面活力的保持。

假设6-10：净利润增长率反映绩效风险排警的直接效果。

二、因果图与流图

（一）因果图

拟解决绩效风险的预警与排警问题，就需要以系统观把握这一复杂系统的逻辑结构和运行机制，从变量间的路径关系中筛选基模的构成要素，进而依据因果反馈关系构建回路和系统结构，并兼顾其作用空间和影响边界，就成为构建基模的可行选择。

遂运用定性方法，围绕"绩效风险—IFT-HRM"主线分别构建假设回路，以揭示 IE-HRM 界面对于绩效风险运动的规律，如图6-14所示。

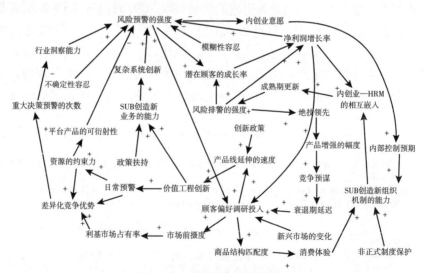

图6-14　绩效风险的因果图

（二）流图

凸显界面张力学说的映射价值，利用 Vensim PLE 软件，将因果关系图（见图 6-14）适当简化，就转化为相应流程图（图 6-15，括弧中为物理学刻画 IFT 的变量），便于非技术性、直观地描述系统的结构和功能。

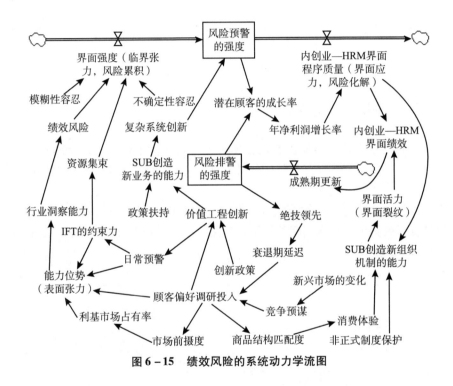

图 6-15　绩效风险的系统动力学流图

三、基　模

对以上绩效风险的因果图（或流图）进行抽象，就可以用一个基模，如图 6-16 所示，（图中括弧内为管理学描述 IFT 的变量）表示该系统的特质和发展规则。

基模只有检验通过，才能反映实际动态系统的运行特质和所构建基模的运行规律。受篇幅所限，本书主要进行了历史性检验。

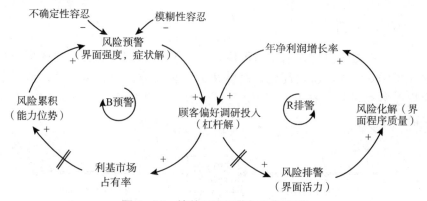

图 6 – 16　绩效风险预警与排警基模

四、基模的数据仿真

在构建了基模的基础上，选定相关决策变量，选择"老白干酒（股票代码：600559）"进行仿真调试并针对仿真结果进行分析，从而为管理方案或策略实施确定方向。

本书主要进行了灵敏度检验，即顾客偏好调研投入每增减 10%，考察风险预警的强度、年净利润增长率的变化。如图 6 – 17 和图 6 – 18、表 6 – 1和表 6 – 2 所示。

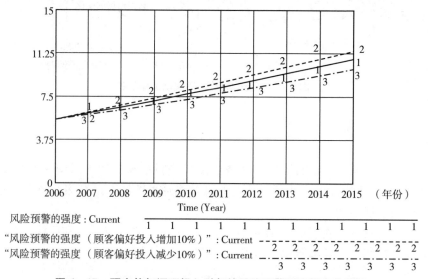

图 6 – 17　顾客偏好调研投入引起的风险预警强度的变化趋势

图 6 - 17 显示，随着顾客偏好调研投入的增加，内创业的驱动作用明显，能力位势和界面强度增大，使得风险预警的强度有增加的趋势，它们之间是正相关关系。

表 6 - 1 风险预警的强度对顾客偏好调研投入的灵敏度

年份	数值	风险预警的强度	顾客偏好调研投入减少 10%	顾客偏好调研投入增加 10%
2006		4.10	4.10	4.10
2007		4.79	4.78	4.80
2008		5.50	5.48	5.51
2009	拟合值	6.22	6.20	6.25
2010		6.95	6.92	6.98
2011		7.68	7.64	7.72
2012		8.42	8.37	8.46
2013		9.15	9.10	9.20
2014	预测值	9.89	9.83	9.95
2015		10.64	10.57	10.70

表 6 - 1 显示，风险预警的强度对顾客偏好调研投入有一定的灵敏度，并且随着时间的延续，灵敏度逐渐增加，这说明顾客偏好调研投入的重要性在上升。

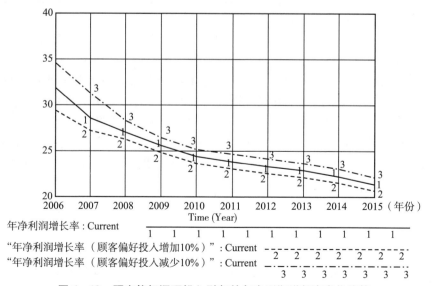

图 6 - 18 顾客偏好调研投入引起的年净利润增长率变化趋势

图 6 – 18 首先反映出年净利润的降低趋势，其核心在于近几年各类成本上升的推动，尤其是员工工资的上涨，这对于传统行业中民族企业的影响很大。当然，这也反映出 CTHBs 的典型特征——界面程序质量较低，运营成本居高不下，边际成本逐年上升。

表 6 – 2 年净利润增长率对顾客偏好调研投入的灵敏度

年份	数值	年净利润增长率/%	顾客偏好调研投入减少 10%	顾客偏好调研投入增加 10%
2006		16.73	18.20	16.10
2007		15.22	15.67	14.82
2008		14.33	14.77	13.93
2009	拟合值	14.20	14.65	13.81
2010		13.92	14.36	13.52
2011		13.81	14.25	13.41
2012		13.65	14.09	13.25
2013		13.39	13.83	12.99
2014	预测值	13.06	13.50	12.66
2015		12.67	13.11	13.07

表 6 – 2 显示，年净利润增长率对顾客偏好调研投入具有较高的灵敏度，说明两者之间存在紧密的负相关关系。其主要原因在于，顾客偏好调研投入的增加，推动了内创业行为，这对于惯于常态发展的 CTHBs 带来了不适应。不同的顾客偏好调研投入意味着不同的内创业驱动力，投入增加，驱动力就加大，由此而带来的内创业—HRM 界面张力随之增大，对界面程序质量有更高的要求。适当的界面张力是有益的，应该保持，如果过大就会给利润带来损失，意味着界面活力较弱、组织运行的效能较低，这应该引起管理者的警惕。

五、主 要 结 论

通过基模构建与仿真的实证研究，以上假设基本上得到了验证，主要有以下几点结论。

（1）基模基本能刻画传统行业成熟期企业绩效风险的形成、累积和消弭。而作为应对机制的绩效风险的预警与排警也能反映出 IE－HRM 界面张力的作用机理，支持着企业卓越绩效持续化的深层次解释。

（2）风险预警的强度对顾客偏好调研投入具有一定的灵敏度。顾客偏好调研投入和风险预警对于成熟企业而言，已经是日常性的管理事务，两者是内创业驱动的结果，也是企业内部资源集束拼凑效果的直接反映，支持着成熟期多次更新和衰退期延迟的深层次解释。

（3）作为绩效风险、综合性输出指标的净利润增长率，对顾客偏好调研投入的弹性充足。顾客偏好调研投入对于绩效风险的排警具有很强的影响作用。

（4）未来的深入研究，应该充分考虑居民消费价格指数（Consumer Price Index，CPI）对于企业成本和利润的影响，以货币购买力的绝对值建立模型，降低误差，从而更真实、更科学地刻画商业运行。

第七章

总结与展望

第一节　全书总结

一、所解决的几个问题

本书基本实现了项目申报时的预期目标。以"中华老字号"为样本，沿着"驱动效应—驱动机理—保障基模"的思路，揭示了耦合人力资源管理的内创业驱动规律，对"温和改善"进行了诠释，初步建立了"界面张力观"。具体而言，解决了以下几个问题。

运用传统思辨性研究方法，立足"中华老字号"的价值图式变迁，以温和改善为关键词，探求了内创业战略的生产性意蕴和人力资源策略的生产性意蕴，初步揭示了传统企业成熟期的更新机理，并建立了相应的理论框架，为接下来的研究进行了铺垫。

从人工科学理论出发，通过质性研究，尤其是运用扎根理论方法，从传统商业伦理嵌入、资源环境构建、互联网赋能下的组织惯例重构、组织再生和界面干预的使能工具等不同视角揭示了"界面张力—驱动力—约束力"三维动态框架的运行机制、内创业—HRM 能动性耦合效应，以及卓越绩效获取的路径和策略，凸显了 IFT 作为化解战略性内创业与职能性 HRM "创造性嵌入悖论"的工具和作为该研究的立论基础，从而形成经验语句。这些进行了本体论意义上的把握，确保了其普适性，为发展中的"界面张力观"奠定了基石，将延伸既有的创业管理理论体系，为深入研究传统行业成熟期企业的运营绩效提供了一个较新的理论视角；也有助于提高我国这些领域在国际上的地位与影响。

立足实用主义哲学价值论，借鉴物理学法则的严格性和精确性，以及既有创业理论和绩效理论的科学性，从耦合效应中，进行了 IFT 的管理学定义，确定了 IFT 的五维变量，并编制了内驱力、约束力和界面张力的相关量表，以刻画和检验内创业—HRM 界面的力学行为，后进行了定量实证研究，从而形成逻辑推理语句。这有助于透彻揭示传统行业成熟期民族企业中耦合 HRM 的内创业驱动效应、驱动机理，有助于构建基于 HRM 亚界面的 IFT 保障基模。

从方法论层面，开发了界面干预的使能工具，建立了心智模式共享和绩效风险预警与排警两个基模。它们具有很强的实践启发意义，可促进"中华老字号"等传统行业中成熟期企业关注内创业和人力资源管理之间的相互关系，适时深层次地预判竞争并超前行动，在成熟期的多次更新中实现卓越与永续。

二、主要创新点

（一）提出 IFT 构念

本书对"中华老字号"的商业实践进行质性溯因分析、对理论线索进行归纳，援引物理学 IFT，提出了管理学 IFT 的构念，确定其关键变量，借助与之相关的内驱力和约束力去刻画界面中的耦合力学行为，以阐释内生的驱动效应，以及界面绩效、公司绩效的生成、卓越与持续机理。这紧跟了学术前沿并适度超前，也一定程度上变革了已有的研究范式。在此问题上开拓了新的"界面张力观"的思考空间，有助于在国际上形成新的启蒙，并占据一席之地。

采用基于关系论、突现进化论的主导要素建模法，结合物理学界面张力理论的本质与应用现状，所构建的"IFT—驱动力—约束力"三维框架，并围绕 IFT 这一主导要素，以及要素间的交互关系来构建模型，以揭示耦合效应的运动机理，从而形成经验分析语句。这些，深探到绩效生成的内核，也支撑着对绩效卓越化和持续化机理的揭示。

（二）创建 IFT 成长矩阵

该矩阵旨在运用判别准则寻找 IFT 的成长路径，提供了使能工具。这些，将有助于深化复杂社会组织系统界面的研究，有助于界面动力价值的显化，促进企业由经验性的创业活动迈向科学的创业管理，也有助于组织向后现代企业迈进。再者，在对样本企业的 IFT 进行测试后，试图对号入座，以昭示其成长状况，这超脱了以往泛泛的论述，也实现了研究范式由定性到定量的跃迁。

（三）检验了公司绩效卓越化机理

本书基于"中华老字号"的商业数据和既有创业理论、绩效理论，以 IFT 成长为核心范畴，从定位和定性，以及定量实证侧面，去探究绩效卓越化的新原理和新方法，以深化界面运行的驱动价值、IFT 对公司绩效发育规律的认识，并用商业数据进行了检验。这一研究正在努力与国际前沿接轨并超越。

（四）为保障卓越绩效的持续化，构建了两个管理基模

心智模式共享基模和绩效风险预警与排警基模将引导实践一线实施界面干预，为类似"中华老字号"企业走出绩效管理困境开拓了新的视角和工具；为延长传统行业民族企业的成熟期、预警衰退期的出现提供了新的抓手；为类似"中华老字号"企业的基础运作提供借鉴，以实现竞争预谋、成熟期延长的目的。这些，将使得主要研究结论既具有科学性，又具有较强的现实指导价值。这一研究回应了一线实践的迫切需求。

第二节　研究展望

一、不足之处

本书立足实用主义哲学认识论和方法论，将自然科学的规律与社会科学的逻辑进行了比拟，将物理学的参数进行了管理学的创造性再定义。进而，基于该哲学实践论的可测量、可验证原则，将 IFT 置于"三维框架"内进行思考，依赖扎根理论方法和规范研究方法进行了思辨性筛选，相互补充和印证结果，并进行了社会统计学数据处理和检验。从而形成了用数学表达的逻辑体系，为一线实践提供了可操作性的使能技术和工具。

但是，自然科学和社会科学机理的映射困难重重：一则能否从本体论层面实现自然科学理论与社会科学学说无争议的拟合，需要进行更深入的学理论证；二则所遴选的变量、所建构的指标体系，能否刻画耦合人力资源管理的内创业驱动机制，其概推性如何，有待在实践中进行更丰富的实证研究和实验研究。

二、有待进一步研究的问题

本书建立了界面张力的指标体系，但是距建立界面张力方程尚有一步之遥，尚未形成数学语句。接下来的研究，应广泛而深度地找出变量间的数理关系，并在实践中进行深度的仿真实验、印证和修订。

包容劳动关系基模，包括基本假设、因果图与流图、基模及其数据仿真等环节尚没有研究，这也是接下来的研究需要进行的内容。

附录 A "中华老字号" 访谈提纲

特别提示:

(1) 这是一项国家自然科学基金项目 (National Nature Science Foundation of China,NSFC) 的访谈提纲,主要用于研究企业创新、创业行为与人力资源管理的互动状况,以及管理实践。

(2) 您所提供的素材,仅用于理论研究。在没有经过企业的书面许可时,我们承诺:绝不公开! 绝不在任何公众媒体出现企业名称!

(3) 您的坦诚回答,将对我们的学术研究提供真实而有价值的素材。

研究团队真诚地感谢您!

一、企业的核心理念传承方面

1. 企业对国家和社会最大的贡献是什么? 产品? 服务? 就业? 税收? 等。

2. 对国家和社会而言,"老字号"的经济价值和文化价值哪一个更重要? 未来呢?

3. 企业长期坚持的企业文化(核心理念)与传统商业伦理、社会伦理的关系是什么?

4. 历史中,遇到的最大困难是什么? 是如何渡过难关的?

5. 企业的企业文化(核心理念)有没有变革的设想?

二、创新与创业方面

1. 下一步发展的主要障碍是什么? 宏观环境与政策制约,还是企业自身的障碍?

2. 下一步扩张的主要策略是什么? 企业下一步品牌建设的设想是什么?

3. 描述企业的产品结构及其调整依据。

4. 传统技术如何传承? 新的研发与改进情况如何?

5. 是自己寻找商业机会,还是创造机会? 抑或限于抓住机会?

6. 市场竞争是如何应对并成功的? 有没有为竞争制定预案?

7. 从利益相关者(银行、政府、管理者的社交圈等)获得商业利益,哪一方面获得的利益最理想？

三、人力资源管理方面

1. 企业的法人治理结构是否完整？成熟的、稳定的（高层）管理团队，是如何锤炼的？

2. 公司的组织结构是否与业务相匹配？公司中是否有推诿扯皮情况？

3. 如何调动内部资源干成一件大事？

4. 公司内部经验主义浓厚，还是创新气氛浓厚？

5. 员工愿意改变企业现状吗？是不是支持改变现状？

6. 公司存在哪些隐患？来源有哪些？如何应对？

四、其他方面

1. 作为行业龙头，与世界知名企业的差距主要在哪？举例说明，企业下一步的追赶设想？

2. 能否提供近几年，已经公开的财务数据？尤其是在获批"中华老字号"称号前后的变化、对比。

3. 员工对于管理策略创新有什么态度？

4. 劳动关系对企业长远发展的支持情况是什么？

5. 内部的管理程序、惯例对于生产力的支持情况。

附录 B NSFC "中华老字号" 项目的调查问卷

尊敬的女士/先生：

您好！这是一项国家自然科学基金项目（NSFC）的全国调查，它是关于"中华老字号"研究的，我们诚邀您回答下面的问题。

回答无对错之分，仅用于学术研究，请您按照您所在企业的实际情况和您的理解填写，写出自己的真实观感即可。该问卷采用匿名回答形式，并且我们会对您的回答严格保密，请不要有任何顾虑。

衷心感谢您在百忙之中抽出宝贵时间参与此次调查和研究！

团队所有成员祝您工作顺利！

河北经贸大学 NSFC "中华老字号" 课题组

您和贵公司的基本信息

1. 您的性别：

□男　　□女

2. 您的年龄：

□22 岁及以下　　□23～30 岁　　□31～40 岁　　□41～50 岁　　□51 岁以上

3. 您的受教育程度：

□中专（或高中）及以下　　□大专　　□大学本科　　□硕士及以上

4. 您在公司的服务时间：

□2 年及以下　　□2～5 年　　□5～10 年　　□10 年以上

5. 您在公司中的职位：

□一线员工　　□底层（或一线）管理者　　□中层（或部门）管理者
□副总经理及以上

6. 贵公司属于（可多选）：

☐民营企业　☐家族企业　☐外资参股企业　☐国有企业及国有控股 ☐上市公司

7. 贵公司所在的行业（按国家商务部评定 "中华老字号" 时的行业 分类）：

☐批发和零售业　☐住宿和餐饮业　☐农副食品加工业　☐酒、饮料 和精制茶制造业

8. 贵公司的员工数量：

☐100 人以下　☐101～200 人　☐201～300 人　☐301～1000 人 ☐1001 人及以上

9. 贵公司的主营业务收入：

☐300 万元以下　☐301 万～1000 万元　☐1001 万～2000 万元 ☐2001 万～5000 万元　☐5001 万～10000 万元　☐10001 万～40000 万元 ☐40001 万元及以上

10. 贵公司的净利润增长：

☐亏损　☐低于 5%　☐5%～8%　☐8%～10%　☐10%～25% ☐25%～50%　☐50% 以上

问卷（1）

这部分是关于 "中华老字号" 企业创新、创业活动与组织运行、人力 资源管理关系的问卷，请您对以下观点的认同程度（1～5：代表非常不同 意—非常同意）进行勾选。

问题（管理事实或现象）	非常不同意	不同意	说不清	基本同意	非常同意
公司投入人力和物力进行消费者选择倾向性（或口感）方面的调查研究，而且逐年增多	1	2	3	4	5
公司所提供的不同商品，总能满足不同需求的顾客	1	2	3	4	5
公司为不同的消费者提供了足够的、可供选择的品种	1	2	3	4	5
公司的现有产品都适销对路，能带来可观的销售收入	1	2	3	4	5

续表

问题（管理事实或现象）	非常不同意	不同意	说不清	基本同意	非常同意
长期以来，公司的传统技术（或工艺）独树一帜	1	2	3	4	5
长期以来，公司的传统技术（或工艺）不追求业内最好，也不追求业内成本的最低	1	2	3	4	5
长期以来，公司的传统产品（或服务）持续改进，但幅度（或程度）很小	1	2	3	4	5
长期以来，公司的传统产品退出市场的速度很慢	1	2	3	4	5
公司制定了长远的发展规划，并一步步推进和落实	1	2	3	4	5
高层领导者总是积极地投入到外部社会中，去发现商业机会	1	2	3	4	5
高层领导者能敏锐地分析周围环境的变化，以捕捉商业机会	1	2	3	4	5
对于所捕捉的商业机会，公司会及时、积极地利用	1	2	3	4	5
对行业内的竞争态势，领导者重视评估和研究，并制定了应对措施组合	1	2	3	4	5
公司有一个（或多个）能进行扩展的核心产品（或服务）	1	2	3	4	5
公司实现着"生产一代、研发一代、储备一代"（或进行服务模式储备）	1	2	3	4	5
公司员工总是自信地做好本职工作，以应对剧烈的市场竞争	1	2	3	4	5
高层领导者有庞大而稳定的关系网，重视活跃而又有价值理念的获取	1	2	3	4	5
在获取资源方面，公司越来越重视市场，越来越不依赖于政府和社会（或个人关系）	1	2	3	4	5
在获取资源方面，公司越来越重视非传统方法（如互联网）	1	2	3	4	5
对于有价值的说法或商业理念，公司会积极调动资源将其转化为销售收入的增长	1	2	3	4	5

续表

问题（管理事实或现象）	非常不同意	不同意	说不清	基本同意	非常同意
公司内部历史性的独有资源支持着新业务的开发	1	2	3	4	5
公司重视少量战略性资源的组合价值	1	2	3	4	5
公司上下越来越重视非传统资源（信息、知识和技术）的价值	1	2	3	4	5
公司的总资本（或净现金流）持续增加	1	2	3	4	5
部门间很少发生纠纷或推诿扯皮现象	1	2	3	4	5
公司鼓励新创意的产生、保护和共享	1	2	3	4	5
窝藏信息、沟通不畅的现象比较少	1	2	3	4	5
对于新的任务，公司上下总是按时、保质保量地完成	1	2	3	4	5
公司中的常规做法根深蒂固，习惯势力强大	1	2	3	4	5
源自创始人的企业文化已经深入到每个员工的内心，并通过日常工作表现出来	1	2	3	4	5
公司内的创新性举动对经验主义构成了冲击	1	2	3	4	5
员工安心工作，不担心自己被公司除名或失业	1	2	3	4	5
员工都认识到创新和二次创业对于企业的意义，并从个人情感上接受	1	2	3	4	5
公司上下都愿意改变现状，实现新的成长或跨越	1	2	3	4	5
对于员工个人的职业发展，公司经常进行关注和调研	1	2	3	4	5
公司采取多种方法激励员工，防止懒散和不作为现象	1	2	3	4	5
高层领导者能准确预见所在行业的发展趋势和关键问题	1	2	3	4	5
公司有一套完整的绩效考核方案，重视绩效沟通与面谈的意义，重视今天的业绩对未来的影响	1	2	3	4	5
公司重视内部隐患和外部干扰的出现，并及时研究其原因	1	2	3	4	5
对于外部的干扰，公司有一套应对机制	1	2	3	4	5
公司与所在的社区、社会建立了和谐的互动关系，并树立了良好的形象	1	2	3	4	5

问题（管理事实或现象）	非常 不同意	不同意	说不清	基本 同意	非常 同意
公司非常重视老顾客是否经常购买公司的产品，并试图与他们建立社会关系	1	2	3	4	5
公司越来越重视向消费者提供完整的"解决方案"，而不仅仅是商品	1	2	3	4	5
改革开放以来，尤其是获批"中华老字号"以来，公司的销售收入一直大幅度增长	1	2	3	4	5
公司的内部运行或调整总是与外部环境的变化步调相一致	1	2	3	4	5
在推出新产品（或新服务）方面，公司总是比竞争对手早一步	1	2	3	4	5
公司投入足够的研发经费，而且一年比一年多	1	2	3	4	5
公司内的创新气氛在改变着员工的日常行为和判断	1	2	3	4	5
您所接受的技能培训次数（或时间），逐年增多，职业能力提高很快	1	2	3	4	5
每个部门（或每个项目团队）都能完美地（或负责任地）做好本职工作	1	2	3	4	5
公司内总有相当数量的员工致力于产生新想法，并积极行动	1	2	3	4	5
对于可接受的风险，公司会积极处置和应对	1	2	3	4	5
员工间有矛盾时，总是善意、低调处理，很少采取激烈的方式表达	1	2	3	4	5
遇到难题，公司中的各个部门、每个员工总是先寻找自身的原因	1	2	3	4	5
每个员工都会积极地额外付出，主动承担并非自己岗位职责内的任务	1	2	3	4	5
来自不同部门的员工，目标一致，经常通力合作、热情地相互配合	1	2	3	4	5

续表

问题（管理事实或现象）	非常 不同意	不同意	说不清	基本 同意	非常 同意
公司善于识别内部隐患和外部干扰，并能第一时间有效控制危机的蔓延	1	2	3	4	5
对于内部隐患和外部干扰，公司制定了成套的应对措施，并能及时采取补救措施	1	2	3	4	5
当不能预测和判断市场未来的变化时，不盲目行动，而是积极主动地选择静观其变	1	2	3	4	5
员工不愿意申诉自己的不满情绪，而是从自己做起，主动寻求机会改变公司的不良现状	1	2	3	4	5

问卷（2）

这部分是关于 "中华老字号" 企业卓越绩效持续化保障的问卷，请您对以下观点的认同程度（1～5：代表非常不同意—非常同意）进行勾选。

问题（管理事实或现象）	非常 不同意	不同意	说不清	基本 同意	非常 同意
不进则退，创新和创业已经成为公司的流行语和关键词	1	2	3	4	5
公司鼓励有商业价值的创意，多多益善	1	2	3	4	5
公司投入力量分析和研判商业机会，并利用机会窗口	1	2	3	4	5
公司对竞争的关注和投入，总比竞争对手早一步	1	2	3	4	5
公司总是积极承担一定的、可承担的风险	1	2	3	4	5
随着社会的变迁、市场的变化，公司的目标市场也在积极调整	1	2	3	4	5
越来越多的员工加入创新和创业的队伍	1	2	3	4	5
公司所提供的产品（或服务）与竞争者相比，有明显的不同	1	2	3	4	5

问题（管理事实或现象）	非常 不同意	不同意	说不清	基本 同意	非常 同意
在自己选定的特定市场中，有庞大而稳定的顾客群	1	2	3	4	5
经过营销宣传和产品（或服务）尝试消费，公司有越来越多的新顾客	1	2	3	4	5
公司内崇尚集体主义，不鼓励个人主义	1	2	3	4	5
在创新气氛下，员工乐意参加公司组织的学习或培训活动	1	2	3	4	5
骨干员工以自己对组织的忠诚服务来回报组织，离职率很低	1	2	3	4	5
每个员工都有自己的工作爱好，公司鼓励他们时常而坦率地表达	1	2	3	4	5
员工在工作中有可自由支配的时间，公司允许员工做自己想做的事	1	2	3	4	5
一线员工在工作中有充分的自主权	1	2	3	4	5
员工在规章制度范围内做事，管理者就只问结果，不问过程	1	2	3	4	5
公司建立了"能者上、平者让、庸者下"的绩效文化	1	2	3	4	5
因应国家相关政策和企业实际情况，公司制定了激励有效的薪酬政策	1	2	3	4	5
在公司获取与整合资源的过程中，人力资源管理处于主导地位	1	2	3	4	5
在开通公司官方网站的基础上，公司又开通了在线QQ、微博、微信等移动客户端	1	2	3	4	5
公司的互联网界面很实用，能与访问者完成顺畅的沟通	1	2	3	4	5
针对不同的访问者，公司设计了不同的页面和链接	1	2	3	4	5
公司相信消费者由众多的"社交圈""朋友圈"组成	1	2	3	4	5

续表

问题（管理事实或现象）	非常 不同意	不同意	说不清	基本 同意	非常 同意
不同 "社交圈" "朋友圈" 之间的相互学习和反馈，有助于推动公司业绩增长	1	2	3	4	5
公司不仅进行线下交易，而且还进行线上交易	1	2	3	4	5
公司相信互联网有助于形成新的营销口碑	1	2	3	4	5
通过社交媒体，公司与竞争者之间分享信息，开展良好的业务合作	1	2	3	4	5
公司与电子商务运营商，如淘宝、京东等开展良好的业务合作	1	2	3	4	5
公司有专职员工对网上反馈、评论进行数据分析，并及时形成报告	1	2	3	4	5
近些年，即便是处于转型时期，公司的业绩仍然稳步增长	1	2	3	4	5
公司由重视对配方、生产关键环节和独有技术等的保护，正转向兼顾对员工潜能的开发	1	2	3	4	5
员工的上下左右内外关系和谐、融洽	1	2	3	4	5
公司的运营流程和管理程序等，一直进行着改进	1	2	3	4	5
对于发展方向，公司经仔细研究其可行性后，会积极调整	1	2	3	4	5
公司建立了 "一竿子到底" "全覆盖" "进度到位" 的绩效监控体系	1	2	3	4	5
即便创新活动复杂、涉及因素众多，公司也能整合资源积极实施创新活动	1	2	3	4	5
公司通过人力资源管理制度化解一系列的陈规陋习	1	2	3	4	5
无论时代变迁，顾客消费体验始终是创造口碑的最重要方法	1	2	3	4	5
公司重视隐患和危机的信号，并及时排除	1	2	3	4	5

请您再检查一遍，看有没有漏答的题目；如果有，请补充完整。

再次感谢您的合作和支持！

附录 C 消费者调查问卷

调查目的：区域内消费者对"中华老字号"及其产品或服务的认知，以及消费者对企业创新方面的期望。

调查方式：此次调查由调查人员深入街头、商场、饭店等消费场所，以消费者、公众为样本，采用随机的方式选择样本，积极而热情地征得对方的配合。对于消费者不理解的要耐心解释，随后，根据调查人的理解自己填写问卷。

劳务费：对此次调研、走访并填写每份问卷，课题组支付 80 元劳务费。根据 A、B、C 选项括弧中的数据之和支付总的劳务费。

调查人所在城市：　　　　　　　　　调查时间段：

1. 您对"中华老字号"了解吗？（考查传播度）

A. 了解（　　）　　B. 不了解（　　）　　C. 没听说过（　　）

2. 您能说出你所在城市几家"中华老字号"的企业名称？（考查传播度）

A. 5 家以上（　　）　　B. 2～4 家（　　）　　C. 少于 2 家（　　）

3. 您经常到"中华老字号"消费吗？或经常购买其产品吗？（考查消费频率）

A. 经常，每年消费几次（　　）　　B. 偶尔消费（　　）　　C. 很少消费（　　）

4. 您每次到"中华老字号"消费的金额大概是多少？（考查消费额度）

A. 1000 元以上（　　）　　B. 500～1000 元（　　）　　C. 500 元以下（　　）

5. 您经常到同一家"中华老字号"消费或购买其产品吗？（考查消费者的忠诚度）

A. 一直不变（　　）　　B. 时常变化（　　）　　C. 每次都不一样（　　）

6. 您每次到"中华老字号"消费的商品是一样的吗？（考查消费偏好的稳定程度）

　　A. 一直不变（　　）　　B. 时常变化（　　）　　C. 每次都不一样（　　）

7. 您对"中华老字号"商品或服务质量的评价是什么？（考查质量稳定性）

　　A. 优质、稳定（　　）　　B. 起伏不大、可接受（　　）　　C. 质量差、不稳定（　　）

8. 您希望"中华老字号"的商品如何改进？（考查消费者对创新的期望）

　　A. 适销对路（　　）　　B. 时常变化（　　）　　C. 迎合潮流（　　）

9. 您对"中华老字号"员工的综合印象是什么？（考查消费者对员工的期望）

　　A. 一流水平（　　）　　B. 可接受（　　）　　C. 达不到要求（　　）

10. 您对"中华老字号"的综合印象是什么？（考查消费的稳定程度）

　　A. 能做强做大（　　）　　B. 能活下去（　　）　　C. 活下去有难度（　　）

附录 D　调研企业名单

河北省"中华老字号"与"百年老店"

衡水老白干酒

中和轩饭庄

乐仁堂医药

马氏中发食品

洛杉奇食品

刘伶醉酒

槐茂酱菜

乾隆醉酒业

避暑山庄集团

鸿宴饭庄

鸿源酒业

刘美实业

新新麻糖

争荣食品

泥坑酒业

哈老太太餐饮

中铁山桥

承德钢铁

北京市"中华老字号"

同仁堂集团

全聚德集团

王府井百货

吴裕泰茶叶
稻香村食品
王麻子工贸

山东省"中华老字号"

燕喜堂饭庄
趵突泉酿酒
大观园

山西省"中华老字号"

杏花村汾酒集团
老陈醋集团
宁化府益源庆醋业
六味斋实业
飞凯达食品——赵氏四味坊
通宝醋业
荣欣堂食品
平遥牛肉集团
阳泉食品总厂

黑龙江省"中华老字号"

友谊宫
老鼎丰食品
玉泉酒业
老都一处餐饮

吉林省"中华老字号"

孟氏整骨
长白山酒业

辽宁省"中华老字号"与"百年老店"

老边饺子
中街冰点

南轩酒家

贵州省"中华老字号"

茅台酒
董酒
老谢氏传统火烤鸡蛋糕

四川省"中华老字号"

胡开文文具
通锦达商
精益眼镜
粤香村店
夫妻肺片店

重庆市"中华老字号"

小洞天饭店
白市驿板鸭食品

湖南省"中华老字号"与"百年老店"

九芝堂
火宫殿
湘绣研究所
凯旋门影楼
杨裕兴
又一村
德茂隆食品
龙牌酱业
双燕楼
十三村食品
新华楼餐饮

湖北省"中华老字号"

谈炎记饮食

叶开泰药业连锁

浙江省"中华老字号"与"百年老店"

胡庆余堂国药
咸亨食品
野荸荠食品

甘肃省"中华老字号"

马子禄牛肉面

福建省"中华老字号"

黄金香食品
吴招治薄饼
复茂食品

台湾地区"百年老店"

郭元益糕饼
老雪花糕

参 考 文 献

一、中文文献
著作

[1][英]阿尔弗雷德·马歇尔:《经济学原理》,宇琦译,湖南文艺出版社 2012 年版。

[2][美]彼得·圣吉:《第五项修炼》,张成林译,中信出版社 2009 年版。

[3][美]大卫·A. 欧兰德森、[美]埃德沃德·L. 哈里斯、[美]巴巴拉·L. 史克普、[美]史蒂夫弗·D. 艾伦:《做自然主义研究:方法指南》,李涤非译. 重庆大学出版社 2007 年版.

[4][美]戴维·J. 科利斯、[美]辛西娅·A. 蒙哥马利:《公司战略——基于资源论的观点》,机械工业出版社 2006 年版。

[5][美]杰弗里·F. 瑞波特、[美]伯纳德·J. 贾沃斯基:《客户界面:未来竞争优势》,郑适译,商务印书馆 2006 年版。

[6][美]凯西·卡麦兹:《构建扎根理论:质性研究实践指南》,边国英译,重庆大学出版社 2013 年中译本。

[7][美]克里斯坦森·M. 克莱顿:《困境与出路:企业如何制定破坏性增长战略》,容冰译,机械工业出版社 2004 年版。

[8][美]罗伯特·K. 殷:《案例研究方法的应用》,周海涛译,重庆大学出版社 2013 年版。

[9][美]唐纳德·F. 库拉特科、[美]迈克尔·H. 莫里斯、[美]杰弗里·G. 科恩:《公司创新与创业》,李波,等译,机械工业出版社 2013 年版。

[10][美]温特·悉尼:《构建经济学和管理学的演化理论》,载肯·G. 史密斯、迈克尔·A. 希特(编):《管理学中的伟大思想》,北京大学出版社 2016 年版。

[11][美]熊彼特:《经济发展理论》,何畏等译,商务印书馆 1990

年版。

[12] 曾仕强：《管理大道——中国管理哲学》，北京大学出版社 2004 年版。

[13] 费孝通：《乡土中国 生育制度》，北京大学出版社 1998 年版。

[14] 郭会斌：《浴火重生——透视中华老字号的经营之道》，企业管理出版社 2005 年版。

[15] 郭会斌：《重构持续竞争优势——面向现代服务性企业的内创业研究》，中国经济出版社 2009 年版。

[16] 卢彦：《互联网思维 2.0：传统企业互联网转型》，机械工业出版社 2015 年版。

[17] 罗家德、曾明彬：《中国人的管理学》，吉林出版集团有限公司 2010 年版。

[18] 罗家德：《中国人的管理智慧》，中信出版社 2007 年版。

[19] 王孝通：《中国商业史》，团结出版社 2007 年版。

[20] 吴晓波：《激荡两千年——中国企业公元前 7 世纪—1969 年》，中信出版社 2012 年版。

[21] 许金泉：《界面力学》，科学出版社 2008 年版。

期刊论文

[22] ［美］韦恩·F. 卡西欧：《基于中国的人力资源管理实践中的科学问题》，载于《管理学报》2013 年第 3 期。

[23] 赵纯均：《中国式企业管理研究的九个发现》，载于《企业管理》2013 年第 2 期。

[24] 蔡莉、柳青：《新创企业资源整合过程模型》，载于《科学学与科学技术管理》2007 年第 2 期。

[25] 蔡莉等：《基于流程视角的创业研究框架构建》，载于《管理科学学报》2006 年第 1 期。

[26] 陈光锋：《互联网思维：商业颠覆与重构》，载于《中国科技信息》2014 年第 7 期。

[27] 陈菁华、吴泱：《关联数据驱动的企业信息资源集成研究》，载于《信息科学》2014 年第 10 期。

[28] 陈林菁：《21 世纪成功企业家的心智模式初探》，载于《绍兴文理学院学报（人文社会科学）》2007 年第 2 期。

[29] 陈彦亮、高闯：《组织惯例的跨层级演化机制》，载于《经济理

论与经济管理》2014 年第 3 期。

[30] 单标安等:《创业研究回顾与资源视角下的研究框架构建——基于扎根思想的编码与提炼》,载于《管理世界》2011 年第 12 期。

[31] 董保宝:《公司创业模型回顾与比较》,载于《外国经济与管理》2012 年第 2 期。

[32] 杜鹃:《人力资源管理实践与组织绩效关系研究的困境与中间变量选择》,载于《外国经济与管理》2007 年第 7 期。

[33] 方世建:《试析效果逻辑的理论渊源、核心内容与发展走向》,载于《外国经济与管理》2012 年第 1 期。

[34] 奉小斌、陈丽琼:《探索与开发之间的张力及其解决机制探析》,载于《外国经济与管理》2010 年第 3 期。

[35] 奉小斌:《研发团队跨界行为对创新绩效的影响》,载于《科研管理》2012 年第 3 期。

[36] 高洪力、林妍梅:《论老字号企业战略性资产重组的策略》,载于《理论前沿》2009 年第 15 期。

[37] 顾远东、彭纪生:《组织创新氛围对员工创新行为的影响:创新自我效能感的中介作用》,载于《南开管理评论》2010 年第 1 期。

[38] 郭斌:《企业界面管理实证研究》,载于《科研管理》1999 年第 5 期。

[39] 郭斌等:《界面管理:企业创新管理的新趋向》,载于《科学学研究》1998 年第 1 期。

[40] 郭斌等:《企业创新过程中的界面管理》,载于《数量经济技术经济研究》1997 年第 7 期。

[41] 郭会斌:《内创业战略情境下人力资源策略的生产性意蕴——兼论人力资源管理对成熟期企业绩效的促进机理》,载于《经济问题》2015 年第 7 期。

[42] 郭会斌:《温和改善的实现:从资源警觉到资源环境建构——基于四家"中华老字号"的经验研究》,载于《管理世界》2016 年第 6 期。

[43] 郭会斌等:《工匠精神的资本化机制——一个基于八家"百年老店"的多层次构型解释》,载于《南开管理评论》2018 年第 2 期。

[44] 何素琴、卜艺杰:《基于管理伦理学视角的服务质量管理研究》,载于《江西社会科学》2015 年第 1 期。

[45] 贾旭东、衡量:《基于"扎根精神"的中国本土管理理论构建

范式初探》，载于《管理学报》2016 年第 3 期。

［46］蒋建武、赵曙明：《战略人力资源管理与组织绩效关系研究的新框架：理论整合的视角》，载于《管理学报》2007 年第 6 期。

［47］［美］吉姆·柯林斯（Jim Collins）、马小龙：《好运的 5 级领导者》，载于《经理人》2001 年第 7 期。

［48］李华晶等：《基于 CPSED 的创业活动影响因素实证研究》，载于《科学学研究》2012 年第 3 期。

［49］李新春、刘莉：《嵌入性—市场性关系网络与家族企业创业成长》，载于《中山大学学报（社会科学版）》2009 年第 3 期。

［50］刘芳、王浩：《创业人力资源管理研究前沿探析与未来展望》，载于《外国经济与管理》2011 年第 3 期。

［51］刘景江、陈璐：《创业导向、学习模式新产品开发绩效关系研究》，载于《浙江大学学报》2011 年第 6 期。

［52］刘鹏、席酉民：《和谐理论：系统视角与时间透镜下的组织过程模型》，载于《系统工程理论与实践》2012 年第 11 期。

［53］刘文彬、井润田：《组织文化影响员工反生产行为的实证研究》，载于《中国软科学》2010 年第 9 期。

［54］卢泰宏、高辉：《品牌老化与品牌激活研究述评》，载于《外国经济与管理》2007 年第 2 期。

［55］罗珉：《创业人力资源管理研究前沿探析与未来展望》，载于《外国经济与管理》2008 年第 8 期。

［56］罗珉：《管理学人本主义范式评析》，载于《外国经济与管理》2008 年第 10 期。

［57］吕力：《归纳逻辑在管理案例研究中应用：以 AMJ 年度最佳论文为例》，载于《南开管理评论》2014 年第 1 期。

［58］毛基业、李晓燕：《理论在案例研究中的作用——中国企业案例研究与质性论坛（2009）综述与范文分析》，载于《管理世界》2010 年第 2 期。

［59］梅胜军：《柔性人力资源管理、战略创业与高技术企业绩效关系的实证研究》，载于《科学学与科学技术管理》2010 年第 8 期。

［60］戚振江、王重鸣：《公司创业战略、人力资源结构与人力资源策略研究》，载于《科研管理》2010 年第 4 期。

［61］戚振江：《人力资源实践与组织绩效关系综述：基于过程和多

层次分析范式》，载于《科学学与科学技术管理》2012 年第 5 期。

[62] 秦志华、刘传友：《基于异质性资源整合的创业资源获取》，载于《中国人民大学学报》2011 年第 6 期。

[63] 沈超红、王重鸣：《创业绩效结构探索与合约解释》，载于《南京社会科学》2011 年第 1 期。

[64] 师建霞：《员工内部创业风险控制研究》，郑州大学 2011 年硕士学位论文。

[65] 石书德等：《影响新创企业绩效的创业团队因素研究》，载于《管理工程学报》2011 年第 4 期。

[66] 陶咏梅：《组织创新气氛、个体学习能力和组织承诺、个体创新行为关系研究》，吉林大学 2013 年博士学位论文。

[67] 王倩、蔡莉：《创业机会开发过程及影响因素研究》，载于《学习与探索》2011 年第 3 期。

[68] 王少杰、刘善仕：《中国企业文化的演化模式探讨》，载于《管理世界》2013 年第 2 期。

[69] 魏江等：《公司创业研究领域两个关键构念——创业导向与公司创业的比较》，载于《外国经济与管理》2009 年第 9 期。

[70] 吴义爽等：《基于互联网＋的大规模智能定制研究——青岛红领服饰与佛山维尚家具案例》，载于《中国工业经济》2016 年第 4 期。

[71] 谢朝武、郑向敏：《界面管理与服务能力、服务绩效间的驱动关系》，载于《财贸经济》2012 年第 9 期。

[72] 谢洪明、程聪：《企业创业导向促进创业绩效提升了吗？——一项 Meta 分析的检验》，载于《科学学研究》2012 年第 7 期。

[73] 邢周凌：《高绩效人力资源管理系统与企业绩效研究——以中国创业板上市公司为例》，载于《管理评论》2012 年第 7 期。

[74] 徐强、李垣：《组织结构敏感性对组织绩效的影响分析》，载于《现代管理科学》2009 年第 4 期。

[75] 徐中、姜彦福：《创业企业架构能力概念构建及其检验》，载于《科学学与科学技术管理》2009 年第 11 期。

[76] 严中华：《社会创业绩效评价中的平衡计分卡——系统动力学视角的分析》，载于《技术经济与管理研究》2012 年第 10 期。

[77] 颜澄：《突围——杭州"老字号"餐饮企业的经营出路》，载于《经营与管理》2010 年第 1 期。

［78］杨林：《高管团队异质性、企业所有制与创业战略导向——基于中国中小企业板上市公司的经验证据》，载于《科学学与科学技术管理》2013年第9期。

［79］尹珏林、张玉利：《制度创业的前沿研究与经典模型评介》，载于《经济理论与经济管理》2009年第9期。

［80］张德茗：《企业隐性知识沟通的动力机制研究》，载于《中国软科学》2011年第10期。

［81］张玉利等：《创业管理研究新观点综述》，载于《外国经济与管理》2006年第5期。

［82］张玉利等：《基于中国情境的管理学研究与创业研究主题总结》，载于《外国经济与管理》2014年第1期。

［83］赵曙明：《胜任素质、积极性、协作性的员工能力与企业人力资源体系重构》，载于《改革》2011年第6期。

［84］赵文红等：《连续创业研究现状评介与未来展望》，载于《管理学报》2014年第2期。

［85］郑庆杰：《解释的断桥：从编码到理论》，载于《社会发展研究》2015年第1期。

［86］朱秀梅等：《网络能力、资源获取与新企业绩效关系实证研究》，载于《管理科学学报》2010年第4期。

［87］单秋朵：《心智模式对创新行为的作用机制——基于系统动力学的建模与仿真》，河北经贸大学2018年硕士学位论文。

二、外文文献

著作

［1］Collins, J., Hansen, M. T.. *Great by Choice: Uncertainty, Chaos, and Luck – Why Some Thrive Despite Them All*, New York: Harper Collins Publishers, 2011.

［2］Miles, M. B., Huberman, A. M. *Qualitative Data Analysis* (2nd ed), Sage, Thousand Oaks, CA, 1994.

［3］Polanyi Karl. *The great transformation*, Boston: Beacon Press, 1957.

［4］Winter, S. G., Nelson, R. R. *An Evolutionary Theory of Economic Change*, Belknap Press of Harvard University Press, 1982.

［5］ Yvonna S. Lincoln, Egon G. Guba. *Naturalistic Inquiry*, SAGE Publications, Inc. 1985.

期刊论文

［6］ Abend Gabriel, "The Meaning of 'Theory'", *Sociological Theory*, No. 2 (2008), pp: 26.

［7］ Adizes Ichak, *Mastering Corporate lifecycles*, Prentice Hall Press, 1999.

［8］ Alona Martiarena, "What's Entrepreneurial about Intrapreneurs Small", *Small Business Economics*, No. 40 (2013), pp: 27 – 39.

［9］ AlvarezA, S. A. , Barney, J. B. , "Discovery and Creation-alternative Theories of Entrepreneurial Action", *Entrepreneurship Theory and Practice*, No. 1 (2007), pp: 11 – 26.

［10］ Andriopoulos Constantine, Lewis Marianne W. , "Exploitation-exploration Tensions and Organizational Ambidexterity: Managing Paradoxes of Innovation", *Organization Science*, Vol. 20, No. 4 (2009), pp: 696 – 717.

［11］ Anneke, V. , Roland, Van, D. , "Managing the Design – Manufacturing Interface", *International Journal of Operations & Production Management*, Vol. 23, No. 11 (2002), pp: 1326 – 1348.

［12］ Anneloes, M. L. , Raes, Mariëlle G. Heijltjes, "Ursula Glunk and Robert A Roe. The Interface of the Top Management Team and Middle Managers: A Process Model" *Academy of Management Journal*, Vol. 36, No. 1 (2011), pp: 102 – 126.

［13］ Antoncic, B. , Hisrich, R. D. , "Clarifying the Intrapreneurship Concept", *Journal of Small Business and Enterprise Development*, Vol. 10, No. 1 (2003), pp: 7 – 24.

［14］ Antoncic, B. , Hisrich, R. D. , "Intrapreneurship: Construct Refinement and Cross-cultural Validation", *Journal of Business Venturing*, No. 16 (2001), pp: 495 – 527.

［15］ Antonic, B. , "Risk Taking in Intrapreneurship: Translating the Individual Level Risk Aversion into the Organizational Risk Taking", *Journal of Enterprising Culture*, Vol. 11, No. 1 (2003), pp: 1 – 23.

［16］ Bashir Ahmed, "Does Corporate Entrepreneurship Matter for Organizational Learning Capability? A Study on Textile Sector in Pakistan", *European*

Journal of Business and Management, Vol. 23, No. 7 (2011), pp: 53 –59.

[17] Bostjan Antoncic, "Intrapreneurship: A Comparative Structural Equation Modeling Study", *Industrial Management & Data Systems*, Vol. 107, No. 3 (2007), pp: 309 –325.

[18] Bryant, P. C., Allen, D. G., "Emerging Organizations Characteristics as Predictors of Human Capital Employment Mode: A Theoretical Perspective", *Human Resource Management Review*, Vol. 19, No. 4 (2009), pp: 347 –355.

[19] Carrier C., "Intrapreneurship in Large Firms and SMEs: A comparative Study", *International Small Business Journal*, Vol. 12, No. 3 (1994), pp: 54 –61.

[20] Cascio, W. F., Boudreau, J. W.. *Short Introduction to Strategic Human Resource Management*, Cambridge University Press, 2012.

[21] Chang, J., "Model of Corporate Entrepreneurship: Intrapreneurship and Exopreneurship", *Borneo Review*, Vol. 9, No. 2 (1998), pp: 187 –213.

[22] Chen, J. E., Pan, S. L., Ouyang, T. H.. "Routine Reconfiguration in Traditional Companies' E-commerce Strategy Implementation: A Trajectory Perspective", *Information & Management*, Vol. 51, No. 2 (2014), pp: 270 –282.

[23] Christensen, "Enabling Intrapreneurship: The Case of a Knowledge-intensive Industrial Company", *European Journal of Innovation Management*, Vol. 8, No. 3 (2005), pp: 305 –322.

[24] Covin, J. G., Miles, M. P., "Corporate Entrepreneurship and the Pursuit of Competitive Advantage", *Entrepreneur-ship Theory and Practice*, Vol. 23, No. 3 (1999), pp: 47 –63.

[25] Covin, J. G., Slevin, D. P., "A Conceptual Model of Entrepreneurship as Firm Behavior", *Entrepreneurship Theory and Practice*, Vol. 15, No. 1 (1991), pp: 7 –24.

[26] Covin, J. G., Slevin, D. P., "Strategic Management of Small Firms in Hostile and Benign Environments", *Strategic Management Journal*, No. 10 (1989), pp: 75 –87.

[27] Dess, G. G., Ireland, R. D., Zahza, S. A. "Emerging Issues in Corporate Entrepreneurship", *Journal of Management*, Vol. 29, No. 3 (2003),

pp: 351 - 378.

[28] Domingo Ribeiro Soriano, "Introduction: Contributions of Human Resource Management to the Challenges Faced by Small and Medium Sized Enterprises in the Global Environment", *Canadian Journal of Administrative Sciences*, Vol. 28, No. 2 (2011), pp: 119 - 121.

[29] Eisenhardt, K. M., "Building Theories from Case Study Research", *Academy of Management Review*, Vol. 14, No. 4 (1989), pp: 532 - 550.

[30] Eisenhardt, K. M., Graebner, M. E., "Theory Building from Cases: Opportunities and Challenges", *Academy of Management Journal*, Vol. 50, No. 1 (2007), pp: 25 - 32.

[31] Foss, N. J., Klein, P. G., Kor, Y. Y., Mahoney, J. T., "Entrepreneurship, Subjectivism and the Resource-based View: Toward a New Synthesis", *Strategic Entrepreneurship Journal*, Vol. 2, No. 1 (2008), pp: 73 - 94.

[32] George, J. M., Zhou, J., "When Openness to Experience and Conscientiousness are Related to Creative Behavior: An Interactional Approach", *Journal of Applied Psychology*, No. 86 (2001), pp: 513 - 524.

[33] Gersick, C. J. G., Hackman, J. R., "Habitual Routines in Task-performing Groups", *Organizational Behavior & Human Decision Processes*, Vol. 47, No. 1 (1990), pp: 65 - 97.

[34] Gilbert, C. G., "Unbundling the Structure of Inertia: Resource versus Routine Rigidity", *Academy of Management Journal*, Vol. 48, No. 5 (2005), pp: 741 - 763.

[35] Hannan, M. T., Freeman, J., "Structural Inertia and Organizational Change", *American Sociological Review*, Vol. 49, No. 2 (1984), pp: 149 - 164.

[36] Hayton, J. C., "Strategic Human Capital Management in SMEs: An Empirical Study of Entrepreneurial Performance", *Human Resource Management Journal*, Vol. 42, No. 4 (2005), pp: 375 - 391.

[37] Hoehn, J. P., Randall, A., "Too Many Proposals Pass the Benefit Cost Test", *American Economic Review*, Vol. 79.

[38] Hornsby, J. S., Kuratko, D. F., Shepherd, D. A., Bott, J. P., "Managers' Corporate Entrepreneurial Actions: Examining Perception and Po-

sition", *Journal of Business Venturing*, Vol. 24, No. 3 (2009), pp: 236 – 247.

[39] Ichniowski, C. , Shaw, K. , Prennushi, G. , "The Effects of Human Resource Management Practice on Productivity", *American Economic Review*, Vol. 87, No. 3 (1997), pp: 291 – 313.

[40] Ikujiro Nonaka, Ryoko Toyama, Noboru Konno, "SECI, band leadership: A unified model of dynamic knowledge creation", *Long Range Planning*, Vol. 33, No. 1 (2000), pp: 5 – 34.

[41] Ireland, R. D. , Covin, J. G. and Kuratko, D. , "Conceptualizing Corporate Entrepreneurship Strategy", *Entrepreneurship Theory and Practice*, Vol. 33, No. 1 (2009), pp: 19 – 46.

[42] J. Alberto Aragón – Correa, Sanjay Sharma, "The Interface of the Top Management Team and Middle Managers: A Process Model", *Academy of Management Journal*, Vol. 28, No. 1 (2003), pp: 71 – 88.

[43] James, C. Collins, Jerry I. Porras, *Built To Last – Successful Habits of Visionary Companies*, Harper Collins Press, 1994.

[44] James, C. Hayton, "Strategic Human Capital Management in SMEs: An Empirical Study of Entrepreneurial Performance", *Human Resource Management*, Vol. 42, No. 4 (2003), pp: 375 – 391.

[45] James, C. Hayton, "Promoting Corporate Entrepreneurship through Human Resource Management Practices: A Review of Empirical Research", *Human Resource Management Review*, Vol. 22, No. 15 (2005), pp: 21 – 41.

[46] James, C. Hayton, Donna, J. Kelley, "A Competency-based Framework for Promoting Corporate Entrepreneurship", *Human Resource Management*, Vol. 45, No. 3 (2006), pp: 407 – 427.

[47] James, C. Hayton. , "Promoting Corporate Entrepreneurship through Human Resource Management Practices: A Review of Empirical Research", *Human Resource Management Review*, Vol. 22, No. 15 (2005), pp: 21 – 41.

[48] Johanim Johari, Zurina Adnan, Tan Fee Yean, Khulida KiranaYahya, Site Nora Isa, "Fostering Employee Engagement through Human Resource Practices: A Case of Manufacturing Firms in Malaysia", *Academic Journal*, Vol. 38 (2013), pp: 15.

[49] Johne Delery, D. Harold Doty, "Modes of Theorizing Strategic Hu-

man Resource Management: Tests of Universalistic, Contingency and Configurational Performance Predictions", *Academy of Management Journal*, Vol. 39, No. 4 (1996), pp: 802 – 835.

[50] K. B. Kahn, "Interdepartmental Integration: A Definition with Implications for Product Development Performance", *Journal of Product Innovation Management*, Vol. 13, No. 2 (1996), pp: 137 – 151.

[51] Kyrgidou, L. P., Hughes, M., "Strategic entrepreneurship: Origins, core elements and research directions", *European Business Review*, Vol. 22, No. 1 (2010), pp: 43 – 63.

[52] Lado, A. A., Wilson, M. C., "Human Resource Systems and Sustained Competitive Advantage: A Competency? Based Framework", *Academy of Management Review*, No. 19 (1994), pp: 699 – 727.

[53] Langley, A., "Strategies for Theorizing from Process Data", *Academy of Management Review*, Vol. 24, No. 4 (1999), pp: 691 – 710.

[54] Lilian, M. de Menezes, Stephen Wood, Garry Gelade, "The Integration of Human Resource and Operation Management Practices and its Link with Performance: A Longitudinal Latent Class Study", *Journal of Operations Management*, No. 1 (2010), pp: 11 – 26.

[55] Ling, Y., Simsek, Z., Lubatkin, M. H., Veiga, J. F., "Transformational Leadership's Role in Promoting Corporate Entrepreneurship: Examining the CEO – TMT interface", *Academy of Management Journal*, Vol. 51, No. 3 (2008), pp: 557 – 576.

[56] Lippitt, G. L., W. H. Schmidt, "Crises in a Developing Organization", *Harvard Business Review*, Vol. 11, No. 12 (1976), pp: 102 – 112.

[57] Lynagh, P. M., Poist, R. F., "Assigning Organizational Responsibility for Interface Activities: An Analysis of PD and Marketing Manager Preference", *International Journal of Physical Distribution and Materials Management*, Vol. 14, No. 6 (1984), pp: 34 – 46.

[58] Mary, E. G., Lindsay, M. T., "The Importance of the Employee Perspective in the Competency Development of Human Resource Professionals", *Human Resource Management*, Vol. 45, No. 3 (2006), pp: 337 – 355.

[59] Minna Halme, Sara Lindeman, Paula Linna, "Innovation for Inclusive Business: Intrapreneurial Bricolage in Multinational Corporations",

Journal of Management Studies, Vol. 49, No. 4 (2012), pp: 743 –784.

[60] Molina, C., Callahan, J. "Foreseeing Organizational Perform-ance: The Role of Learning and Intrapreneurship", *Journal of European Indus-trial Training*, Vol. 33, No. 5 (2009), pp: 388 –400.

[61] Morris, M. H., Kuratko, D. F., Covin, J. G. *Corporate entrepre-neurship and innovation: Intrepreneurial development within organizations* (2nd edn), Mason, OH: Thomson/South – Western, 2008.

[62] Motowidlo, S. J., "Job Performance. In W. Borman, D. llgen, R. KlimoSKI (Eds), Handbook of Psychology", *Industrial and Organizational Psychology*, Vol. 12 (2003), pp: 39 –53.

[63] Nicolai J. Foss, Peter G. Klein, Yasemin Y. Kor, Joseph T. Maho-ney, "Entrepreneurship, Subjectivism, and the Resource-based View: To-ward a New Synthesis", *Strategic Management Journal*, Vol. 30, No. 2 (2011), pp: 73 –94.

[64] Parasuraman, A., Zeithaml, V., Berry, L., "A Conceptual Model of Service Quality and its Implications for Future Research", *The Journal of Marketing*, No. 49 (1985), pp: 41 –50.

[65] R. S. Kaplan, D. P. Norton, "The Balanced Score Card Measures that Drive Performance", *Harvard Business Review*, Vol. 70, No. 1 (1992).

[66] R. S. Kaplan, D. P. Norton, *The Strategy of Organization*, Harvard Business School Press, 2001.

[67] Ralf Schmelter, Reně Mauer, Christiane Börsch, Malte Brettel, "Boosting Corporate Entrepreneurship through HRM Practices: Evidence from German SME'S", *Human Resource Management*, Vol. 49, No. 4 (2010), pp: 715 –741.

[68] Rerup, C., Feldman, M. S., "Routines as a Source of Change in Organizational Schemata: The Role of Trial – and – Error Learning", *Academy of Management Journal*, Vol. 54, No. 3 (2011), pp: 577 –610.

[69] Searle Rosalind H., Ball Kirstie S. "Supporting Innovation through HR Policy: Evidence from the UK", *Creativity and Innovation Management*, Vol. 12, No. 1 (2003), pp: 50 –62.

[70] Shan L. Pan, Barney Tan, "Demystifying Case Research: A Struc-tured – Pragmatic – Situational (SPS) Approach to Conducting Case Studies",

Information and Organization, No. 21 （2011）, pp: 161 – 176.

［71］ Sharma, P. , Chrisman, J. , "Toward a Reconciliation of the Definitional Issues in the Field of Corporate Entrepreneurship", *Entrepreneurship Theory and Practice*, Vol. 23, No. 3 （1999）, pp: 11 – 27.

［72］ Shipton, H. , "Cohesion or confusion? Towards a typology of learning Organization Research", *International Journal of Management Review*, Vol. 8, No. 4, pp: 233 – 252.

［73］ Siggelkow, N. , "Persuasion with Case Studies", *Academy of Management Journal*, Vol. 50, No. 1 （2007）, pp: 20 – 24.

［74］ Sirmon, D. G. , Hitt, M. A. , "Contingencies within dynamic managerial capabilities: interdependent effects of resource investment and deployment on firm performance", *Strategic Management Journal*, Vol. 30, No. 13 （2009）, pp: 1375 – 1394.

［75］ Stevenson, H. H. , Jarillo, J. C. , "A Paradigm of Entrepreneurship: Entrepreneurial Management", *Strategic Management Journal*, No. 11 （1990）, pp: 17 – 27.

［76］ Suddaby R. , "What Grounded Theory is Not", *Academy of Management Journal*, Vol. 49, No. 4 （2006）, pp: 633 – 642.

［77］ Sumanta Dutta, "Green People: A Strategic Dimension", *International Journal of Business Economics & Management Research*, Vol. 2, No. 2 （2012）, pp: 143 – 148.

［78］ Teece, D. J. , Pisano, G. , Shuen, A. , "Dynamic Capabilities and Strategic Management", *Strategic Management Journal*, No. 18 （1997）, pp: 509 – 533.

［79］ Tiru S. Arthanari, David Sundaram, "*A metaphor for the interface between OM and IS, POMS 20th Annual Conference*", Orlando, Florida, USA. 2009.

［80］ Trochim, W. , "Outcome pattern matching and program theory", *Evaluation and program planning*, No. 12 （1989）, pp: 355 – 366.

［81］ Turkulainen, V. , Ketokivi, M. , "Cross-functional Integration and Performance: What Are the Real Benefits?", *International Journal of Operations & Production Management*, Vol. 32, No. 4 （2012）, pp: 447 – 467.

［82］ Verbeke, A. , Yuan, W. , "The Drivers of Multinational Enterprise

Subsidiary Entrepreneurship in China: A New Resource – Based View Perspective", *Journal of Management Studies*, Vol. 50, No. 2 (2013), pp: 236 – 258.

[83] Vidal – Salazar, M. D. , Cordón – Pozo, E. , Ferrón – Vilchez, V. , "Human Resource Management and Developing Proactive Environmental Strategies: The Influence of Environmental Training and Organizational Learning", *Human Resource Management*, Vol. 51, No. 6 (2012), pp: 905 – 934.

[84] Virpi Turkulainen, Mikko Ketokivi, "Cross-functional Integration and Performance: What are the Real Benefits?", *International Journal of Operations & Production Management*, Vol. 32, No. 4 (2012), pp: 447 – 467.

[85] Wang, Z. , Zang, Z. "Strategic Human Resources, Innovation and Entrepreneurship Fit: A Cross Regional Comparative Model", *International Journal of Manpower*, Vol. 26, No. 4 (2005), pp: 544 – 559.

[86] Welch C. , Piekkari R. , Plakoyiannaki E. , Paavilainen E. , "Theorizing from case studies: Towards a pluralist future for international business research", *Journal of International Business Studies*, No. 42 (2011), pp: 740 – 762.

[87] Yvonna S. Lincoln, Egon G. Guba. *Naturalistic Inquiry*, SAGE Publications, Inc. 1985.

[88] Zeki Simsek and Ciaran Heavey, "The Mediating Role of Knowledge-based Capital for Corporate Entrepreneurship Effects on Performance: A Study of Small to Medium-sized", *Strategic Entrepreneurship Journal*, Vol. 45, No. 5 (2011), pp: 81 – 100.

[89] Zhang, Z. , Wan, D. , Jia, M. , "Do High-performance Human Resource Practices Help Corporate Entrepreneurship? The Mediating Role of Organizational Citizenship Behavior", *Journal of High Technology Management Research*, Vol. 19, No. 2 (2008), pp: 128 – 138.

[90] Zhe Zhang, Ming Jia, "Using Social Exchange Theory to Predict the Effects of High-performance Human Resource Practices on Corporate Entrepreneurship: Evidence from China", *Human Resource Management*, Vol. 49, No. 4 (2010), pp: 743 – 765.

[91] Zollo, M. , Winter, S. G. , "Deliberate Learning and the Evolution of Dynamic Capabilities", *Organization Science*, No. 13 (2002), pp: 339 – 351.